교육철학잡기 2

2021-1

어느 은둔 교육철학자의 사색과 탐구 에세이 ②

신창호

박영story

나의 아내 유희재 박사(1959~2021)를 그리며

머리말

『교육철학잡기』 두 번째, 제2권이다.

아내가 먼 여행을 떠나고, 그 이후의 감정도 군데군데 담겨있다. 기존의 교육철학계에서는 거의 언급하지 않은 『걸리버여행기』, 『반야심경』, 『칼릴라와 딤나』와 같은 고전에서 교육적 요소를 고민해 보았다. 또한 싯다르타의 교육을 비롯하여 비트겐슈타인, 파스칼과 같은 몇몇 철학자의 교육관도 성찰했다. 팬데믹 코비드-19사태는 본질적으로 벗어날 수 없었다. 필요할 때마다 언급했다. 이제 이 바이러스는 인류와 함께 살아가는 존재로 인식하는 것이 현명할 것 같다. 아울러 몇 편의 영화이야기도 곁들였고, 문학과 역사와 철학, 거기에 건강이나 첨단 과학기술문명도 다루어보았다. 때로는 인간의 심리적 상황이나 일상의 느낌도 담았다.

이 모든 사항에 관한 독해는, 교육(教育)을 향해 있다. 텍스트 자체가 직접적인 교육내용이나 방법은 아닐지라도, 교육현상으로 환원하여 해석했다. 교육현상의 분석이 교육철학의 바탕을 이루기 때문이다. 잡기(雜記)인만큼 특별한 결론은 없다. 교육철학의 시선으로 세상을 파악하고, 한국교육의 정도(正道)를 장악해 나가는 사유의 길잡이 역할을 하는데, 조그만 보탬이 되기를 기대할 뿐이다.

2021. 8. 처서절(處暑節)에

청옹정사(清瓮精舍)에서 신창호

차례

Winter Landscape With Decorative Figures
Albert Lang (German, 1847 - 1933)

1월

1. 복(福)은 인생의 대사업

2021. 1. 1. 금. 6:20

2021년 소띠 해, 신축년(辛丑年)이다. 새벽 5시 무렵, 옛날 시간으로 말하면, 인시(寅時)를 조금 지난 묘시(卯時)다.

대부분의 사람이 말한다.

"새해 복(福) 많이 받으세요!"

이는 새해를 맞이하며 던지는 관례적 인사다. 매우 뜻깊은 인사 같지만, 의미가 적은 덕담(德談)일 뿐이다. 그래서 나는 이 표현을 잘 쓰지 않는다.

물론 그러해야 한다. 새해 복 많이 받아야 한다. 당연히 지난해보다 복을 많이 받아야지, 복이 많이 들어와야지, 복이 들어오게 해야지! 그것은 신년을 맞이하는 인간의 소망이다. 복(福)의 건너편에서 사람을 괴롭히는 화(禍)는 반드시 물리치고, 또는 재앙(災殃)이 실제로 나가게 만들고.

하지만, 이는 인간의 오랜 염원일 뿐이다. 일종의 갈망(渴望)이다. 복(福)과 화(禍)는 모두 인간 자신이 쌓아 나가는 사업에 그 명운이 달려 있다!

문자의 형성으로 보면, '복(福)'과 '화(禍)'는 '시(示)'를 공통으로 한다. 이는 '복'과 '화'가 동일한 차원의 다른 양상임을 암시한다. '복(福)'은 '시(示: 보이다)'와 '복(畐: 가득하다)'이 결합한 글자다. 복(畐)은 술이 가득 담긴 항아리를 그린 것으로 '가득하다'는 뜻이자 소리를 나타낸다. '화(禍)'는 '시(示: 보이다)'와 '화(咼: 입이 비뚤어지다)'가 결합한 글자다. 화(咼)는 앙상한 뼈와 입을 동시에 그린 것으로 '화를 입다'라는 뜻이자 소리를 나타낸다. 갑골문(甲骨文)에서 '복(福)'은 제단(祭壇)을 향해 무언가가 쏟는 것 같은 형상으로 그려져 있다. 이는 제단 위의 술잔에 술을 따르는 모습이다. 신에게 정성을 다해 제사 지내는 일, 그것이 다름 아닌, 복을 기원하는 작업이다. 이런 점에서 복은 신적인 존재에 기대 기원하는 데서 출발한다. '화(咼)'는 '재앙'을 뜻하는 글자로 해석되어 왔다. 금문(金文)에서는 '신이 인간에게 내리는 벌'이라는 의미를 부여하기 위해, 시(示)를 왼쪽에 붙였다고 한다.

어쨌건, 새해를 맞이하면서, '복 많이 받으시라!?' 이 말이 늘 고민이었다. 최소한 나에게는 '수상한 언표'였다. 그래서 다시, 신축년 아침에 복에 관해 생각해 본다.

특히, '복을 받는다!'는 말, 이게 뭐지? 도대체 복이 어디 있을까? 누가 복을 주지?

미리 결론을 말해 본다.

'아무도 나에게 복을 주지 않는다!' '복은 그 어디에도 없다!' '복은 세상살이의 희로애락(喜怒哀樂) 가운데 내가 짓는 일이다!' '복은 세상 모든 곳에 숨겨져 있다!' 그러므로 '철저하게 나 스스로 찾아서 만들어야 한다!'

나이 40쯤 되면서 깨달았다. 그저 주어지는 복은, 세상 어디에도 존재하지 않는다! 설사 존재한다 해도, 그런 복은 절대, 함부로 덥석 받아서는 안 된다. 세상에 공짜로 주어지는 밥이 없듯이.

복은 이미 만들어져, 저기 존재하는 것을, 가만히 앉아 내가 받는, 그런 성질을 지닌 대상의 세계가 아니다. 이런 생각이 사람을 나태하게 만든다. 가만히 누워 감나무에서 홍시가 입안으로 떨어지기를 기다리는 꼴이 되어서야! 복을 받기만 하겠다는 부동(不動) 자세는 게으름에 빠지게 만드는 원흉이다. 제발 좀, 일을 거듭하며 움직여라!

복은 세상 어디에도 완성된 채로 존재하지 않는다. 내가 열심히 노력하여 만들어 나가야 한다. 쟁취해야 한다. 그것이 복의 진보성이다. 힘쓰고 애쓰는 가운데, 그 결과의 효과나 산물로 생산된다. 그 생성과 창조의 바탕에는 포부와 지향, 열정과 용기가 녹아든다. 땀이 쏟아지도록 일하지 않는데, 저절로 생겨나는 복은 없다. 복은 내가 실제 행하는 일 가운데 잠재해 있다. 그러므로 복은 일이다. 매년, 내가 지어가는, 만들어가는 인생의 대사업이다.

분명히 기억하자! 복은 포부와 지향, 열정과 용기, 그 노력의 땀방울에 어리는 삶의 효과다!

그냥 가만히 앉아서 받는 복은 없다. 있다고 우겨도 그것은 진정한 의미의 복이 아니다. 가장 가치가 낮은 불로소득(不勞所得)이다. 노동의 가치가 듬뿍 묻어나는 근로소득(勤勞所得)이 아니다. 운수좋은 날의 찌꺼기일 뿐이다.

자신의 복을 조용히 만들어 나가는, 자신의 인생 대사업을 한 땀 한 땀 바느질해 나가는, 삶의 역동적 부지런함 가운데 복이 깃 든다!

내 사랑하는 아내인 내무군주님, 큰딸, 작은딸, 그리고 나 자신까지, 올해도 우리 가족 모두 부지런히 복을 지읍시다. 절대 과도하게 욕심부리지 말고, 차근차근 상황에 맞게, 자신의 열정을 쏟아부읍시다.

결과나 효과를 미리 단정하는 교만과 오만은 절대 금물! 늘 조심하고 경계하며 주고받았던 말들, '겸손(謙遜)'과 '겸양(謙讓)', 그리고 '검약(儉約)'과 '검소(儉素)'의 미덕으로 세상을 마주합시다.

소띠 해에, 소처럼 해맑고 우직하고 부지런하게!

2. 건강과 음식철학

2021. 1. 2. 토. 9:18

아침을 먹다가, 갑자기 음식에 관한 생각이 떠올랐다. 특히, 5년 전, 나 자신이 간농양(肝膿瘍)으로 거의 죽음 직전까지 이른 질병 경험과 지금 내무군주의 투병 상황을 보며, 음식이 건강과 직결된다는 점에서 그런가 보다.

'밥'과 그것을 보완하는 '찬', 즉 '반찬(飯饌)'으로 상징되는 먹거리는, 몸을 보존하는 필수 영양을 공급한다. 필수 영양인 만큼, 정말 잘, 제대로 먹어야 한다. 식품영양이나 의학, 건강 등 관련 전문가로부터 일반인에 이르기까지, 모두가 말하듯이, '영양을 골고루 섭취해야 한다!'

문제는 내 몸이다. 과연 내 몸은 어떤 음식을 허용할까? 한때 유행했던 신토불이(身土不二)의 재료로 만든 음식물만일까? 국제화(國際化: Internationalization)나 세계화(世界化: Globalization) 또는 다문화(多文化: multiple cultures)와 같은 언표가 보여주듯이, 신토불이는 상당히 어려운 세상이다.

핵심은 내 몸이 받아들일 수 있는 영향의 균형, 적정량의 식사, 운동, 편식 금지, 지나친 음주나 흡연 주의 등등, 누구나 알고 있는 음식 관련 건강 상식을 장악하고 실천하는 일이다. 아무리 맛나고 비싼 보양식일지라도 내 몸이 허여(許與)하지 않으면 내게는 좋은 음식이 아니다. 아무리 맛없고 싼 영양가 없는 음식일지라도 내 몸이 허여하면 내게는 멋진 음식이다.

건강식품도 마찬가지다. 체질에 따라 몸의 반응이 다르다. 엄밀하게 따지면, 모든 사람에게 무조건 좋은 보약 음식은 없다! 건강식품의 상징인 인삼(人蔘)의 경우도 그렇다. 어떤 사람에게는 효험이 있을 것이다. 하지만 나 같은 사람에게는 별 효과가 없는 것 같다. 인삼이 몸에 안 받는다고나 할까? 그런데 상당수의 사람들에게 고질병 같은 이상한 '음식무지(飮食無知)'가 존재한다. 특정한 식재료나 음식, 식품에 대해 효과를 보거나 그렇다고 믿는 사람은 그것을 맹신(盲信)하기 쉽다. 어떤 병에 무엇이 좋다고 하면 그 재료를 가지고 온갖 형태의 음식으로 만들어 장기복용 한다. 물도 '무슨 수(水)' '무슨 수(水)'라고 하여 다양한 식재료(약재)로 우려내어 제조해서 마신다.

가만히 판단해 본다. '이 또한 편식이 아닐까?' 그냥 생수(生水: mineral/natural water) 마시면 안 되나?

먹을 수 있는 음식은 골고루 섭취하라! 탄수화물, 단백질, 지방, 비타민 등등. 밥과 고기와 채소와 과일 등 모두 먹어야 한다. 거친 나물, 부드러운 고기, 동물성이건 식물성이건, 골고루, 수시로 분산시켜 섭취해야 한다. 그렇게 먹다보면, 피와 살이 되는 기본 영양도 있고, 대변이나 소변으로 배출되는 거름도 있다. 영양과 거름의 이중주가 음식의 본래성이다. 밥은 직접 영양을 주는 동시에 대변으로 배출되어 다시 음식재료를 생산하는 자원이 된다. 음식을 통해, 건강을 고민하는 일은, 직접 영양소가 되는 부분과 거름으로 배출되는 부분을 동시에 고려해야 한다.

완전식품이라거나 온전한 보양식은 존재하지 않는다. 존재할 수 없다. 그런 음식은 대소변으로 전이되는 게 없는가? 아니다. 몸의 허여 정도에 따라, 어떤 경우에는 오물 수준의 배설물이 더 많을 수도 있다. 별 볼 일없는 거친 음식의 경우에도 마찬가지다. 과거에는 천박한 음식으로 취급 받던 것들이 최근에는 건강식품으로 각광받는 사례도 심심치 않다. 이런 이해를 기반으로, 나는 오래전부터 다음과 같은 '음식철학'을 고수한다.

첫째, 음식으로 규정된 '모든 것'은 먹을 수 있다! 절대 가리지 말라! 돌과 같이 먹을 수 없는 것을 제외하고는 모두 먹는다!

둘째, '맛나다'고 규정된 희귀한 음식이나 특별한 보양식만을 찾아다니며 먹지 않는다. 일상에서 사람들이 주로 먹는 음식을 감사하는 마음으로 '맛있고 즐겁게' 먹는다. 절대 '맛없다'고 투덜대며 먹지 않는다.

셋째, 가장 맛있는 음식은 특정한 요리가 아니라 '배가 고플 때' 먹는 소박한 식사다. 배가 고파서 허기(虛飢)가 들지 않았는데도 마구 먹어대는 것은 음식에 대한 실례이자 몸에 대한 결례다.

요컨대, 나의 음식철학은, 음식으로 규정된 모든 것에 대해, 감사하며, 맛있고 즐겁게, 허기를 달래는 사랑의 노래 삼아, 예의를 갖춰서 먹는다!

아침 식사로 나온 병실 밥상을 보니, 영양이 고루 갖춰진, 진수성찬(珍羞盛饌)으로 보인다. 건강회복을 위한 음식의 바로미터 같다.

3. '보이지 않는 세계'에 대한 인식의 정도

2021. 1. 3. 일. 8:17

보이는 세계는 확정하기 용이하다. 보이는 대로 판단할 수 있다. 그것은 '현실(現實)'이다. '사실(事實)'일 수도 있다. '진실(眞實)'인지는 심각하게 고민해 봐야 한다. 참과 거짓을 담아낼 때, 보이지 않는 세계가 개입하기 때문이다. 동일한 개념은 아니겠지만, 보이는 세계를 현상계(現象界)로 표현한다면 보이지 않는 세계는 본질계(本質界)로 표현할 수 있다. 보이는 세계를 가지계(可知界)로 둔다면 보이지 않는 세계는 불가지계(不可知界)로 둘 수 있으리라.

인간의 건강과 질병도, 보이는 세계와 보이지 않는 세계를 파악하는 정도와 수준에 따라, 예방과 치료의 범위와 영역을 판단하는 것 같다. 뚜렷하게 보이는 근육질 몸매나 구릿빛 얼굴을 보면 건강을 연상하고, 깡마른 몸매나 창백한 얼굴을 보면 질병을 연상할 수도 있다. 그러나 그것은 현실로 드러나 보이는 사실일 뿐이다. 건강과 질병을 확정하는 부동의 근거가 될 수는 없다.

그래서 보이지 않는 세계와의 유기체적 연관이 주요한 문제다. 이 문제를 풀고 해소해 나가는 과정에서 진실이 드러난다. 건강과 질병의 진단, 예방과 치료, 특히, 치료 과정에서 보이지 않는 세계에 대한 감각적 인식과 추측은 질병에 관한 대처 방식을 진지하게 고려하게 만든다. 의료진의 고민이 심각해지는 지점이다.

보이지 않는 세계를 잘못 판단하면 오진(誤診)이다. 현상적으로 이해하면 추측(推測)이다. 귀납법적 추측과 추정을 통해, 치료를 감행한다. 보편적으로는, 의례히 그랬듯이, 상당 부분 치료과정에서 효과를 입증한다. 특수한 경우에는 새로운 문제제기를 통해 예외적 결론을 도출한다. 보이지 않는 세계를 감각적으로 인식하고, 과학적 지식을 동원하여 추측하며, 실제 행위로 나아가면서, 비정상과 정상이 교착(交錯)한다. 오류와 실수도 예상치 못하게 발생한다.

하지만 99회의 시행착오가 있더라도, 단 1회의 성공으로 그 모든 과정은 수면 아래로 잠적한다. 99회의 시행착오는 보이지 않는 세계로 접어둔다. 잊힌 시간과 공간을 녹아내린다. 그리고 단 1회의 성공은 탁월하게 가시적인 세계가 된다. 보이는 현실!

4. 일을 마주하는 태도

2021. 1. 3. 일. 9:23

인간은 일하는 존재다. 인위적으로 만들어 가는 모든 행위는 일이다. 일은 문화를 창출하는 근본 동력이다. 개인마다 다르기는 하지만, 상당수의 인간에게 묘한 특성이 있다. 일을 '꺼리거나' '피하거나' '다른 사람에게 전가하려는', 재미난, 웃기는 습성?! 이것이 심해질 경우, 사람 사이에 갈등과 투쟁이 야기된다.

무엇보다도 자신이 마주하는 일에 대해, 그 작업을 대하는 태도를 보라. 일단, '아무 일도 하지 않는 인간은 없다!'라는 전제 요건을 둔다. 어떤 일에 대해, 게으르거나 수수방관하거나 방기하거나 포기하는 상황이 발생할 수는 있다. 이런 경우는 예외로 해두자. 이유가 있겠지.

정상적으로 일하는 상황에서 인간의 자세와 태도를 한번 엿보자. 우리 모두가 일상에서 크고 작은 청소 일에 종사하고 있으니, 청소 일을 예로 들어보자. 청소를 왜 하는가? 다 알지 않는가? 더럽혀진 공간이나 버려진 쓰레기를 치워서 깨끗하게 만드는 작업! 그것은 다시 일을 할 수 있도록 만들어 주는 '신성한 의식'이다. 내가 직접 치우고 정돈하며 청소한다면, 그 소제(掃除)는 자신에 대한 기본 예의를 담는다. 다른 사람이 청소해 준다면, 사용하는 인간에 대한 기본 예의가 담긴다. 그래서 나는 강의나 연구, 행정을 보기 전, 새벽 시간에 강의실과 연구실, 원장실을 청소해 주는 분들에게 늘 고마움을 느낀다.

그런데 가끔씩, 아니 자주, '왜 버리는가?' '왜 더럽히는가?'라고 투덜대며, '이렇게 해놓아라!' '저렇게 해놓아라!'라고 훈계하는 사람이 있다. 자신의 일인 청소 자체가 아니라, 버리는 사람이나 더럽히는 사람에 대해 불평한다. 청소일은, 버려지고 더럽혀진 사태에 대해, 바로잡는 거룩한 행위다. 정의(正義)와 정상(正常)을 향한 열정이다. 지금, 청소 일에 종사하고 있으면서, 그 바로잡는 행위를 '적게 하거나 안하려는' 사람이 있다. '투덜대고 훈계하는' 사람이 그런 존재다. 이와 유사한 사례를 상당히 경험했을 것이다.

나는 생각해본다. 이런 의식과 생활태도가 우리 사회 곳곳에 만연해 있지는 않는가? 일을 적게 하려는 투덜거림은 게으름을 낳는다. 일을 하지 않으려는 훈계는, 보이지 않게 조금씩 인생의 포기로 이어진다. 일을 해야 하는 인간의 삶에서 게으름과 포기는 개인과 사회의 최대 적이다.

5. 신(神)들의 파업

2021. 1. 4. 월. 22:25

파업(罷業)은 '일에 대한 저항'이다. 어떤 요인에 의해, 일을 하지 않는, 매우 적극적 투쟁 행위다.

신을 이해하는 양식은 다양하다. 기독교나 이슬람교와 같은 종교는 유일신(唯一神)인 하나님이나 알라신을 신봉한다. 힌두교에서는 다신(多神)을 숭배한다. 불교는 부처, 유교는 공자를 숭배의 대상으로 삼는다. 이러한 신들은 전지전능(全知全能)으로부터 애니미즘, 토테미즘에 이르기까지, '탁월한 지혜'나 '영혼의 구원'을 도모하는 궁극적 존재로 인간을 사로잡는다.

그런데 갑자기 엉뚱한 생각이 발동한다. 신들이 파업을 한다면 어떻게 될까? 세상이 무너질까? 세상의 올바름, 또는 정의로움은 어디에서 찾을 수 있을까?

코비드-19사태라는 전대미문의 인류사회 재앙이나 내무군주를 괴롭히는 개인의 질병을 보니, 신들이 파업한 게 확실하다!

신에 의존하는 인간은 누구에게서 길을 찾아야 하는가! 칸트의 코페르니쿠스적 전환을 고려한다면, 인간은 자기구원의 여행을 — 주체적으로, 의로움으로, 지혜로 — 떠나야만 하는 건가?

인간이 믿던 믿지 않건, 내가 믿던 믿지 않건, 신들은 우주의 시공간에 굳건하게 자리를 지키고 있는 듯하다. 그런 신들이 파업한다면, 세상은 어떻게 전환될까? 무엇을 가져올까?

밤이 깊어갈수록 생각이 깊어진다. 회의(懷疑)도 더해진다. 다시, 일상으로의 회귀(回歸)도 예고된다!

6. 교육, 신학과 철학의 구현

2021. 1. 4. 월. 23:52

신학은 존재 자체를 신뢰하는 근원의 학문이다.

철학은 이성을 사용하여 변증하는 사유의 학문이다.

신학은 비변증론이고 철학은 변증론이다.

철학의 변증론은 사유의 오만과 태만 사이를 오고 간다. 그러다가 존재의 겸손과 겸양을 진지하고 신중하게 다루는 신학의 시녀로 치부되는 시대도 있었다.

교육은 신학적 진리를 찾아 나서는 철학의 실천이다.

7. 가장 추운 계절, 소한(小寒)

2021. 1. 6. 수. 10:06

어제 1월 5일이 소한(小寒)이었다. 보름 뒤 대한(大寒)까지 가장 추운 날씨가 진행된다. 한 달 뒤엔 봄에 접어드는 입춘(立春)이다. 24절기의 순환이 그러하다. 일기예보를 보니, 영하 17도~영하 20도에 육박할 정도로 기온이 떨어지고, 많은 눈이 내릴 것으로 예고한다. 자연의 이치가 그러한 만큼, 이 추위는 정답게 맞이할 우주의 당위이자 신비다. 무정하게 배척할 사안이 절대 아니다.

우리 인간은 이미 따스한 의복과 난방시설 등으로 대비하고 있지 않은가? 재밌게 얘기하면, 추운 계절도 자연스럽게 즐기지 못하는, 인간의 무지(無知)를 자랑하지 않는가! 자연을 좀 제대로 인식해라! 인간들아!

가장 추운 시공간은 서서히 풀리게 마련이다. 아무리 꽁꽁 얼어붙은 세상도 일정한 시간이 지나면 찬 기운 자체를 느낄 수 없다. 24절기의 첫 번째인 입춘을 기준으로 따스함과 포근함의 비중이 서서히 증가한다.

이 절기의 수레바퀴가, 수시로 바뀌는 순환 생명을 이끄는, 자연의 섭리다. 인간의 삶도 이런 이치에 화합하고 합당하도록 본받는다! 그 사유가 성리학에서 말하는 '합어리(合於理)'다. '합어리'는, 달리 표현하면, 합리성이다. 그렇다고 이 합리성이 서구 근대의 이성적 사유를 고려하는 합리성과 동일한 의미는 아니다. 합자연(合自然)을 고민하는 천인합일(天人合一)의 사유다.

이제 가장 추운 시간을 즐기자! 견뎌내고 참아내고 나아가다 보면, 다음 절기를 맞는다. 이런 점에서 절기는 자연이 던져 주는 활력의 소리다. 삶의 변화 양태를 일러주는 생명의 시계다.

약 2주마다, 보름 정도의 시간차를 두고, 절기를 보고 배운다. 내 인생의 온한(溫寒)을, 희비(喜悲)를!

8. 탈출

2021. 1. 7. 목. 7:33

새벽 5시 무렵, 오씨엔(OCN: 집에서는 거의 시청한 적이 없는 TV 채널이지만, 영화 전문 방송 같다)이란 방송에서, <쇼생크탈출>을 방영했다. 이전에도 여러 번 보았던 영화지만, 감동이 새롭다. 불후의 명작이란 품평조차도 무색하게, 스토리와 영상에 조용히 녹아든다.

1940~60년대, 미국의 교도소를 배경으로 한, 지금과는 전혀 다른 사회 상황이지만, 어쩌면 저 쇼생크 교도소의 삶이 인간의 현실은 아닐까? 우리 삶의 축소판! 그의 탈출은 결코 기적이 아니다. 상상이 아니다. 꿈을 향한 열정과 노력이었을 뿐이다. 그리고 강력한 현실이다. 간절함과 그리움과 애절함이 영롱하게 맺힌, 절대 지존의 인생 절규다.

비정상 상황에서, 탈출은 정상이다!

누명을 쓴 채 감옥 생활을 하고 있다면, 그 감옥의 탈출은 무죄를 향한 정당방위다!

탈옥을 위한 20년간의 감옥 벽 뚫기는 처절한 삶의 참회록이다!

저기에 설계해 둔 꿈은 여기로부터 실천해 나간다! 여기 이때 내 삶만이 사실이고 진실이다!

오늘도 어제를 이어 인생을 가꾼다!

9. 추위의 현실

2021. 1. 9. 토. 1:17

1월 9일 토요일 새벽, 1시가 조금 지났다. 5703호 창문 틈을 비집고 들어오는 공기가 상당히 차다.

추위를 대하는 두 시선이 존재한다. 하나는 '날씨가 차다!'이고, 다른 하나는 '추위가 오다!이다. 전자는 자연그대로의 실재(實在)이자 사실(事實)이다. 후자는 인간의 마중이 개입한 실제(實際)이자 진실(眞實)이다.

자연과 인위는 현실(現實)에서 뒹굴며 관통한다. 현실은, 실재와 실제, 사실과 진실을 품고, 상황에 따라 색을 맞추는 카멜레온(chameleon)이다. 실(實)을 사이에 두고 벌이는 난투극이다. 갈등의 연출이다. 투쟁과 갈등이 격해지는 만큼, 변화의 폭과 깊이도 더해진다. 그것은 꼬이고 섞여 녹아든 잡종(雜種)의 집이다.

불변(不變)이나 순종(純種)을 옹호하는 사람들에겐, 불의(不義)와 부조리(不條理)의 마당이다.

10. 강추위 폭설 코비드

2021. 1. 9. 토. 7:46

빅뉴스(Big news)들이 몇몇 들려온다.

먼저, 이상기후 때문인가? 온난화 문제? 서울의 경우 20년만의 추위가 닥쳤단다. 어떤 지역은 기상 관측 이후 최저 기온이란다. 정말, 강추위다. 여기에 눈까지 내렸다. 그것도 폭설이다. 교통대란으로 시민들이 불편을 호소하자, 서울시는 폭설 재해 대비를 잘못했다고 사과했고, 제주도는 항공기 운항이 취소되거나 중단됐다. 수도 계량기 동파, 각종 작물과 양식장 피해 등등, 사실과 진실이 현실에서 마구 뒤엉킨다. 아픔이 크다. 고통스럽다.

다음으로 국제사회의 이상기류다. 미국에서 대통령 선거의 부정과 당선 확정 사이에서, 의회가 자국민들에게 점령당하는 사상 초유의 사건이 발행했다. 세계 패권국이지만 민주주의의 상징처럼 비쳐지던 미국에서 도대체 무슨 일이?!

일본 제국주의의 위안부 논란에 대해, 한국 법원에서 배상 결정이 난 모양이다. 한국에서는 판결을 환영하고, 일본은 국제법 위반이라며 반발한단다.

조선민주주의인민공화국[북한]은 8차 당 대회를 통해 경제실패, 국제관계, 전술핵무기 등등 그들의 국가운영에 대해 평가하고 향후 전망을 고민 중이란다.

외교 관계로 볼 때, 여러 부분이 참 난제(難題)이자 난제(亂際)다. 이 사이에서, 코비드-19는 사실/진실과 상관없이, 현실에서 뒷걸음친다.

확진자수를 중심으로, 미국과 일본, 독일을 비롯한 유럽의 몇몇 나라 상황이, 암울하게 전해질 뿐이다. 이제는 큰 걱정보다는 담담하다. 어쩌면 두려움을 안고 겁을 머금은 채 무감각한 일상을 그저 이어 나간다. 회피와 눈치, 관계의 단절과 전환이 일상생활로 자리 잡았다.

이런 세상을 보니, 5703호실은 오히려 안정을 찾고, 평안을 즐기는 형국이다. 저 강추위가 점점 누그러지듯이 절기를 따라, 병세도 완화 회복해 가자!

11. 60일 간의 투병 즈음

2021. 1. 10. 일. 10:43

2021년 1월 10일 일요일, 내무군주 치료 2개월째. 60일이 되는 날이다. 무엇보다도 병세가 호전되는 듯하여, 약간은 마음이 놓인다. 또한 입원기간이 방학과 중복되어, 딸과 교대하며 간호할 시간이 주어져 다행이다. 희망적이고 긍정적으로 전환되는 투병 상황에 감사한다.

주치의(主治醫)에 의하면, 상당히 좋아지고 있단다. 지난 몇 주 동안 위험했던 상황들이 있어 절망적이었으나, 본인이 잘 극복해냈다는 의견이다. 여러 기능이 정상에 접근할 정도로 회복되었다. 포도당 주사액을 비롯하여 심전도(EKG) 모니터의 심장박동체크기 등도 해제시켰다. 아직 수족을 제대로 움직일 수 없으니, 움직일 수 있도록 재활하는 일이 중요하다. 새로운 생명으로 나아가는 내무군주의 투병 의지와 극복 과정이 눈물겹도록 고마울 따름이다. 그래도 병환의 위중함을 생각하며 긴장의 끈을 놓아서는 안 된다!

몸이 생기를 되찾을 때까지 필요 시간이 있을 것이다. 순리에 따라 가장 온전하게 회복할 수 있기를 기도하며 정성을 다하자. 그뿐이다. 음식 영양 섭생이 중요하다. 흔히 말하는 원기회복을 위한 노력이다. 그리고 상황에 맞추어 적절한 치료가 병행될 것이다. 이제 군주의 일상은 건강 조절의 시간으로 채워지리라.

병실 밖 세상은, 코비드-19에 한파까지 겹쳐, 재난이 가중되었다는 통곡소리가 들린다. 경제 붕괴, 교육 혼란 등 국가적 재난 극복에 지혜를 모아야 하리라. 난국일수록 위정자(爲政者)들의 역할이 아주 중요하다. 시대를 대처하는 혜안과 자세, 국민을 대하는 태도가 공공의식과 정의로 정립되어 구현되어야 한다. 개인적 의식이나 특정한 집단의 이익을 위한 행태는 금물이다!

또한 모든 사람에게 삶의 근원과 본분에 대한 성찰이 요청된다. 나는 학자의 본분과 역할에 더욱 충실해야 한다. 특히, 시대정신을 고려하며, 대전환의 세상을 교육철학적으로 대비해야 한다.

어쩌면 2021년은 내 학문 연구와 교육 실천이 패러다임(paradigm) 전환을 예비하는, 혁신의 시공간이 될 듯하다. 엊그제 2020년 하반기에 정돈한 책 5권(논어/중용/대학의 신기원 시리즈 3권, 조선유학의 교육철학사상 변주 2권)이 출간되었다. 학인으로서 겨우 체면 유지를 했다.

군주가 투병에 몰두하는 만큼, 나도 학술 연찬과 단련의 시간을 갖자! 더욱 분발하자!

12. 온라인 신 권력

2021. 1. 10. 일. 13:26

세계 최강국인 미국, 게다가 최고 권력자인 대통령의 트위터 계정이 영구삭제 되었다는 소식이 들렸다. 무섭다! 아니, 어이가 없다! 정말 웃긴다! 그 만발한 웃음이 코웃음, 비웃음이 되고, 순식간에 조정되고 무시되고 매장될 수 있는 인터넷 온라인 통신이라는 게 두려워진다. 미국이라는 멋대로 자유 국가에서 이런 일이 벌어지다니. 완전히 정신 나간, 말이 안 나오는군!

쉽게 말하면, 온라인상의 내 기록이 어떤 이유에서, 나의 의사와 전혀 관계없이 사라질 수 있다는 뜻이다. 이는 명백한 의사표현(사상)의 자유를 말살하는 만행이다. 침묵의 강요이자 여론 조작이다. 자유 민주주의 체제의 해체다.

인터넷 온라인상의 계정! 약간의 불편함은 있겠지만, 언제 없어져도, 사용하지 않아도, 전혀 인생에 큰 영향을 미치지 않을 정도의 생활 도구로만 이용해야겠다. 그래야 인생이 편하다.

무슨 일인지는 잘 모르겠으나, 미국 대통령의 온라인 계정을 간단하게 폐쇄할 수 있는 존재라면, 세계 최강의 신 권력으로 보아도 무방하다. 저항할 수 없는 절대 권력! 이게 도대체 뭐지? 인터넷 온라인 통신에 의한 새로운 정치가 본격적으로 시작된 것인가? 이 시스템이 인터넷 플랫폼 사업자들에 의해 자행되는 거대 자본의 횡포는 아닐까? 첨단과학 기술문명과 결부된 새로운 권력의 탄생!

내 평온한 삶을 위해서라면 선수를 치자! 그런 권력에 대해서는,

애당초 인지하지 않거나 무지하거나 무식하거나 전혀 관계를 맺지 않는 게 상책이다. 그 흐름의 객체화! 인터넷 상에서 여기저기 기웃거리지 말자! 고요하게 차분하게 자신을 경영관리 하자!

은둔의 자세로, 가만히 엎드려 있으면, 함부로 건드리지 않는다!

13. 『걸리버여행기』① • 소인국의 법률

2021. 1. 10. 일. 16:14

『걸리버여행기』의 소인국 사람들에게는 엄격한 법률이 있다. 이를 어긴 자는 사형에 처한다.

제1부. <소인국 — 릴리퍼트 기행>의 제6장에 자세한 내용이 있다. 법률의 주요 사항을 소개하면 다음과 같다.

첫째, '밀고자'다. 이는 국가에 반하는 모든 범죄에 해당하는 사안으로 엄격하게 처벌된다. 요즘으로 환언하면, 반역죄나 간첩죄 쯤 될까? 누명을 썼다가 재판 과정에서 무죄 판결이 나면, 밀고자로부터 재판에 사용된 모든 비용의 4배를 보상 받는다.

둘째, '사기'를 '절도'보다 큰 죄로 보고, 언제나 사형으로 처벌한다. 이유는 간단하다. 사회에 정직과 신용이 있어야 하기 때문이다. '사기'가 허용되거나 관대하게 용서하여 그것을 징계하지 않으면, 정직한 사람들은 언제나 손해를 보고 나쁜 사람들이 이익을 본다.

셋째, '배덕'이다. 이런 인간은 사형에 처한다. 누구든지 은혜를 베푼 사람에게 악으로 보답하는 사람은 모든 사람의 공공의 적이다. 따라서 그런 사람은 살 가치가 없다.

넷째, 공직자 선발이다. 공무원을 채용할 때는 뛰어난 능력보다 '훌륭한 덕성'을 가진 사람을 더욱 선호한다. 소인국 사람들은 성실, 공평, 절제 등을 모든 사람이 실천할 수 있다고 믿는다. 삶의 경험을 통해 올바른 마음가짐으로 이런 덕목을 실행한다면, 누구나 공직을 맡을 자격이 있다. 단, 전문 기술이나 특별한 학문 지식이 필요한 경우는 예외다.

14. 『걸리버여행기』② • 소인국 릴리퍼트의 교육

2021. 1. 11. 월. 6:43

『걸리버여행기』의 소인국 제6장에는 릴리퍼트의 관습, 법률 등과 더불어 교육에 대해 자세하게 서술되어 있다. 예전에 읽을 때는 깊이 생각하지도 않았고, 제대로 발견하지도 못했다. 지금 다시 보니, 일반적인 교육과 상당히 다른 관점이 눈길을 끈다. 유교 전통이나 서구 근대교육이 혼합된 한국교육에서 볼 때, 낯선 부분도 있지만, 인류의 보편적 가치로서 존중할만한 교육철학도 엿보인다.

① 부모와 자녀교육　남자와 여자가 서로 결합하는 것은 다른 동물처럼 종족을 번식하기 위한 자연의 법칙에 근본을 두고 있다. 때문에 릴리퍼트 사람들은 자식에 대한 부모의 애정 또한 자연의 법칙에서 비롯된 것으로 인식한다. 따라서 자식은 자기를 낳고 길러준 부모에 대해 은혜를 느껴야 할, 어떤 의무감도 가질 필요가 없다! 인생은 고통과 슬픔이 가득하다. 이 세상에 태어났다는 것만으로도 불행하다. 부모는 사랑 행위를 할 때, 보통 자식에 대해 생각하는 경우는 없다. 그러므로 소인국 사람들의 생각으로는, 부모가 자녀교육을 맡는 것이 옳지 않다. 그래서 도시마다 학교를 두었다. 릴리퍼트 사람들은 부모들의 욕망에 의해 자녀를 낳았기 때문에 양육 지원에 대한 책임을 사회에 전가시키고 모르는 체하는 것만큼 부당한 일은 없다고 생각한다.

② 학교교육　농부와 노동자를 제외한 모든 부모는 자식이 생후 20개월(1년 8개월, 약 3세)이 되면, 성별을 막론하고 학교에 보내 양육시

키고, 교육을 받게 할 의무가 있다. 20개월 정도가 되면, 아이들은 어느 정도 가르침을 따를만한 기초적 성격을 갖추기 때문이다. 학교는 신분·성별에 알맞도록 몇 종류로 나눠져 있다. 학교마다 교사를 몇 명씩 둔다. 그들은 부모의 지위나 아이의 기질, 능력에 어울리는 생활 조건을 아이에게 준비시킨다.

③ 소년귀족학교　귀족이나 명문가 자식들이 다니는 학교에는 근엄하고 학식 있는 교사와 조수(보좌관)들이 있다. 아이들이 입는 옷이나 먹는 음식은 평범하고 소박하다. 그들은 명예, 정의, 용기, 겸손, 관용, 종교, 조국애(애국심)를 배우며 길러진다. 4세까지는 남자 하인이 옷을 입혀 주지만, 그 이후에는 무조건 스스로 옷을 입어야 한다. 어떤 경우에도 하인과 함부로 이야기를 해서는 안 된다. 언제나 교사나 조수가 있는 곳에서 다른 아이들과 어울려 놀아야 한다. 어리석은 행동이나 나쁜 일에 쉽게 영향을 받지 않도록 주의하기 위해서다. 부모는 자녀교육을 위한 보조금을 반드시 나라에 내야 하고, 1년에 2회에 한해 자녀 면회를 허용한다. 면회는 1시간 이하이고, 이때도 자녀에게 주는 선물이나 개인적 애정 표시를 해서는 안 된다. 아이는 15세(일반 나라의 21세, 성인 무렵)까지 공부하는데, 마지막 3년 동안은 엄격하게 통제된 생활에서 조금씩 느슨하게 풀어준다.

④ 소녀귀족학교　소년귀족학교와 비슷한 교육을 받는다. 5세가 되어 스스로 옷을 입을 수 있을 때까지, 교사가 지켜보는 가운데 여자 하인이 옷을 입혀주는 것만 다르다. 소녀들도 소년들처럼, 겁쟁이 또는 바보라 불리는 것을 아주 부끄럽게 여기고, 품위 있고 깔끔한 장신구 외에는 어떤 치장도 하지 않는다. 단정함과 정결함을 넘어 지나치게 몸을 꾸미는 장식품들을 경멸한다. 귀족사회에서 여성은 항상 이

성적이고 남편과 마음이 통하는 아내가 되도록 노력해야 한다. 12세가 되면 결혼할 수 있는 나이다. 이때 부모나 보호자는 교사에게 고마움을 표시하고, 아이를 집으로 데려간다. 학교를 떠날 때는 친구들과 깊은 우정을 나누며 간직한다.

⑤ 서민학교　서민이나 상인, 무역업자, 수공업자의 자녀를 위한 학교도, 다소 차이는 있으나, 귀족학교와 유사하게 운영된다. 자신의 성별, 출생, 신분 등에 따라, 몇 개의 등급으로 나뉘어져, 11세까지 필요한 일을 배운다. 다만, 상업에 종사하려는 아이들은 7세가 되었을 때 견습공으로 나가는 것이 허락된다.

⑥ 농부와 노동자의 가내교육　농부나 노동자들은 자신이 하는 일(경작이나 김매기 등)의 특성상, 자녀를 학교에 보내지 않고 집에서 기른다. 나라에서 별도로 가르칠 필요가 없다고 생각하기 때문이다.

15. 고릴라, 코비드-19 확진

2021. 1. 13. 수. 7:22

움찔했다. 의외의 사실이었다. 국제 뉴스를 보니, 해외 어느 동물원에서 고릴라가 코비드-19에 감염된 사실이 확인되었단다. 코비드-19 확진자였던 사육사로부터 감염되었다고는 하지만, 이건 또 뭐지? 코로나 바이러스가 인류만의 문제가 아니었나?

그렇다면, 코비드-19는 전 지구적 차원의 영장류에 대한 경고인가? 상상력을 발휘하여, 좀 심하게 생각하면, 외계 존재의 지구 소멸 작전인가?

인류 생존과 지속가능한 삶이 기존의 환경오염, 지구온난화 등의 문제를 넘어, 전혀 새로운 시각과 다른 접근법으로 제기되어야 할 것 같다.

가중되는 난제가 인류의 삶을 더욱 압박한다. 고릴라에게도 코비드-19감염이라니! 세상에 이런 일이! 서프라이즈(surprise)다. 아니, 어쩌면 전혀 놀랄 일이 아닐 수 있다. 일어날 일의 원인이 발생하면서, 그 일이 일어났을 뿐이다.

세상은 늘 그러했고, 지금도 그러하며, 앞으로도 그러할 것이다.

16. 미세먼지 예보

2021. 1. 15. 금. 7:34

일기예보(日氣豫報)가 재밌다. 추위가 조금씩 누그러져서인가, 며칠 전부터는 일기예보의 한쪽에 반드시 '미세먼지' 예보가 제공된다.

최저·최고기온, 맑음과 흐림, 강수량, 눈, 비, 파고(波高), 강풍(强風) 등등 일상 기후의 기본 사항은 물론, 미세먼지 농도와 그에 따른 생활 수칙까지 친절하게 일러준다. 옛날에는 누런 모래 가루를 뜻하는 '황사(黄砂)'라는 말을 많이 썼는데, 언젠가부터 '미세먼지'라고 한다.

어쨌건, 코비드-19 이전에는 미세먼지나 감기, 기침 등등에 대비하여 마스크를 썼다. 이제는 코비드-19와 중첩되어 마스크의 쓰임이 한층 중요해졌다.

미세먼지가 증가하는 계절! 다시, 조금 더 조심해야겠다는 생각이 스친다. 기우(杞憂)에 불과하겠지만, 미세먼지와 코비드-19가 결합하여 다른 질병을 파생하는 일이 없기를.

보이지 않는 세계의 뚜렷이 보이는 위력! 그 미스터리에 긴장하자!

17. 『반야심경』 엿보기

2021. 1. 17. 일. 11:26

오랜만이다. 정말 오랜만이다. 대학과 대학원 시절에 읽은 이후, 아마 최근 10여 년은 특별히 깊게 탐색하지는 않은 것 같다. 최근 산스크리트 원문에서 본 『반야심경』 역해가 나와 다시 관심이 갔다. 이전에 내가 본 것은 현장(玄奘)이 한역한 260여 글자로 된 『반야심경(般若心經)』이었다.

예전부터 불교(佛敎)를 교육철학으로 풀이해 보려고 시도하고는 있었다. 하지만, 연구가 일천하여 본격적으로 접근하지 못했다. 서산대사 휴정의 『선가귀감(禪家龜鑑)』을 발췌하여 글을 쓰고, 칸포 쉐다지(堪布索达吉: Khenpo Sodargye, 1962~)의 『금강경(金剛經)』을 역해하면서 엄청나게 고민했다.

불교는 세속을 등진 출가 종교다. 그런데 교육은 세속적이다. 전혀 다른 범주를 인위적으로 결합시켜, 현실의 교육철학으로 엮어낼 수 있는가? 과거에는 회의적이었다. 그렇게 하긴 힘들다! '아니다'라는 생각이 앞섰다.

올해는 과감히 시도해 보려고 한다. 무분별(無分別)이나 무차별(無差別)의 세계에서 '아니다'라는 사유는 존재하지 않는다. 불교는 절대 출가하여 세상을 떠난 비세속적 종교가 아니다! 오히려 철저하게 세속에 의지하여, 교리를 펼쳐가는 현실 종교다. 그래서 교육적이다!

『반야심경』을 교육철학으로 풀이하며, 지혜의 완성을 꿈꾼다.

『반야심경(般若心經)』은 『반야바라밀다심경(般若波羅蜜多心經)』을 줄인 명칭이다. 일반적으로 『심경(心經)』이라고 하여 '마음'을 다루는 경전으로 이해하기도 한다. 여기에서 인식의 한계에 부딪칠 수 있다. '심경(心經)'에서 '심(心)'은 '마음'이기보다 '핵심'이나 '중심', '요체'라는 의미다.

'반야(般若)'는 산스크리트어 '프라쟈나(prajna)'다. 프라쟈나는 '지혜'를 뜻한다. '바라밀다'는 '파라미타(paramita)'로 '완성'을 의미한다. 그러므로 '반야심경'은 '지혜의 완성, 그 핵심을 논의한 경전'이다.

교육은 지혜를 적극적으로 다룬다. 그런 차원에서 『반야심경』은 매우 함축적인 교육철학 원서다. 나중에 독해할 저술의 명칭은 일단 가제로 다음과 같이 설정해 둔다.

『반야심경의 교육철학』 — 지혜 완성의 요체를 논의한 경전!

18. 선(禪), 일상의 숭고와 존엄

2021. 1. 17. 일. 12:52

다음은 선종(禪宗)의 대가 임제(臨濟) 의현(義玄, ?~867)의 언표다. 일상의 숭고와 존엄을 진지하게 투영할 기회다. 간단하다.

불교? 부처?

힘써서 목숨 걸고 닦을 것 없다!

헛짓거리 하지 말라!

평상시에 특별한 일 없이 사는 거다!

밥 먹고 똥 싸고 오줌 누고, 날씨에 따라 옷 입고, 피곤하여 졸리면 자고.

이 모든 일상이 선(禪)이다.

불법무용공처(佛法無用功處)

지시평사무사(只是平常無事)

착의끽반(著衣喫飯)

아시송뇨(屙屎送尿)

곤래즉와(困來卽臥)

무불가구(無佛可求)

무도가성(無道可成)

무법가득(無法可得)

진불무형(眞佛無形)

진도무체(眞道無體)

진법무상(眞法無相)

이 무시무시한 선(禪)의 일상 노래에서, 강력한 현실을 담은, 불교의 교육철학이 보인다!

19. 이상한 뉴스들

2021. 1. 18. 월. 9:03

코비드-19와 연관된 일들인가? 주로 병실에 있거나 사무실에서 사무처리만 하며 지내다보니, 세상에 대해 무관심했다. 우연히 뉴스를 보니, 두 가지가 좀 의아하다.

하나는 미국 상황이다. 미국 대통령 선거에 무슨 문제가 있었는지, 1월 20일이 대통령 취임식인데, 워싱턴이 비상사태를 맞은 것처럼 군인들에 의해 봉쇄되었다. 이게 뭐지? 대통령 취임식은 아주 성대하게 치르는 것이 관례다. 혹시, 코비드-19로 사람들이 모이면 어려움이 있어서 그런 건가? 트럼프 지지 세력의 선거 불복과 무장 폭동을 방지하기 위해서인가? 어느 것이건 비상이다.

다른 하나는 바티칸 교황청이다. 교황청에 재직하는 주교 아홉 분이 코비드-19로 사망했다. 교황청의 종교지도자 아홉 분이 한꺼번에 사망한 것이다. 아무리 코비드-19 확진이지만, 이럴 수 있는가?

뭔지 모를 전환이, 보이지 않게 실감된다. 조용하고 알차게 전환을 맞이하자. 윤동주의 서시 구절처럼, “나한테 주어진 길을 걸어가야겠다!”

20. 불교의 가르침

2021. 1. 19. 화. 10:14

삶의 양식이나 진리의 문제를 화살에 비유한 불교 경전이 있다. 『전유경(箭喩經)』이다. 거기에 아주 간략하나마 삶과 교육에 관한 언급이 보인다. 인생을 관통하는 핵심이 번뜩인다.

"싯다르타는 알 필요가 있는 것을 가르쳤다! 알 필요가 없는 것은 가르치지 않았다! 그러므로 인간은 자신에게 가장 중요한 문제가 무엇인지 알아야 한다!"

어떤 사람이 '독이 묻은 화살에 맞아 쓰러졌다'라고 소리쳤다. 그러자 화살을 제거하려던 사람이 말했다. '잠깐만 기다리시라!' 그리고는 진지하게 고민한다. '화살을 쏜 사람은 누구일까?' '활은 무엇으로 만들었을까? 물푸레나무일까? 대나무일까?' '화살은 무엇으로 만들었을까? 화살의 깃털은?' 이런 식으로 화살과 연관된 모든 것을 알려고 시간을 끌다 보면, 어떻게 될까? 그 사이에 화살에 맞은 사람은 온몸에 독이 퍼져 죽을 것이다. 이런 상황에서 제일 먼저 할 일은 화살을 제거하는 작업이다! 독이 몸 전체로 퍼지는 것을 막는 일이다.

우주가 영원한지, 어떤 한계가 있는지 등등, 이런 문제를 다루는 것은 시급한 일이 아니다. 지금 당장, 1차적으로 우선순위에 둘 사안이 아니다. 다음에, 2차적으로 차 순위로 시행해도 된다. 생로병사(生老病死)! 그 슬픔과 고통이 지금 당장, 이 순간에 내 몸을 활활 불태우고 있다. 무엇이 중요한가? 인간은 지금 당장 닥쳐 있는 문제들에서 벗어나기 위한 길을 닦아야 한다!

뗏목의 비유도 있다. 싯다르타는 고심하며 반문한다.

"강을 건널 때 뗏목을 이용하면 도움이 된다. 그렇다고 해서 강을 건넌 다음에도 그 뗏목을 메고 산길을 가는 사람이 있다면, 그를 현명하다고 할 수 있겠는가?"

'사공이 많으면 배가 산으로 간다'라는 말이 있다. 어쩌면 이 세상의 쓸데없는 말들, 의미 없는 사유들, 아집에 빠진 논쟁들의 난무가 이런 행위를 연출하는지도 모른다. 뗏목을 메고 산길을 가는 사람들! 그렇게 낑낑대면서도 그것이 올바른 삶의 길이라고 착각하는 인생이 우글대는 곳, 이것이 세상은 아닐까? 그만큼 어리석은 존재들이, 도토리 키 재기 하듯, 진리를 하마평(下馬評)하고 앉았다. 알 필요도 없는 불용쓰레기들로 지식을 가득 채우고, 진리와 지혜를 밝힌 것처럼 우쭐대지는 않은지?

다시, 가르침이 문제인가? 그 깨달음의 순간, 또는 끄트머리는 어디쯤일까?

21. 색즉시공(色卽是空), 공즉시색(空卽是色)

2021. 1. 20. 수. 10:04

색즉시공 공즉시색(色卽是空 空卽是色)! 참 많이 들어온 불교의 대표 사상이다. 그런데 뭐지? 수많은 풀이가 있어 왔지만, 이해하기 어렵다. 스님들의 해석도 있고 불교학자나 불교 관련 전문가들의 풀이도 있다. 그런데 '색(色)'과 '공(空)'에 대한 인식이 너무나 다채롭다. '이것이 다'라고 딱 잡히지 않는다. 딱 잡히지 않는 느낌이, 오히려 세계를 지시하는 진짜 의미는 아닐까?

간단하게 표현하면, '색(色)'은 물질의 세계, 색깔이나 모양으로 드러나는 구체적인 세상을 뜻한다. 생각이나 의식, 인식, 감각과 같은 정신 영역과는 구분된다. 물론 정신 영역은 물질세계에 통합되어 이해할 수도 있다. 몸이 마음을 담고 있듯이 말이다. 아니, 마음이 몸을 담는가?

공(空)이 문제다. 공(空)은 영(零)이다. 숫자로 표현할 때 영(0)과 통한다. 값이 없는 수(數), 제로(zero), 나씽(nothing)이라는 이 형이상의 세계는 무엇일까? 정말, 정의하기도 힘들고, 해결하기도 어려운 불교의 궁극적 화두다. 문자 그대로 '공'은 '비었다'는 의미다. 그런데 저 '비었다'는 것이 '없다'거나 '아니다'로만 인식되어서는 곤란하다. 단순하게 '무(無)'나 '비(非)·불(不)'로 자리매김하기에는 무언가 선명하지 않다. 저 오리무중(五里霧中)의 희미함!

공(空)은 색(色)의 상대편에 있는 듯이 여겨지지만, 가만히 생각해보면, 그것만도 아니다. 가장 엉터리 같은 해석이나 이해는, '색=물질',

'공=정신(영혼)'의 영역으로 설정한, 이분법적(二分法的) 또는 이원적(二元的) 설명이다.

색깔과 모양으로 이해되는 색계(色界)는 어떻게 움직이는가? 흔히, 색계로 상징되는 세상에는, 보이지 않는, 통제할 수 없는 힘이, 작동한다. 공(空)은 이런 데서 감지할 수 있다. 보이지도 잡히지도 않으면서, 색계가 드러나도록 움직여 나가는, 역동적 에너지!

색(色)은 스스로, 다른 어떤 요소들과 연관 없이, 자체적으로, 자신을 드러낼 수 없다! 겉으로 얼핏, 그렇게 보일 뿐이다! 그럼 뭐냐? 보이는 세계는 그 자체로 존재하지 않는다? 그렇다. 존재할 수 없다! 그것이 공(空)을 끌어당기는 논리다.

이제 색(色)과 공(空)은 하나로 통일되면서, '색즉시공 공즉시색'의 일체성(一體性)을 드러낸다. 서로 다른 차원이 녹아들어 하나가 되었다. 그러기에 하나로 통일된 우주적 차원에서는 개별적 존재를 상정하기 힘들다. 아니 할 수 없다. 서로 다른 각자가 자신만을 강조하며 주체적 존재로서의 자기만을 주장할 수 없다.

서로를 조건지우는 거대한 관계의 그물! 망(網)! 그 네트워크(network)를 고려하자. 세계의 존재상은 그러하다. 거기에 색즉시공 공즉시색을 투영하자. 색은 색 자체로 자기동일성을 뽐내며 존재하지 않는다. 자기동일성이 없다는 차원에서 공이다. 공은 보이지 않는다. 그러나 통제할 수 없는, 잠재된 힘으로 색의 세상을 드러낸다. 그러기에 공은 색이 된다.

이 분리 가능한 것 같으면서도 통일된 양상의, 분리불가(分離不可)의 세계가, 색과 공의 유기체다.

22. 코비드-19 발생 1주년

2021. 1. 20. 수. 21:32

'코비드-19'가 한국에서 발생한 지 꼭 1년이 되는 날이다.
코로나! 기념식이라도 해줄까? 할 말 없다. 그냥 조용히 길 가련다.

23. 『걸리버여행기』③ • 야후와 휴이넘, 소인과 군자

2021. 1. 24. 일. 19:18

인간에 대해, 인간 스스로가 수시로 이중인격(二重人格)이라는 표현을 사용하곤 한다. '사람(person)'이라는 말이 '가면'을 의미하는 '페르조나(persona)'를 어원으로 하고 있으니, 그 원초적 본성이 그러할지도 모르겠다. 『걸리버여행기』의 '야후'와 '휴이넘'이 그런 모습을 상징하는 듯하다.

야후들은 자연이 만든 것 가운데 가장 더러운 존재다. 지독한 냄새가 난다. 생김새도 기형적이다. 아주 반항적 기질을 가지고 있다. 나쁜 마음으로 가득 차 있다. 무절제한 행동을 마구 범한다. 그만큼 길들이기 힘들다. 유학(儒學)에서 말하는, 덜 돼먹은, 막돼먹은, 조무래기, 소인(小人)이다. 아니, 소인으로 이름 붙여주기에도 아까운 악인(惡人)이다.

한편, 휴이넘의 세계에는 악함을 뜻하는 언어 표현조차도 없다. 그만큼 선(善)한 세상이다. 신사답다. 교양이 있다. 점잖다. 설사 악한 부분이 있는 것처럼 느껴지더라도, 그것은 야후들의 추한 모습이나 악한 면을 보고 빌려온 것이다. 휴이넘들은 어리석음, 게으름, 악천후, 재앙, 걸림돌, 제대로 지어지지 않는 집, 기준 미달 등과 같은 사안에 대해, '야후 같은'이라는 표현을 사용했다. 소인배 같은 야후의 자질에 비하면, 휴이넘은 대인(大人)이자 군자(君子: gentleman)다.

우리는 '야후'인가? '휴이넘'인가? 교육은 야후의 세계를 휴이넘의 세상으로, 의도적이고 계획적으로 바꿀 수 있을까? 그렇게 희망하고 있는 것은 분명하다. 문제는 실현이다. 단언컨대, 모두가 휴이넘처럼 될 수는 없다. 절대. 부분적으로 야후를 휴이넘처럼 길들일 수는 있으리라. 그것이 교육의 가능성인 동시에 한계다. 긍정적 즐거움인 동시에 부정적 괴로움이다. 교육은 인간을 인간답게 성장시키기도 하지만, 그 이면도 존재한다.

무조건 '하면 된다!'라는 언표에 깃든 냉철한 실질을 꿰뚫어보라. 그것은 사실이 아니다. 간절한 바람이다. 일종의 이상이다. 진정으로 구현 가능한 세계나 영역은 별도로 존재한다. 누구든지, 자신이 할 수 있는 부분을 간파하는 일이, 교육의 진짜 전제다!

교육만능설(教育萬能說) 같은 지나친 낙관주의(樂觀主義: optimism)를 경계하라! 비현실적이다. 그렇다고 교육불가설(教育不可說)과 같은 지나친 비관주의(悲觀主義: pessimism)는 더욱 경계하라!

문제는, 자신을 인식하고, 이해하고, 깨닫는 혜안(慧眼: insight)이다. 너 자신을 직시(直示)하라! 적확(的確)하게 깨우치시라!

24. 성공과 일상, 숭공불거(崇功不居)!

2021. 1. 24. 일. 20:42

‘성공한 사람’, ‘어떤 일에서 훌륭한 공적(功績)을 남긴 사람’, ‘업적이 탁월한 사람’은 세상의 본보기가 되는 경우가 많다. 공(功)을 세운만큼 누린다. 그것이 일반적인 상식이다.

그러나 중국 삼국지(三國志)의 무대에서 뛰어난 책사였던 장량(張良)은 ‘숭공불거(崇功不居; 成功不居)’를 택했다.

“자신의 본분에 맞게 역량을 발휘하여 공을 세우는 일을 매우 소중히 여기되, 그것을 자랑하며 누리지 않는다!”

그렇다. 본보기가 되는 인간은 자기 삶의 본분을 다할 뿐이다. 그냥 자신에게 주어진 일을 일상에서 즐긴다. 그럴 뿐이다. 성공했다는 생각도, 최고의 반열에 올랐다는 느낌도, 인기 절정이나 그 분야의 대표주자라는 의식조차 없다. 그런 생각이 조금이라도 들었다면, 이미 교만(驕慢)과 오만(傲慢)에 인생이 지배당했다.

빨리 내려오라. 아니, 내려놓아라! 방하저(放下着)!

25. 감정 침묵

2021. 1. 27. 수. 13:20

원인은 이질적이나 결과는 동질적이다. 40여 년 전 아버지의 병상과 현재 내무군주의 상황이 그러하다.

아버지는 당시 흔히 말하던 '중풍(中風)'으로 쓰러지셨다. 반신불수(半身不隨) 상황이 되었다. 이유는 몇 가지 짐작이 가지만, 약주(藥酒)가 과(過)하셨던 것 같다. 내가 20대로 막 접어들 무렵이다.

내 아내 내무군주는 '희귀질환(稀貴疾患)'으로 투병 중이다. 분명 원인이 있을 텐데, 원인 규명을 하지 못하고, 고통을 인내하고 있다. 내가 60대로 접어들 무렵이다.

이 40년의 시공간은 내 삶에서 무엇일까?

가늠하기 힘든, 이 감정에 대해, 침묵할 수밖에 없다. 그 침묵 속에는 아쉬움, 안타까움, 그리움, 허전함 등, 형언하기 힘든 정서가 녹아들고, 삶을 새롭게 일깨운다.

관계된 모든 것은, 내 인생의 짐 위에 포개고, 내 몫으로 만들어, 즐겁게 수행하리라!

26. 겨울 강풍

2021. 1. 29. 금. 10:41

한반도는 계절풍(季節風)이 불어오는 지역이다. 반도(半島)가 지닌 자연 지리적 특색 때문이다. 그 바람은 장점이기도 하고 단점이기도 하다. 자연 현상으로 보면 계절풍 그대로이나 인위적 시각을 개입하면 때로는 재해(災害)로 드러나기도 한다. 그 순간, 자연과 인위 사이에 심각한 모순이 대결한다.

어제 오늘 그런 현상의 전형이 나타났다. 겨울 강풍, 눈보라 태풍! 뉴스를 다루는 매체마다 난리다. 겨울에 불어오는 강풍, 또는 태풍은 다른 계절의 바람과 의미가 다르다. 옛날부터 북풍(北風), 삭풍(朔風) 등등, 매서운 추위를 몰고 오는 시련(試鍊)의 상징으로 인식되어 왔다.

봄바람은 강풍보다 훈풍이 많다. 따스한 바람이다. 강풍이 왔다면, 만물소생(萬物所生)이 힘겹게 진행된다.

여름바람은 강풍이자 태풍이다. 비를 몰고 오면서 홍수(洪水)를 만든다.

가을바람은 강풍보다 선풍이다. 선선한 바람이다. 강풍이 왔다면 만물결실(萬物結實)이 쉽지 않다.

그러나 분명한 사실, 이법(理法)의 세계가 있다. 겨울은 강풍, 눈보라, 혹한 등으로 생명의 활동이 잠자듯이 고요한 가운데, 움츠려 있으면서도 역동적이어야 한다. 그래야 새봄이 활기차다. 약동할 수 있다. 추운만큼 자연의 이법 그대로, 겨울은 겨울답게 지속되기를.

27. 능력 단상 • 작은딸과의 대화①

2021. 1. 29. 금. 12:13

대학생인 작은딸과 이틀 동안 병실의 간이침대에서 함께 지냈다. 그때 나눈 대화 한 대목이다. 인간의 능력과 교육에 관한 단상이다.

능력(能力)은, 문자 그대로, 어떤 '일을 할 수 있는 힘'이다. 일상에서, 구체적 사안이 나의 작업 범주에 들어오는 순간, 또는 가시권에 포착될 즈음, 능력은 신중하게 실천의 가늠자를 들이댄다. 저 일을 할 수 있을까? 없을까? 분명히, 충분히, 보란 듯이, 수행할 수 있을 것으로 판단했다. 그런데 실제로 해 보니 힘이 닿지 않았다. 미완이다. 부족하다. 실패다. 이런 경우, 능력이 없는 건가? 모자란 건가? 능력은 있는데, 어떤 방해 요소가 능력을 갉아먹은 건가? 어쨌건, 한 인간이 '늘', '모든' 영역에서 최고의 능력을 갖추기는 힘들다. 아니 그런 존재는 없다!

그런데 어떤 교육은 능력과 연관하여, '역량 함양', 또는 '역량 강화'라는 목표를 누구에게나 덮어씌운다. 무엇이건, '하면 된다!'라는 최고의 긍정성으로 포장하며, 강요한다. 그 기준에 부합해야 교육목표가 달성되는 것처럼 말이다.

평등을 화두로 제시하는 획일적 사유와 행위는 교육의 최대 적이다. 그것은 완벽한 교육적 난센스다. 우리가 생각하는 교육의 결과나 효과는 기대 수준이나 기대 효과와 다른 양상으로 표출되는 경우가 많다. 원래 취지에서 볼 때, 능력 위배다. 아니, 위배라기보다 다른 범주의 능력 발휘다.

인간의 자연적 속성은 단순하다. 특별한 경우, 예컨대, 어떤 일을 못하는 처지나 상황을 제외하고, 대부분의 인간은 삶의 기술을 기본 능력으로 지닌다. 자율적으로 또는 자발적으로 실천하느냐 마느냐, 타율적으로 또는 강제적으로 이행하느냐 마느냐, 이것이 행위 앞에 가로놓인다.

교육은, 자신이 상대적으로 잘 해결할 수 있는 부분에서 능력을 발휘하도록, 판단하고 운용하고 관리하고 경영할 혜안을 기르는 데 기여할 뿐이다. 교육을 통해, '모든' 능력을 함양한다는 말은 거짓이다. '모든(all)'이 아니라 '어떤(any)' 부분이다. 그 '부분'은 서구어로 '파트(part)'다. 다양한 파트는 제 각각의, 때로는 적극적이고 때로는 소극적인 '참여(participated)'를 통해 전체를 이룬다.

'나'는 개체로서 '나'라는 전체다. 하지만, 사회, 즉 공동체나 세계, 우주 자연이라는 전체에서, 내가 차지한, 또는 부여받은 만큼의 부분이다. 이런 개인과 사회에 대해, 교육은 이상적으로 전체를 지향한다. 전인교육(全人敎育: holistic education)이라는 언표가 일러주듯이, 인간의 모든 부분, 즉 '지(知)-덕(德)-체(體)', '지(知)-정(情)-의(意)'와 같은 인간성의 각 요소들 사이의 조화와 통합을 꿈꾼다. 이 모든 것을 갖춘, 흔히 팔방미인(八方美人: all-rounder)으로 묘사하는 인간 확립을, 모든 사람에게 바라는 일은 진짜 꿈이다. 그렇게 보일 뿐이다. 그게 허상이다.

하지만, 현실적으로 부분의 이해와 인식, 파악과 장악은 충분히 가능하다. 교육은 이를 위한 지적 장치에 불과하다. 부분의 인식과 실천, 가치 모색과 판단, 그 구현이 다름 아닌, 인간 각자에게 맡겨진 몫이다. 내가 담당할 몫에 충실하도록, 교육은 몫에 해당하는 책임이행, 책무성을 강조한다. 그러므로 이런 부분[몫]을 고려하지 않고, 그것을 벗어나, 인위적으로 전체의 허상을 행하려는 교육적 프로파간다(propaganda)를 절대적으로 믿지 말라. 잘 참고해서 활용하라.

28. 생애 전개

2021. 1. 30. 토. 19:42

1월 말이다. 매년 초가 되면, 생일이 포함된 달인지라 생애를 돌아보곤 한다. 2021년 올해는 꼽아보니, 57년을 완전히 채우고 58년째 접어든다. 60대 환갑을 상징하는 '이순(耳順)'의 턱 아래에 이르렀다. 이순이라는 말처럼, '귀가 순해져야 할 텐데……' 아직은 덜 성숙했다. 많이 부족하다! 다시 겸손과 겸양을 화두로 생애를 추동해야 할 의무와 당위가 나를 채찍질한다.

동서고금을 막론하고, 여러 학자와 전문가들이 생애 발달과 인생주기에 대해 다양하게 논의해 왔다. 이미, 유사하거나 동일한 인생의 주기를 자세하게 제시한 사람이 있는지 모르겠으나, 최근 들어 이런 생각을 해봤다. 첨단과학 기술문명과 사회변화에 따라, 상당한 변화가 있겠지만, 현재 수준에서, 인생의 주기나 생애 전개를 크게 4단계로 구분할 수 있다.

1단계(0-30세): 신체 발육과 생애 기반의 성장
2단계(30-60세): 집중 노동 양식의 직업 생애
3단계(60-90세): 분산 노동 형태의 기호 생애
4단계(90세-죽음): 신체 쇠락과 생애 정돈의 성장

이런 점에서 보면, 나는 이제 절반쯤 산 건가?

29. 각자도생(各自圖生) 여타공존(與他共存)
• 작은딸과의 대화②

2021. 1. 31. 일. 9:03

1월의 마지막 날, 일요일 아침. 양력으로 내 생일이다. 허허! 내무군주는 병상에서 잠자고, 그 옆에서 작은딸과 함께 조촐한 아침을 나누었다. 생일상(生日床)은 아니지만, 그래도 아내 곁에서 가족이 식사를 할 수 있다는 자체가 행복하다.

각자도생(各自圖生)이라는 말이 유행할 때가 있다. 의미는 심각하게 느껴진다. 시대나 사회 상황에 따라, 인간은 제각각 살 길을 찾아 나서야 한다는 소리다. 조금만 삐딱하게 생각하면, 개인주의를 넘어 이기주의로 전락할 수 있는 말이다. 공동체 속에서 협동하고 배려하며 상호작용하는 인간의 삶에 비추어 볼 때, 가슴 무너지는 것 같은 부정적 언표이다. 비극을 연출한 이후의 이별과도 같다.

그런데 '홀로 있음의 즐거움,' 그 고독(孤獨)을 일상에 심은 나는 그렇게 생각하지 않는다. 모든 인간은 '각자도생'에 전념해야 한다. 이런 생각이 개인적 실존에 빠진 낭만적 망상이라고 비난 받을 수도 있음을 충분히 인지한다. 지금까지 내 삶의 기조가 이런 생각의 건너편에 있었으므로, 더욱 뚜렷하게 감지한다.

그렇기에 지난번, 인간의 능력과 교육에 이어, 정말 조용하게 딸에게 말을 건넨다. 스스로 자신의 생명을 모색하고, 삶을 가꾸어야 한다. 당연한 일 아닌가! 인생에 대한 자기 존중감과 무한 책임감! 그것은 자신의 삶에 대한 열정이다. 의무다. 권리다. 자신을 인식하고 깨닫고 찾고 만들어 나가는, 매우 구체적이고 실질적인 인생 사업이다.

대신, 지켜야 할 엄중한 요건이 있다. 나 이외의 존재에게 가해질 수 있는 폐해(弊害)를 최소화하는 노력을 해야 한다. 인간사회에서 폐해가 없기를 기대하는 것은 몽상(夢想)이다. 의도하지 않았지만, 나도 모르게 상대에게 피해를 줄 수도 있다. 의도적으로 해를 입혀서는 절대 안 된다! 자신도 모르게 발생할 수 있는 부정적 요인을 제거하거나 피치 못할 경우에는 폐해를 최소화해야 한다.

그리고 '여타공존(與他共存)'이다. 이런 용어가 있는지 모르겠으나, '각자도생'에 빗대어 만들어 보았다. 다른 존재와 더불어 삶을 지속하라! 사람을 비롯한 모든 존재들 가운데 나를 던지고, 함께 뒤섞여 세상 속에서 살아가자! 또는 살아지자!

현실적으로 '각자도생'을 바탕으로 하라. 이상적으로 '여타공존'을 지향하라. '생(生)'과 '존(存)'! 개인적 삶의 사회적 지속! 이 생존의 문제는, 인생에서 가장 아름다운 슬픔의 묘약일수도 있다. 또 하나의 어리석음이 인간을 꿈꾸게 만든다.

Winter in Holland - Skating Scene (1645)
Aert van der Neer (Dutch, 1603-1677)

2월

1. 학문의 소용과 예측의 한계

2021. 2. 1. 월. 6:59

2월 1일, 월요일 새벽이다. 오늘부터 다시 코비드-19로 인한 사회적 거리두기가 2주 연장되었다. 몇몇 예외사항을 제외하고는 5인 이상 모임금지다. 설날 연휴에 가족끼리도 모일 수 없다. 코비드-19의 공포가 기존의 일상을 완전 해체시켰다. 회복 불능이다!

어제 1월까지, 바이러스 감염이 발생한 지 1년 정도의 기간이 지났으니, 좀 안정되어 기존의 일상생활을 회복할 수 있으리라는 개인적 기대가 있었다. 이제는 이마저도 완전히 포기한다. 실날같은 회복가능성이라도 갖고 있기에는 코비드-19의 악령이 너무나 깊고 넓은 차원에서 인간의 영혼을 짓밟아 버렸다. 영혼의 상흔은 아픔의 그림자를 너무나 길게 드리우고 있다. 이제 더 이상의 기다림이나 인내는 사치(奢侈)다. 선도적으로, 이전과는 패러다임이 바뀐 삶의 구조를 대비해야겠다.

문제는 대비의 도구다. 학문(學文)이라는 거대 담론이 미래 예측 기능을 해왔다. 그러나 코비드 펜데믹 사태에는 학문의 역할을 기대하기 힘이 드나 보다. 물론, 기존에 이룩해온 인류의 다양한 문제에 대해, 학문이 그 예측 기능을 어느 정도 발휘했는지, 또 그 예측이 제대로 적중했는지 따져볼 일이기도 하다. 느낌상, 미래 예측 적중률이 아주 낮은 수준일 것 같다. 인간이 지닌 능력의 한계다. 이런 점에서 인간은 학문을 통한 예측과 대비보다 현실을 마주하며 헤쳐 나가고 극복하는 데 힘을 쏟는지도 모르겠다.

오늘 새벽에는 유난히도 학문의 무력감과 사람들의 현실 대처 무능함이 오버랩 된다. 미래 예측은 많으나 현실 작동은 그와 다르다! 미래 예측은 희망적이나 현실 작동은 절망적이다. 미래 예측은 느슨한 감각의 유희지만 현실 작동은 팽팽한 이성의 긴장이다.

현 단계에서, 나에게 닥친 사안들에 대해, 어디에 무게중심을 두어야 할까? 코비드-19를 노려보며 하소연해야 하는가? 학자들, 예컨대 바이러스 전문가나 감염내과 의사에게 물어봐야 하는가? 나 홀로, 사회적 거리두기와 같은 국가적 방역지침을 준수하며, 그냥 대응하고 극복해야 하는가? 의미 없는 것 같은 일상을 즐기면 되는가?

오늘도 먼발치에서, 삶이 지켜볼 것 같다! 아주 괴로운 고독의 눈빛으로.

2. 논저 제조업자

2021. 2. 1. 월. 7:56

학자나 교수라는 존재는 어떤 업종 종사자일까? 일반적으로는 교육직이나 연구직으로 분류된다. 좀 싱거운 소리처럼 들리겠지만, 아침 뉴스를 보다가, 문득, '제조업자(製造業者: manufacturer)'란 생각이 스친다. 단순하게 산업이나 경제적 개념을 도입하는 것도 범주를 벗어나고, 또는 기계를 만드는 일을 비롯한 일반 제조업과도 다른 차원이지만, 학자도 '논저(論著)'라는 생산물을 창출하니, 일종의 '제조업자' 아닌가!

3. 최악의 보호 매뉴얼

2021. 2. 2. 화. 6:24

새벽부터 재미없는 생각이 밀려온다. 그간 누적된 경험 때문인지도 모르겠다. 어떤 사람을 보호할 때, 최악의 상황은 무엇일까? 환자 간호, 아동이나 노인, 장애인 등 약자를 대할 때, 가장 중요한 덕목은, 미리 말하면, '사랑'이다.

간호사가 환자의 심리를 고려하지 않고 정해진 시간에 주사만을 놓을 때, 교사가 학생의 상황을 확인하지 않고 주어진 시간에 교과 지식만을 전달할 때, 요양보호사가 노인의 형편을 챙기지 않고 정해진 시간에 식사만을 제공할 때, 결정적으로 소홀히 한 부분이 있다. 코비드-19 사태를 대처하는 일부 관련자들도 마찬가지다. 도대체 '사람'을 보지 않는다. 사람이 사람을 사람답게 보지 않는, 이런 인간의 삶이 비극(悲劇)이다. 이게 인간이 스스로 만드는 최대의 죄악(罪惡)이다. 어쩌면 근원적 죄악일지도 모르겠다.

매뉴얼(manual)만 신봉하는 기술자들은 인간을 헤아리지 않는다. 정해진 설명서에 따라 자기가 파악한 대로 업무를 본다. 쉽고 편리한 것처럼 보인다. 하지만 인간이 관계되는 일은 그렇게 쉽고 편리한 것만은 아니다. 어떤 차원에서는 아주 어렵다. 최선의 정성을 기울여야 한다.

인간이 담당한 모든 업무에는 '인간적'이어야 하는, 본분의 실질이 담겨야 한다. 그렇지 않은 업무 종사자는 스스로 인간이기를 포기한 것이다. 소외를 자청한, 폐기물에 가깝다. 불용쓰레기나 마찬가지다.

'인간적'이라는 말은 동서고금을 막론하고, '사랑'이라는 한마디로 상징된다. 이 사랑은 긍정적 마음 씀씀이에서 조용히 우러나온다. 인간이 처한 상태를 파악하고, 상황을 헤아려 신경을 쓰며, 열정을 쏟는 가운데 은은하게 빛난다.

그런데 세상을 둘러보니, 특히, 일을 하고 있다는 인간들을 살펴보니, 상당수가 매뉴얼에 매몰되어 있다. 기계처럼 싸늘하다. 냉철한 사무적 충실함에 지배당한다. 겉보기에는 깔끔하게 일처리를 하고, 그만큼 확실한 업무 능력을 보이는 듯하다. 매뉴얼의 설명이 요란하다. 그것을 역량 또는 능력이라고 하는 모양이다. 기능이나 기술에만 능숙하게 움직이는 물건들! 사람을 마음에는 두지 않고, 매뉴얼에 따라 물건을 다루듯이 처리하는, 이 얼빠진 인생들! 무슨 보람을 느낄까?

모든 사람이 그런 것은 아니다. 아직도 인간의 상황을 차근차근 헤아리며, 소통으로 교감하는 인간미 넘치는 분들이 많다. 하지만, 요즘 들어 부쩍, 상당수의 인간들에게 환멸을 느낀다. 매뉴얼만 신봉하는 비인간적 기능 기술자들을 보니, 화가 치밀어 오른다. 세속어로 밥맛이 뚝 떨어진다. 말은 일에 열정적이고 싶지만, 상황이나 여건이 허락하지 않는다면, 나도 일상에서 그럴 경우가 있었을 것이다. 매뉴얼 인생에 찌든, 비인간적 상황을 '요즘 문화'나 '세태'라고 치부하기엔, 아름다운 인간적 세상이 비참해질까 두렵다.

날이 밝아오면, 이런 생각을 저 강렬한 햇빛 속에라도 감추어 두고 싶다.

4. 계절의 시작, 입춘(立春)

2021. 2. 3. 수. 7:44

입춘 절기는 한 해 계절의 시작이다. 무한(無限)으로 펼쳐 있는 저 우주의 시공간에 별도의 시작이 어디 있겠는가마는, 순환(循環)의 단위로 볼 때, 1년 사계절의 시작이다. 요즘은 좀 뜸해지기는 했지만, 입춘 무렵, 시골 집 문간이나 대문, 담장에 이르기까지 아래와 같은 글귀를 쓰며 인간의 소망을 담기도 했다.

입춘대길(立春大吉) 건양다경(建陽多慶)!

의미는 간단하다. '한 해를 시작하는 입춘이 왔으니 좋은 일이 크게 되고, 따스해지는 기운에 힘입어 경사스런 일이 많아지기를!'

소망이 이루어지길 바라는 심정은 간절하다. 24절기 내내, 그 소망이 때에 따라 실리고, 때에 맞게 성취되면, 추수할 때 수확이 풍성하리라.

길상여의(吉祥如意)! 좋은 일들 뜻대로 되도록
발심사업(發心事業)! 마음 펼쳐 맡은 일에 열중
자신보호(自身保護)! 스스로 몸을 지키고 도와
사회기여(社會寄與)! 공동 모임에 붙여 주기를

특히, 코비드-19님! 당신은 지난해 계절을 온전히 순환하며 세상을 지켜보았습니다. 어떠하던가요? 우왕좌왕하며 허둥대는 인간 사회가 가소롭던가요? 당신은 지금까지 인간 내부에서 스스로 저지른 악행(惡行)의 결과인가요? 인간 외부에서 투입된 선행(善行)의 씨앗인가요?

이제 올해 새로운 계절의 순환을 시작합니다. 계절 절기를 따라 제발, 인간 사회의 악행이 줄어들고, 선행이 많아지기를, 간구합니다.

5. 병실 면회 친구

2021. 2. 3. 수. 14:59

2021. 2. 3. 입춘, 오후 2시, 코비드-19 때문에 한참을 미뤘다가, 내무군주 친구 두 분이 면회 왔다. 고교 동창들이니 아마 40여 년 이상을 만나온 동무들이다. 오늘은 병상에 있으면서 만났으니, 정말 감회가 특별하리라. 청소년 시절부터 환갑을 넘긴 지금까지, 영혼의 대화를 주고받은 만남이니, 눈빛만 봐도 서로의 인생을 비추는 듯하다.

가능한 한 긴 시간 얘기하도록 자리를 비켜주었다. 친구를 걱정하며 찾아 주었으니, 고마울 따름이다.

6. 싯다르타의 교육정신① • '문(聞)-사(思)-수(修)'

2021. 2. 4. 목. 6:52

대승불교(大乘佛敎)에서는 부처의 가르침을 다음과 같은 논리로 설명한다. 그 교육의 형식적 논리는 어떤 교육철학보다 단순하다. 명쾌하다. 쉽다. 그런데 내용으로 들어가면 온갖 난관이 그 형식을 해체한다.

그 교육 지혜는 '듣고 — 생각하고 — 닦아라!'이다. 이른바 '문(聞)' — '사(思)' — '수(修)'의 유기체 철학이다. '경청'과 '사유'와 '수행'이 연속적으로 진행되는 교육과정이다.

① 먼저, 내말을 들어라!

② 내 말을 믿지도 말고 의심하지도 말라!

③ 내 말에 관심이 있다면 생각해보라!

④ 내 말이 사실인지 아닌지 실제 수행으로 실험하라!

⑤ 그리하여 증명된 사실만을 굳게 믿어라!

수타마야 판냐(sutamaya panna) — 들어라! — 문(聞)

친타마야 판냐(cintamaya panna) — 생각하라! — 사(思)

바바나마야 판냐(bhavanamaya panna) — 닦아라! — 수(修)

7. 싯다르타의 교육정신② • 담마(dhamma: 法) 전수

2021. 2. 4. 목. 7:37

빠알리 <율장소품>(5권 33-1)에는 담마를 전하는 양식이 다음과 같이 등장한다. 부처는 진지하게 말한다.

“어디를 가든지, 거기에 살고 있는 사람들의 언어를 먼저 배워라. 그리고 그곳 사람들이 알아들을 수 있는 언어로 담마를 전하라.”

당시 수행승(修行僧)들은 고타마 싯다르타에게 훌륭한 담마를 ‘고귀한 산스크리트어’로 표현하도록 제안했다. 부처는 단번에 거부했다. 그리고 위와 같이 강조했다. 부처의 교육관이 백번 맞다. 인간적이다. 민중적이다. 모든 사람을 향한 보편적 외침이다.

여기에서 부처는 자신이 깨달은 담마, 즉 인간의 생로병사(生老病死)라는 고통에서 벗어날 수 있는 교육의 원리와 방법을 민중 속으로 투영하는 거대한 양식을 제시했다. 그것은 실제 삶에서 고통 받고 허덕이는 서민에게 다가가, 그들이 알아들을 수 있는 언어로 전달하는 일이었다.

이런 점에서 불교교육의 기본 전제는 학습자에게 적합한 언어 사용이다. 누구를 대상으로 교육하는가? 교육 대상의 양상과 욕구와 필요와 도달 가능성에 신중해야겠다!

8. 싯다르타의 교육정신③

• 에밤 마야 슈루탐(evam maya Srutam: 如是我聞)

2021. 2. 4. 목. 10:19

'에밤 마야 슈루탐'—'나는 이와 같이 들었다!'

이 말은 불교의 초기 경전에서 부처의 말을 인용하면서 붙인, 정해진 어법이다. 한문으로는 '여시아문(如是我聞)'이라 한다. 여기에서 '나'는 고타마 싯다르타의 사촌동생 '아난다(Ananda)'다. 아난다는 형 싯다르타가 수행하며 말씀을 전할 때, 고타마를 보좌하며 개인 비서 또는 대변인 역할을 충실히 하였다. 이때가 고타마의 인생 후반부인 55세~80세 시기, 기원전 508년~기원전 483년 무렵이다.

그런데 아난다는 정말 그렇게 들었을까? 고타마의 말을 그대로 글로 옮겨 놓았을까? 아니면 고타마의 언표에 대해, 설법의 내용을 참고하여, 그럴 것이라는 자기 깨달음의 프리즘을 거쳐 기록해 놓았을까?

나는 이 지점에서 교육의 '사실'과 '진실'사이에 서성인다. 있는 그대로와 지향하는 가치 사이의 틈새를 고민한다. 어떤 경우이건, 불교의 교육정신은 고타마 싯다르타의 진리, 부처의 지시 가운데 뚜렷이 드러난다. 그만큼 분명하다. 강인하다. 철저하다.

부처는 세속을 살아가는 인류에게 진지하게 충고했다.

"사람이라는 존재 자체가 거룩한 것이 아니다. 거룩한 삶이 있을 뿐이다. 깨닫고 깨우치기 위해서는 오직 나 자신과 담마(法)에만 의존하라!"

여기에서 교육적으로 중요한 것이 무엇인지 보라.

첫째, 인간의 삶이다. 그 성스러운 세계를 최고의 가치로 존숭하자.

둘째, 깨달음에 관한 인식이다. 그것은 스스로, 자기 구원으로만 가능하다. 세상에 존재하는 모든 것과의 관계를 근거로 말이다.

9. 대법원장의 존재 이유

2021. 2. 4. 목. 13:45

방금 소식을 들었다. 한 국가의 대법원장(大法院長)이라는 존재의 처신에 관해서다. 아주 짜증나는 일이다.

이 세상에는 정말 요지경(瑤池鏡)처럼 수많은 일들이 발생한다. 좋은 일 나쁜 일 등등 온갖 사태가 엇갈리며, 인생의 희로애락을 드러낸다. 깨끗하고 긍정적인 일만이 사회에 존재하는 것은 결코 아니다. 더럽고 부정적인 사안도 반드시 공존한다. 가능한 한 살아가면서 재미없는 일들은 최소화 하고, 즐거운 일들이 많아지기를 기대할 뿐이다. 그것은 개인의 도덕성과 사회의 윤리성을 기초로 한다.

그런데 대한민국 대법원장이라는 국가 최고위층 지도자가 거짓말을 했단다. 고위급 판사의 탄핵 문제와 연관된 일이란다. 결국은 정치와 직결된다. 여기서 문제는 사회 정의의 최후 보루인 사법부에서, 그 수장이 부정을 저질렀다는 사실이다. 개인 비리라면, 개인의 도덕성 문제로 치부하여 비난하면 되겠지만, 그게 아니다.

삼권분립(三權分立)의 민주정치 시스템에서, 대법원장이라는 작자가 독립적으로 법에 따라 일처리를 하면 그만이지, 뭔 헛소린가? 무슨 정치적 상황을 살피나! 어찌 보면, 최고 권력자에 버금가는 자리에 있는 인간이, 떳떳하게 일하지 않고, 이런저런 눈치를 보는 등, 자기 본분과는 거리가 먼 짓을 하는가? 사법부의 자긍심이나 외압을 막아낼 배짱도 없이, 대법원장 자리에 앉나? 더구나 후배 판사를 포용하지는 못할 망정, 배신하고 내쳐! 이런 자가 대법원장이라니! 아, 더 이상 언급하기도 싫다.

우리 사회의 격이 어찌 이 지경인가? 법을 가장 직접적으로 다루는 상징적 기관에서 법치(法治)가 무너지다니! 사회 정의를 솔선수범해도 기본적인 일처리에 불과하거늘. 이제 정의 구현은 어디서 찾아야 할까?정의, 시민, 윤리, 등등 민주주의 교육을 더욱 강화해야 하나? 교육이, 특히, 고등교육의 역할이 사회 지도급 인사를 함양하는 데 있다면, 어떻게 대처해야 하는가? 힘 빠진다. 막막하다.

그러나 맹자(孟子)의 혁명(革命) 논리처럼, 저런 대법원장은 이미 대법원장이 아니다. 일개 비도덕적 소인배(小人輩)이거나 조무래기 천민(賤民)일 뿐이다. 씁쓸하다. 없던 존재로 하자!

아무리 어려운 일이 닥쳐도 나는 크게 걱정하지 않는다. 지난 30여 년 교육에 종사한 결과, 나의 수많은 제자들은 이런 사태를 마주하면, 분노하면서도 냉정하게 비판적 성찰을 해왔다. 그만큼 우리 사회에 정의를 지키고, 신중하게 고민하는 이웃이 많다. 그러기에, 다시, 교육 연구에 종사할 용기를 북돋는다.

10. 『반야심경』① • 마하 반야

2021. 2. 5. 금. 23:10

'마하(摩訶)'는 '크다', '끝없이 넓음'을 뜻한다. 허공(虛空)이나 대도(大道)를 지나치는 것이 없다. 그렇게 큰 만큼 기묘한 묘법을 밖으로 드러낸다. 저기 하늘에서 내리는 빗방울의 숫자를 아는가? 저기 바닷가 모래밭의 모래알갱이 숫자를 아는가? 헤아릴 수 없다. 사람의 마음 씀씀이도 마찬가지다.

빨리 깨달으시라! 지금까지 내가 해 온 공부는 내 것이 아니다. 내가 직접 경험하여 토해낸 소리가 아니다. 남들이 해 놓은 이야기다. 남들이 한 얘기를 앵무새처럼 흉내만 낸다면 결코 내 자산이 아니다. 세상 사람들은 사물을 파악할 때, 일반적으로, 자기가 생각하는 범위 내에서만 생각한다. 그러니까 제대로 판단할 수 있는 안목이 없다! 어찌할 것인가? 자신의 존재를 철저히 확인하라.

'반야(般若)'는 '지혜'를 뜻한다. 지혜는 바로 알고 바로 해석하여 모든 것을 살피는 작업이다. 세상 사람들은 모두 자기 생각이 있고, 나름대로의 눈이 있다. 자신의 기준에서 상대를 저울질하고, 비판한다. 그것을 '주견(主見)'이라 한다. 주견은 '주관적 견해'인데, 보통 사람이 갖고 있는 최대의 병통이다. 인간의 약점이자 단점이다.

'이 뭣고!'라는 화두에서는 의정(疑情)만이 필요하다. 의정은 '의심하는 뜻'이다. 상식과 지식, 학식을 통해 얻은 고정관념의 틀을 깨치기 위해서는 철저하게 '돈독한 의심'을 지어가야 한다. 입으로만 말하고 마음으로 행하지 않는 것은 자세하고 정밀하게 일처리 하는 사람이

할 짓이 아니다! 용맹심으로 스스로 발버둥 쳐서 풀어 나가라. 그리하여 물질의 얽매임을 벗어난, 한가로운 인생을 갈구하라. 물외한인(物外閑人)!

교육은 '마하 반야', 바로 '큰 지혜'를 추구하는 조심스런 과정이다.

11. 『반야심경』② • 바라 밀다

2021. 2. 6. 토. 7:41

'바라(波羅)'는 한문으로 '피안(彼岸)'이라는 의미다. '저 언덕!' 피안의 상대어인 '차안(此岸)'은 '이 언덕'이다. 차안은 삶과 죽음의 고통이 있다. 말 그대로 고해(苦海)다. 피안은 이를 벗어난 곳이다. 그러기에 차안은 어리석음으로 가득하다. 하지만 차안은 깨달음을 향해 열려 있다!

차안의 세상에서는 모든 존재가 몸에 집착하여 명예와 이익을 다툰다. 명리(名利)에 목숨 건다. 그만큼 엎어지고 넘어지며, 무르팍이 깨지면서 끊임없이 실수한다. 이른바 '전도(顚倒)'되어 엇길로 들어 선다. 어리석은 생각이 사람 속에 들어 있어 본성을 잃는다. 그런 삶의 모습은 외부의 사물 생활에 이끌려 바쁘게 살아간다. 바쁜 만큼 뒤집힌 인생이다. 변계소집(遍計所執)!

진정으로 바쁘게 해야 할 것이 있다. 바로 매 순간 안으로 파고들어 마음을 찾는 공부다. 생각하고 또 생각해 보시라. '나는 무엇인가(What am I)?' 물론, 바라밀은 '세간의 바라밀'과 '출세간의 바라밀'이 이 언덕과 저 언덕을 오고 간다. 순간순간 마음을 즐겁게 하라. 그것이 저 언덕, 피안에 도달한 마음, 이른바 '행복'이다. 피안에 도달하기 위해 무엇을 해야 하는가?

"타인난용력(他人難用力) 자도자가신(自渡自 家身)! ㅡ 다른 사람이 힘쓰기는 어렵다. 스스로 자기 몸을 건네시라!"

"지혜위선정진고(智慧爲船精進篙) 영대용력출파도(靈臺用力出波濤) ㅡ 지혜는 배가 되고 정진은 삿대가 되어, 신령스런 집에서 파도를 벗어나라!"

요지는 '용력(用力)' 공부다. 달리 표현하면, 교육이다!

'밀다(密多)'는 한자로 무극(無極)이라는 의미다. '밀(密)'은 '여러 가지가 어울려 섞여 있음'을 뜻하는 '화(和)'다. '다(多)'는 '많이 모여 있음'이다. '밀'은 허공(虛空)이나 대도(大道)에 비유되고, '다'는 많은 무리를 뜻한다. '무극'은 아주 크고 매우 높아 끝나는 곳을 알기 어려움이다. 세상 모든 존재의 섞이고 모여 있음이 그러하다.

여기에서 하나의 성품은 '밀(密)'에, 여러 성품은 '다정(多情)'에 비유한다. 만법귀일(萬法歸一)!

문제는 '이 뭣고?'라는 '의심'의 긴 터널을 헤쳐 나오는 공부다. 일반적으로 관찰하고, 묵묵히 마음 안에서 일어나는 사안을 비춰보며 생각하고 헤아려보는, 그 상식과 지식과 학식만으로는 의심의 궁극적 해답을 얻기 어렵다!

그럼 뭐냐?

언어도단(言語道斷) 심행처멸(心行處滅)!

말길이 끊어지고 마음길이 사라진 세상이어야 한다. 전후좌우가 모두 단절되어, 나아가려고 해도 나아갈 수 없고, 물러서려고 해도 물러설 수 없는, 법신(法身) 자리를 확인하라. 법신이 직접 들이댄 그 자리에서, '이 뭐지?' '무엇일까?'라는 의심 하나만을 일으키라. 거기에서 애써서 공부해 나가야 한다.

12. 『반야심경』③ • 심경

2021. 2. 7. 일. 3:00

'심(心)'은 가장 이해하기 어려운 인간의 핵심처다. 그냥 '마음'이라고 말하면. 특별할 것도 없다. 하지만 부처의 깨달음과 연결할 때는 심각하게 고민해야 한다. 불교를 '마음'의 종교라고 하듯이, 그 의미를 꿰뚫어야 한다.

심(心)은 '정법안장(正法眼藏)'과 직결된다. 정법안장은 모든 존재를 꿰뚫어보고 간직하는 깨달음의 체득이다. 이때 심은 깨달음의 씨앗이다. 그 본원적 근거인 사물의, 존재의 핵심 실체다. 그것은 표현을 넘어서 있다. 언어 문자를 초월한 이심전심(以心傳心)의 계합으로 인정된다. 부처가 연꽃을 대중들에게 들어 보이자 마하 가섭만이 그 뜻을 알고 빙그레 미소 지은 것처럼.

심은 사람의 뿌리이자 샘이다. 심자 인지본원(心者, 人之本源)! 생명의 원천이라는 의미다. 세상의 모든 존재는 하나로 돌아간다. 그 하나가 심이다. 하나는 핵심(核心)이다. 씨앗 마음이다. 알맹이다. 고갱이다. 만법귀일(萬法歸一) 일자법문(一字法門)!

이 심(心)을 움직여 작동하면, 무궁무진하게 확대 응용된다. 가만히 고정시키면, 차분하게 그대로다. 그래서 핵심(核心)이다.

심생종종법생(心生種種法生), 심멸종종법멸(心滅種種法滅)! ― 핵심부에서 생기기 시작하면 그 씨앗마다 존재가 생기고, 핵심부에서 꺼지기 시작하면 그 씨앗마다 존재가 꺼진다!

시심시불(是心是佛), 시심작불(是心作佛)! ― 이 핵심이 부처이고, 이 핵심이 부처를 만든다!

다시 말하면, 한 곳, 즉 심(心)을 틀어쥐고 조절하면, 어떤 일이건 변별하고 판단할 수 있다. 제지일처(制之一處), 사무불변(事無不辨)!

심이란 바로 이렇게 존재의 본질과 근원을 가로지른다. 존재 전체로 보면, '핵심'이다. 사람에게서 그것은 '마음'이다. 본래면목(本來面目)! 아무리 뜨거운 불도 이것을 태우지 못한다. 아무리 세찬 물도 이것을 잠기게 하지 못한다. 아무리 거친 바람도 이것을 흔들지 못한다. 그런데 인간은 하루 종일 이것을 대면하고 있으면서도 알지 못한다. 그대가 자리하는 모든 곳에서 한 걸음도 떨어지지 않았다. 어떤 것이 부처일까?

경(經)은 경전이다. 하지만 단순하게 글자로 쓰인 언어 문자를 초월한다. 깨달음의 씨앗이다. 이 지점에서 경은 '바른 길'이 된다. 세상 사람들이 수행하는 지름길이다. 곧바로 실천하면 자신의 집에 도달할 수 있다. 그러므로 공부할 때 유의하라. 대충 만족하는 정도로 해서는 안 된다. 생명을 던지고 해야 한다. 주도면밀하게, 집중하고 몰입하라! 용맹정진(勇猛精進)! 세월이 흐르고 흘러 고목처럼 안착되었을 때, 선지식(善知識)을 만나라. 홀연히 깨달을 수 있다.

경은 수행의 방편이다. 마니보주(摩尼寶珠)! 하지만, 세간에서 생각하는 것으로는 깨치지 못한다. 세상을 향해 구하는 작업은 멈추시라. 하나의 심을 형상 밖에서 찾으라. 진정한 경전은 본래 심에 자리한다.

일심상외멱(一心象外覓), 진경본재심(眞經本在心)!

13. 데이터 수치의 착각

2021. 2. 9. 화. 9:36

데이터는 중요하다. 어떤 사안을 다룰 때, 이전의 사례나 통계가 행위의 기준이나 지침 역할을 할 수 있기 때문이다. 하지만 그것이 절대 진리는 아니다. 모든 일에 동일하게 적용해서는 곤란하다. 축적한 데이터를 참고하되 사안의 현실을 직접 확인해 가며 처리해야 한다. 사람을 다루는 일의 경우, 더욱 신중할 필요가 있다. 정치, 경제, 사회, 문화 등, 제반 현실을 직시하며, 과거 사례나 관습, 전통, 시대정신 등을 고려하여 일을 다루어야 한다.

병원에 입원한 환자의 경우, 환자의 상황을 직접 관찰하여 적절하게 예방과 치료를 진행하는 것이 기본이다. 그런데 5년 전에 나는 한 달 동안 입원 치료하며 직접 경험했고, 최근 3개월 간 내무군주가 입원 치료 하는 가운데 지켜본 요즘의 의료 행위는, 사람의 상태를 정확하게 파악하려는 노력이 대단히 부족한 것 같다. 대부분의 의료진이나 간호사가 정해진 매뉴얼에 따라 기계처럼 움직인다. 단순하게 혈압이나 혈당, 혈액의 상태, 심장 박동 수와 같은 수치에만 의존한다. 그런 가운데 환자는 중심이 아니라 주변부로 밀려난다. 데이터 수치가 핵심으로 자리한다. 이게 과학이고 데이터에 의한 진단이고 처방인가? 의료 행위가 이렇게 되어서는 곤란하다, 아무리 의료 사회의 인력이나 기술, 장비 등이 부족해도, 사람을 제대로 보고 고민해야 한다.

가장 중요한 게 뭔가? 사람을 평온하게, 최대한 안심할 수 있도록, 건네는 따스한 말 한마디일 수 있다! 모두 그런 건 아니지만, 현대의

학은 대화와 위로와 격려 등, 이른바 진단과 치료를 위한 관심과 배려가 상실되었다! 열정도 사랑도 없다! 기계 수치의 노예일 뿐이다. 인간이 의료에 종사하며, 보람을 느끼는 활기가 보이지 않는다. 그런 활기는 의료를 다루는 드라마에서만 포장된다. 따스한 의료 행위는 아예 보이지 않을 정도다. 제조업 공장의 기계가 요란스럽게 돌아가듯이 의료 공장의 인간 기계들이 분주할 뿐이다.

대부분의 의료 수치는 의학 연구를 통해 마련한 기준이다. 이로 볼 때 정상 범위에 속하더라도, 아픈 사람이 있다! 원인은 있으나 밝혀내지 못했다. 군주처럼 희귀질환이다. 이런 사람에 대해, 어떻게 진단하고 처방해야 하는가?

수치가 아니라 사람을 봐야 하지 않는가? 어디가 아픈지, 상황이 어떠한지, 언제부터 그런 건지, 무엇이 급한지 등등. 그만하자. 인정한 범위를 넘어선 존재들, 깨닫지 못하는 기계적 인간에게는 어떤 충고도 의미가 없다.

의학과 더불어 오랜 역사를 지닌 법학도 신중하게 다뤄져야 한다. 최근에는 대법원장이라는 일개 조무래기 때문에 우리 사회가 아주 난리다. 재미가 적다. 교육에서도 이런 사태가 횡행하니, 걱정이다. 내 교육 행위의 성찰조차도 헷갈릴 지경이다.

14. 집단 히스테리 세상

2021. 2. 10. 수. 6:42

코비드-19는 중국 우한(武漢)에서 발생하여 전 세계로 전염되었다고 알려져 왔다. 그러나 세계보건기구(WHO) 조사 결과, 우한에서 발생했다는 어떤 증거도 발견하지 못했단다. 그럼 지난 1년 동안 전 세계인은 가짜뉴스에 푹 젖어 있었던가! 그럼 뭐냐? 이 팬데믹은.

중화인민공화국이 주장해 왔듯이, '우한'발이 아닌, 중국 책임이 아닌, 원인 미상의 재앙인가? 멍청한 인류가 바보처럼 즐기는, 우매하고 아둔한 바이러스의 행진인가!

인간이 세상에 벌여놓는 사안들은 도대체 믿을 수 없는가? 삶의 이력이 누적될수록, '참된 삶'의 기억이 희미해지는 듯하다. 그것이 상식인가! 그렇다면, 세상은 정말 무서운 곳이다. 불신지옥(不信地獄)이다! 원인이 불분명한 '코비드-19'보다 이유가 명확한 '불신(不信) 바이러스'가 불안을 가중시킨다. 인간 스스로가 적극적으로 평온을 훼손한다!

굳이 설명하지 않더라도, 우리 사회는 이미 온갖 비리와 부정으로 얼룩진, 집단 히스테리를 겪고 있다. 가짜 뉴스, 거짓 횡행, 무도덕성, 기계적 인간, 자기중심적 사고와 행위, 무시와 경멸, 무한 경쟁과 배제 등등. 나열하기 힘들 정도의 비인간적 사안들이 집단 히스테리를 강요한다. 이 기기묘묘(奇奇妙妙)한 세상을 극복하기 위해, 인간은 무엇을 해야 할까? 이미 집단 히스테리의 토네이도를 마주하고 있다면, 광풍(狂風)의 회오리로 빨려들 수밖에 없다. 조금이나마 나를 건지기 위해서는 납작 엎드리자! 집단을 멀리하고 히스테리를 경계하자. 무기한.

이제 인생의 깨달음이나 교육의 목표가, 집단 히스테리를 무기한 무시하는, 세상을 향한 거대한 전쟁일지도 모르겠다. 그 전략 전술의 기획과 구현이 관건일까? 그렇다면 동서고금을 막론하고, 인간이 추구했던, 가치와 윤리, 그 본분을 고려해 보시라! 특히, '인간적 삶'으로 인간을 '감동시킨' 수많은 사연을 성찰하시라. 어려운 시기일수록 근원을 반추하라! 집단 히스테리를 불식시키고 해소할 힘이 그 가운데 자리한다.

15. 충만과 공허의 선율

2021. 2. 11. 목. 8:52

음력으로 한 해(庚子年 2020)의 마지막 날이다. 내일은 새날인 설이다. 연휴가 시작된다. 가는 해로 보면 가득 찬 충만의 시간이고, 오는 해로 보면 텅빈 공백의 지평이다. 충만한 만큼 덜어내야 하고 공백의 지면만큼 채워 나가야 한다. 충만과 공허가 교착하는 시공간! 여러 생각이 얽힌다. 인생을 성찰하며 사색에 젖어들게 만든다.

내 기억에 설날은 삶의 충만을 인도하는 성장판이었다. 가족이 모인다는 자체가 기쁨이었고 즐거움이었다. 계란 부침을 잘게 썰어 살짝 올리고, 삶은 소고기 한두 조각 곁들인 소박한 떡국, 쌀과 보리를 튀기고 콩을 볶아 엿으로 버무린 달콤한 한과, 고사리와 도라지, 무 등 몇 가지 심심한 나물, 동태를 얇게 포 뜨고 빨간 실고추 몇 가닥 걸친 노릇노릇한 부침, 정구지(부추) 듬뿍 넣은 지짐, 거기에 갈치를 잘게 썰어 넣고 푹 익힌 김치 등등.

말없이 음식을 나누는 가운데도 삶의 힘이 되는 가족적 인생 디엔에이(DNA)가 그 인정(人情)에 녹아들었다. 더 이상의 행복이 없었다. 하지만 어린 시절의 그런 시간은 실제로 너무나 짧았던 것 같다. 청소년 시기 무렵까지 10년 남짓할까?

이제는 그런 시간이 아니라, 다른 양식의 인생 디엔에이가 자리한다. 부모님은 하늘나라로 여행 가셨고, 형님 누나도 환갑을 훌쩍 넘긴 할아버지다. 두 딸이 벌써 성년이 되었고, 조카도 자녀를 둔 가장이다. 정말이지, 과거와 같은 시간을 즐길 수는 없다. 시대가 그런 시간을 허용하지 않는다.

하지만 이전과 다른 방식의 즐거움이 또 재미를 유도한다. 스마트폰 사이버 세상, 배달 음식 등등, 새로운 문화와 문명이 인생 디엔에이로 찾아든다. 이 시대의 기쁨이자 즐거움이자 행복이다.

코비드-19라는 팬데믹은 이런 상황을 더욱 가속화 한다. 어떤 예측도 쉽지 않으므로, 이 녀석에 대해선 침묵하련다. 다만, 이 녀석으로 인한 개인적·사회적 삶의 변화나 전환을 증오하거나 거부해서는 안 된다. 그것은 시대를 잘못 읽은 어리석은 작태다. 우주 삼라만상은 변화하기 마련이다. 존재의 속성에 따라, 그 정도와 속도에 차이가 있을 뿐이다.

그 변화가 이전과 다르다고, 자신이 익숙한 세계와 어긋난다고, 부정해서는 곤란하다. 낯선 측면이 괴로울 수는 있다. 짜증날 수도 있다. 그것을 극복하고 초월하는 게 인간 아닌가! 세상은 무상(無常)하다. 이 사실만은 진리다. 중요한 것은 무상을 마주하는 삶의 자세다. 인생의 영위다.

설날 이후에 다가올 세상도 분명 따스한 측면이 많으리라. 그렇지 않다면, 그렇게 만들어야지. 그 열정을 담는 것이 삶을 충만하게 만드는 작업 아니겠나! 교육의 존재 이유 아니겠는가! 사람살이 아니겠는가!

이른 아침, 병상의 내무군주가 커피를 마시고 싶단다. 오랜만이다. 평소 즐기던, 스틱으로 된 커피믹스(supremo)를 타서 나누어 마셨다. 음식물을 삼키기 힘들어, 두어 모금 정도 겨우 넘겼지만, 그래도 우리 부부만의 참 행복한 시간이다.

방학을 맞아 엊그제 독일에서 귀국한 큰딸, 엄마 간호에 애쓰는 작은딸, 참 대견하다. 날로 성장하는 것 같은 큰딸의 음악 철학, 학과 최우수 성적으로 장학금을 받은 작은딸의 학업에 감사한다. 큰딸은 집에서 2주간 자가 격리 중이다. 그런 가운데 수시로 가족 카톡방을 통해 퉁탕거리며 대화하니, 이 또한 즐거움이고 행복이다. 음력 설날 무렵, 충만과 공허가 갈마 드는 무상의 현실을, 균형의 미학을 발휘하며 즐기자!

16. 자리와 역할과 지족(知足)

2021. 2. 12. 금. 8:55

2021년 2월 12일. 음력으로 1월 1일. 금요일. 설날이다. 아내의 입원 치료로 병실에서 설날을 맞이한다. 느낌이 묘하다. 작년 4월 15일에 엄마가 세상을 떠났고, 11월부터는 아내마저 몸져누워 있어, 평소 그 자리와 역할이 어떠했는지 새삼 그립다. 그저 고마울 따름이다.

설날 때마다 내무군주가 만들어주던, 떡국 한 그릇! 계란과 김, 쇠고기 두어 점 올린 떡국은 가족을 향한 정성으로 가득했다. 묵은 김치 몇 조각과 함께 먹으면, 정말 포근하고 따스했다. 기쁨과 즐거움이 가득했다. 그 사랑의 힘이 한 해를 살아가는 바탕이었다. 올해는 코비드-19까지 겹쳐, 이런 설날의 참 맛이 사라졌다. 내년을 기약할 수밖에.

코비드-19로 설날 명절 과세도 예전과 같지 않다. 아니, 완전히 다르다! 이를 '코로나 설'로 불러본다. 전혀 경험해보지 못한 사태지만, 1년이 넘는 코비드-19의 시간을 지속해 오면서, 사람들도 그에 맞춰 적응하는 듯하다. '코로나 설'도 상황을 고려하여 지낼 수밖에 없다. 이것이 부인할 수 없는 현실이다. 그렇다면 그에 맞춰 즐기자!

『논어』에서 안회의 '안빈낙도(安貧樂道)'처럼, 지족(知足)! 바이블의 구절처럼 '마음이 가난한 자는 복이 있나니……'

17. 주문 배달 대학

2021. 2. 13. 토. 5:09

코비드-19사태로 음식점 외식에 제한이 생기자 새로운 문화가 등장했다. 음식을 주문하고 배달해서 먹는 생활이다. 이전에도 주문 배달이 있었다. 하지만 지금과 같은 전면적 배달은 아니었다. 음식점에 가서 먹는 식도락(食道樂)이 먼저이고, 음식점에 가지 못하는 사정이 생기면 주문 배달했다. 이때 주문 배달한 음식은 아무래도 음식점을 직접 방문해서 먹는 것에 비해 질적 수준이 낮은 경우가 많았다.

그런데 새로운 외식 문화는 그게 아니다. 이전의 외식 패턴과 완전히 다른 양상이다. 음식점 자체가 손님을 기다렸다가 홀 안에서 주문받는 것이 아니다. 홀 밖에 있는 손님의 주문을 기다렸다가 배달하는 양식이다. 주문 배달의 외식 문화를 적극적으로 유도한다. 새로운 문화의 창조다. 이런 변화에 힘입어 배달 사업은 호황을 맞았다. 다른 여러 사업이 손님이 없어 쇠락을 거듭하며 위기에 처한 데 비해, 주문 배달사업은 대박이란다. 이 모두가 코비드-19 사태를 계기로 폭발한 사회 현상이다. 스마트폰 어플로 대변되는 첨단과학기술과 사회 심리, 소비 행태 등이 어우러진, 시대정신의 창출이다.

새벽 3시 무렵, 갑자기 생각이 스친다. 미래의 교육도 이러한 측면을 반영한 어떤 양상을 드러내지 않을까?

코비드-19 원년 2020년 1년 동안, 대학 강의는 대부분 온라인(on-line)으로 이루어졌다. 손님들이 음식점을 방문하여 식사한 것이 아니라 주문 배달로 삶의 양식을 바꾼 것처럼, 교수와 학생들도 대학 강의실이나 도서관을 찾은 것이 아니라 인터넷 온라인 강의를 중심으로 하는 새로운 학습 문화를 경험했다. 아무리 코비드-19 상황이지만, 얼마 지나지 않아 강의실에서 직접 대면 수업을 할 것 같던 기대는 완전히 무너졌다. 대신, 다양한 방식의 비대면 온라인 강의도구가 등장했다. 녹화 강의에서 실시간 강의에 이르기까지, 이전에는 생각하지 않았던 교수학습지원이 이루어졌다. 물론, 사회 곳곳에서는 이미 온라인 강의가 활발하게 이루어지고 있고, 다양한 콘텐츠가 생활 깊숙하게 자리 잡았다.

하지만 지금까지 대학교육(사이버 인터넷, 온라인 대학을 제외하고)은 좀 달랐다. 오프라인 강의실의 대면 수업이 주류였고, 도서관을 비롯한 대학 내의 다양한 시설 활용, 학생들 사이의 교류 등, 이른바 '캠퍼스 생활'을 즐기는 가운데 고등교육이 이루어졌다. 어쩌면 상상하지 못한 일이 현실이 되었다. 이 급격한 변화와 전환의 지대에서 심각하게 고민할 사안이 발생한다. 온라인 강의를 달콤하게 여기는 어떤 학생들은, 학교에 가지 않고도 대학교육을 수행할 수 있다는 당위를 강조할 수 있다. 음식점에 가지 않고 주문 배달식으로도 훌륭한 식사를 즐길 수 있듯이 말이다.

캠퍼스를 직접 누비며, 대학(고등교육)의 인적 물적 자원인 교육 인프라를 충분히 활용하여, 지도자로서, 또는 민주시민으로서, 필요한 능력 함양과 품위를 갖춘 인간 성숙을 기대한 것이 기존의 대학교육 양식이었다. 그런데, 음식 주문 배달이 일상의 외식문화가 된 것처럼, 대학 교육도 주문 배달에 비유할 수 있는 양식을 고집하는 상황이 벌어진다면, 어떤 대처가 필요할까? 무조건 과거와 동일한 양식의 캠퍼스 생활을 강요할 수는 없다! 시대는 진보한다. 변화하는 만큼 대처하고 선도해야 한다. 사실로 깨달아야 할 심각한 현실이 있다. 이 진실을 빨리 인식해야 한다. 대학이 전통적으로 생각하던 대학이 아니라는 점이다. 아니, 대학교육이 대중교육처럼 되면서, 대학의 기능과 역할은 이미 대전환에 들어섰다.

우매한 사람들은 아직도 대학을 지도자 양성이나 사회 엘리트 코스로 착각한다. 대학 졸업자니까 리더십을 갖추었고, 품위 있는 인간이 된 것처럼 우쭐댄다! 결코 그렇지 않다! 이런 점에서 보다 진지하게, 고등교육을 다시 생각해야겠다. 대학 교육은 이제 사회 문제의 핵폭탄이다. 인구 감소와 학생 충원 문제로 인한 대학의 생존 여부는 심각하다. 대학의 이념, 목적, 역할과 기능 등에 관한 성찰도 신중해야 한다. 대학의 형식적-내용적 측면, 현상적-본질적 측면을 시대정신에 비추어 새로운 차원으로 기획하고 설계해야 한다.

18. 설빔 추억

2021. 2. 13. 토. 20:41

어린 시절, 몇 살 때인지 기억이 희미하다. 설날 직전의 시골 5일장은 가장 설레는 시공간이었다. 신나는 날이었다. 엄마가 설 명절 차례 음식 준비를 하고, 식구들 설빔을 마련해 주기 때문이다. 차례 음식은 단순히 제사상에만 올리는, 조상님만을 위한 음식이 아니었다. 조상님과 후손들이 '우리'라는 존재를 확인하는 축제 파티였다. 가족 모두가 함께 음식을 나누며, 인애(仁愛)의 끈을 엮었다. 그때 먹었던, 무와 소고기, 오징어가 어우러진 심심한 탕국 맛은 정말 잊을 수 없다. 배고팠던 시절, 1년에 몇 번 먹지 못하는, 제사 때나 겨우 먹을 수 있는 귀한 음식이었다.

설빔으로 받았던 티와 바지 하나, 특히, 검정 고무신 한 켤레는 내 직립보행의 동반자가 되어 주었다. 설빔으로 받은 옷은 거의 연중 입었다. 고무신의 경우, 어떤 해는 기차표 신발이었고 어떤 해는 말표 신발이었다. 기차표와 말표는 상표 이름이다.

나는 국민학교(초등학교)를 졸업할 때까지, 운동화를 제대로 신어 보지 못했다. 책가방도 들고 다니지 못했다. 보자기에 책과 도시락을 싸가지고 다녔다. 덕분에 남들이 경험하지 못한 세계상을 확보할 수 있었다.

당시 설빔으로 받은 신발은 내 목숨처럼 소중했다. 설날 이전의 장날에 사다 주신 고무신은 절대 그날부터 바로 신고 돌아다니지 않았다. 설날 아침까지 수시로 만져보고 닦으며, 시골 방 모퉁이에 고이 간직했다가, 차례를 지내고 세배를 마친 후에야 자랑스럽게 신고 다녔다. 그런 고무신 한 켤레는 무엇보다도 아낄 수밖에 없는 재산 목록 1호였다. 나중에 찢어지거나 해지면 꿰매서 신었다. 그것이 당시 삶의 문법이었다. 참으로 순수했던 내 어린 시절의 성자(聖者)였다.

설날 무렵, 옛 생각에 젖다보면, 이런 추억이 빙그레 웃음을 머금게 만든다. 초라한 것 같지만 거룩한 삶이었다. 돌아보면, 가장 맑고 풍요롭고 즐거웠던, 복된 날들이었다. 그저 감사할 따름이다. 그 아름다운 삶의 이력이 가슴 어딘가에 담겨 있을 텐데, 눈이 흐려졌는지 잘 보이지 않는다.

19. 지혜의 사명

2021. 2. 14. 일. 4:10

지혜(智慧)가 정말 지혜일까? 삶을 유용하게 만드는 최상의 덕목일까? 우둔한 인간에 대해, 사람들은 '어리석다'라고 한다. 현명한 인간에 대해, 사람들은 '똑똑하다'라고 한다. 어리석음은 지혜를 발휘하지 못하는 '바보'를 만든다. 똑똑함은 지혜를 발휘하는 요령 피우는 '꾼들'을 낳는다.

바보는 단순하고 순수하다. 순진무구(純眞無垢)하다. 꾼들은 복잡하고 잡다하다. 권모술수(權謀術數)를 쓴다. 지혜는 바보와 꾼들의 심장에 녹아든다. 단지, 심장을 뛰게 하는 방식이 다르다. 그렇게 지혜의 얼굴은 카멜레온처럼 자신의 본질을 감춘다. 아니, 잃어버린다. 지혜이기를 포기한다. 요란스럽게 꾼들의 세계를 형성한다. 그러다 다시, 사람은 지혜를 발판으로 일어선다. 학처럼 부드럽게 거북처럼 두텁게 현상을 감춘다. 아니, 찾아간다. 지혜이기를 추구한다. 이렇게 바보들의 행진을 거듭한다.

배움은 그런 지혜를 터득하게 만드는 작업으로 강요되었다. '배움'의 축적과 강화는 우둔함과 현명함의 사이 세계를 배회한다. 그대는 어디쯤 서 있는가?

20. 『반야심경』④ • 행(行)

2021. 2. 14. 일. 19:31

'행(行)'은 수행(修行)이다. 세상의 모든 길은 험준하다. 닦지 않으면 가기 어렵다. 무엇을 닦아야 하는가? 핵심 문제를 파악하라. 그것이 길을 향해 나아가는 수행이다.

무엇보다도 네 마음자리를 성찰하라. 때가 묻어 더럽게 되지 않도록 마음에 번거로움을 끊어버리라. 가지런히 정리하여 청정(淸淨)하게 만들어라.

수행은 입으로 말하는 데 있지 않다. 발로 나아가는 데 있는 것도 아니다. 오직 마음[핵심 문제]에 근거하여 공력에 힘써라!

정곡(正鵠)을 찌르면 바로 깨달으시라! 어떤 도리나 이치이건, 직접 공부하여 장악해야 한다.

수행은 자신의 마음자리를, 회광반조(廻光返照)하여, 화두를 가지고, 직접 꿰뚫어, 본래 면목을 보는 데, 그 의미가 존재한다.

정확하게 보시라! 그리고 확철대오(廓撤大悟)하시라! '이 뭣고?'라는 의심관(疑心觀)을 지속하라!

21. 천박한 정치

2021. 2. 15. 월. 6:30

동서고금, 남녀노소, 관심여부를 막론하고, 인간 세상의 모든 제도적 장치는 '정치적'이다. 정치는 권력과 정책을 통해 인간 세상을 지배한다. 권력이 천박해질 때 부정과 부패가 횡행하고, 정책이 천박해질 때 강제와 선동이 난무한다. 핑계와 아부, 무책임이 더해지면 정치는 천박성을 가중하고, 정의와 책무성을 상실한다.

천박한 정치가 지속되면서 비열한 작태가 일상이 되면, 인간 세상은 짐승의 본능이 가득한 아수라로 변한다. 천박한 정치가, 세계를, 시대를 가로지르며 내달릴 때, 세로의 기준을 세우려는 개혁이나 혁명적 사태가 예고된다. 인간은 그 가로 세로의 정치적 직물(織物) 위에서 시소게임이나 곡예를 한다.

22. 에덴동산의 나무

2021. 2. 16. 화. 3:01

『바이블』「창세기(Genesis)」에 다음과 같은 언급이 있다. 하나님이 천지를 창조한 다음, 땅의 흙으로 사람을 만들고, 그 코에 생기를 불어 넣고, 생명체가 되게 한 이후의 일이다.

에덴동산! 동방의 에덴에 동산을 만들고, 거기에 사람을 살게 하였다. 동산 한 가운데는 나무가 있었다. 생명의 나무, 그리고 선(善)과 악(惡)을 알게 하는 나무!

이 묵시(默示)와 계시(啓示)의 심오한 상징! 생명과 선악의 나무는 어떻게 존재할까? 무엇을 먹을까? 왜?

기독교인이건 아니건, 이 대목은 대부분의 사람에게 인지되어 있다! 원죄(原罪: original sin)의 근원? 그런데 진짜, 이 뭣고? 생명의 나무? 선악을 알게 하는 나무, 그 열매, 이른바 선악과(善惡果)! 이 시대에는 누가 선악과를 즐기는가?

23. 하숙(下宿) 부재

2021. 2. 16. 화. 4:58

하숙생(대학생)들의 이야기가 담긴 어떤 드라마를 보다가 갑자기 생각났다. 돌아보니, 내 인생에서 한 번도 하숙 생활을 해본 적이 없다! 하숙할 비용이 없어서였을까? 자취 생활이 편해서였을까? 둘 다였겠지! 아니면 선택의 여지없이, 겨우 방 한 칸 구하기도 바빴던 시절이었겠지.

가끔씩 부르던, 가수 최희준의 하숙생이란 노래도 떠올랐다. “인생은 나그네 길 어디서 왔다가 어디로 가는가. 구름이 흘러가듯 떠돌다 가는 길에……”

24. 아픔 치유

2021. 2. 17. 수. 5:54

새벽 5시 무렵, 입춘절(立春節)임에도 불구하고 날씨가 차다. 올 겨울 마지막 한파(寒波)인가?

남녀노소, 빈부귀천을 막론하고, 사람은 크고 작은 '아픔[고통]', 그 쓰라림의 눈물을 삼키며 살아간다. 눈물의 크기와 깊이만큼 삶이 단단해지는지도 모르겠다. 일제 저항기 시대 일본 유학을 했고, 그 후 5.16 쿠데타가 발생하자 교직을 떠났던 선친(先親)께서는 수시로 말씀하셨다.

"눈물 젖은 빵을 먹어보라! 그 쓰라린 아픔만큼 삶이 중후(重厚)하다!"

일본 유학 시절에 받았던 '조센징'이라는 핍박과 해방 후 '비민주적' 사회상은 선친에게는 지울 수 없는 아픔이었다. 어린 시절, 나는 이런 선친의 회한(懷恨)이 담긴 소리를 들으며, 고통을 초월하는 인생의 공식을 새겼다.

아픔은 해소되어 기쁨으로 전환되기도 하고, 더욱 큰 슬픔으로 상처가 깊어지기도 한다. 아픔을 치유하는 작업은 아주 간단(簡單)하면서도 난해(難解)하다. 사람을 신뢰하고, 이해하는 소통의 시공간 가운데, 자연스럽게 녹아내린다. 때로는 대화로 때로는 침묵으로. 몸짓, 눈짓, 손짓으로 나누는 정감(情感)을 마주하며. 반대로 불신과 오해가 겹치는 가운데 견고한 벽을 쌓는다. 무관심과 배척과 분노로 증오의 몸짓을 보인다.

아픈 사람에게 먼저 다가서시라! 병상의 내무군주 손을 잡으며 내가 말했다. "당신이 아파서 고생이 많아!" 아내가 말한다. "아니, 당신이 나를 돌보느라 더 고생이 많아!"

다음 주 우수절(雨水節)에는, 아픔으로 상징되는 많은 존재가 지상의 곳곳으로 녹아내리겠지. 눈이 녹아 비가 되고, 비가 내려 싹이 나오리라. 그렇게 개인적·사회적 아픔도 변전(變轉)해 나가면 좋겠다.

25. 백기완 선생

2021. 2. 17. 수. 19:21

그제 2월 15일 재야 운동의 상징이었던 또 한 분의 투사가 운명하셨다. 백기완 선생이시다.

1980년대, 김영삼-김대중으로 대표되던 제도권 정치인들을 제외하고, 백 선생은 통일 운동을 비롯한 재야 민주화 운동의 최고 지도자였다. 그분은 대학생 청년학도들을 향해, 정말 간절하고 진지하게 호소했다.

"민족애와 민중애를 갖고, 용기와 패기로 어둠의 사슬을 끊고, 나라를 아름답게 가꾸자!"

그 선전선동의 미학은, 휘날리는 한복 두루마기와 쓸어 올리는 긴 머리카락 위에서, 더욱 빛을 발했다. 정말 수많은 대학생들을 매료시켰다. 나도 마찬가지였다.

그분을 평가하는 말을 길게 할 필요도 없다. 너무나 뚜렷한 족적이다. 그분의 재야 운동 헌신은, 1960년대부터 2020년대까지, 역사의 한 페이지를 장식했다. 치열했던 투쟁의 삶을 내려놓고, 이제 영면의 시간이다.

삼가선생의명복을빕니다!

26. 고교학점제 유감

2021. 2. 18. 목. 23:37

이상하다. 내가 보기에, 2025년부터 전면 도입된다는 고교학점제가 개념이 아주 적다. 1학년 때는 공통과목 중심, 2학년 때부터는 학생의 진로 적성에 따라 과목을 선택하여 듣는다. 얼핏 보기에는 참 그럴듯하다. 자세히 보니, 이상주의자들의 헛소리나 잠꼬대처럼 들린다.

학업평가, 대학입시, 교사수급 등등, 일선 학교에서 현실적으로 구현해야 할 부분이 절대적으로 누락되어 있다. 앞으로 계획을 세운단다. 이게 웃기는 소리다. 교직문화 현실을 좀 보시라. 가장 심각한 문제는 고교학점제를 위한 인프라 구축이 전혀 고려되어 있지 않다. 콘텐츠 구축 기획도 거의 보이지 않는다. 교육 재정은 어디서 확보하나? 그냥 선언이나 홍보처럼 느껴진다. 그야말로 관념의 잔치이자 환상의 놀이다.

무엇보다도, 고등학교 단계의 교육적 특성을 깊이 생각하지 않았다. 교육의 이념과 목적과 목표와 내용이 담기지 않았다. 그만큼 천박한 정책 기조가 엿보인다. 대중교육 또는 보편교육의 단계에 들어선 대학생들조차도 자신의 진로 적성에 대해, 자발적으로 또는 자율적으로 기획하기 힘들어 한다. 그런데 한국의 교육문화에서, 특별한 경우를 제외하고, 상당수의 고등학생이, 아무 생각 없이(?) 자연스럽게 대학에 진학하는데, 고교 2학년 때부터 선택 과목을 통해 인생의 진로를 모색하게 한다고? 쉽지만은 않을 것이다.

학교, 교사, 학생, 학부모들에게 좀 물어보시라. 어떤 생각을 하고 있는지. 정책을 기획하신 학자님들은 교육학 원리와 시대정신도 좀 파악하시고. 입시공부에 시달리는 학생들을 위한 배려나 기존의 교육 문제를 해결하려는 취지는 충분히 이해한다. 하지만 무조건 밀어붙인다고 해결될 사안은 결코 아니다. 진지하고 신중해야 한다. 교육문제는 특히 그러하다.

제발, 간곡히 부탁한다. 한국과 교육문화가 상당히 다른 외국의 교육과정을, 참고는 하되, 함부로, 무조건, 베끼듯이 수용하지 마라. 위험하다! 제발, 우리의 교육문화를 존중하시라!

27. 코로나-19 감염증 검사

2021. 2. 21. 일. 15:54

최근 대학 병원에서 집단 감염이 발생하여, 확진자수가 급증하면서, '행정 명령'이 발동되었단다. 병원 입원 환자의 보호자를 1인만 등록하되, 교대 금지, 면회 제한 등등, 코로나 감염 사전 예방을 위한 조치가 내려진 것이다. 외부 출입을 해야 하는 형편이라, 할 수 없이 작은딸을 1인 등록자로 내무군주의 병실을 지키게 했다. 엊그제 19일부터 나는 병실을 가지 못하고 외부에 있다. 다음 주부터, 혹시 면회가 허용된다고 해도, 코로나 검사 확인서(음성)를 제출해야 한단다.

일생 동안의 경험으로 볼 때, 묘한 사건이다. 어쨌건 검사를 받았고, 아래와 같이 통보 받았다. 양평의 갈월공원 수목장을 둘러본 직후였다. 갈월공원의 수목장(B-333번)은, 혹시 모를 긴급 상황을 대비하여, 한 달쯤 전에 내가 여러 번 직접 둘러보고 구입한 우리 가족의 묘원(墓園)이다.

[Web발신]

코로나19 검사 결과 알림

안녕하십니까? 성북구보건소입니다.

성북구보건소에서 귀하가 실시한 코로나-19감염증 검사 결과 '음성(Negative)'으로 판정되었음을 알려드립니다.

다만, 확진환자 접촉자 또는 해외입국자 등 자가격리자 대상자인 경우에는 '음성' 판정이더라도 자가격리가 기존 자가격리일까지 계속 지속됩니다.

※ 감염병신고서 작성시 2명 이상이 같은 번호를 기재했을 경우 문자가 1건만 갑니

다. 모두 음성이니 안심하셔도 됩니다. 양성일 경우 별도로 전화로 안내해 드립니다. 감사합니다.

[코로나19 예방 생활 속 거리두기 실천]

아프면 3~4일 집에 머물기/두 팔 간격 거리 두기/30초 손 씻기·기침은 옷소매/매일 2번 환기, 주기적 소독/거리는 멀어져도 마음은 가까이

그리고 이날 저녁 8시 30분 무렵, 성북보건소 옆 월곡역 부근 호텔 숙소에서 내무군주의 위급 소식을 들었다. 작은딸이 곁을 지켰다. 큰딸은 다음 날인 22일 12시에 해외입국자 자가 격리가 해제된다. 하루 차이로 엄마의 임종도 보지 못했다. 누구보다도 마음 아플 것이다. 코로나-19로 나도 병원 출입을 할 수 없는 상황이라 휴대폰 화상으로 지켜볼 뿐이었다. 내 인생에서 가장 슬픈 날! 9시가 조금 지나 아내는 긴 여행을 떠났다.

Spring In The Campagna
Ascan Lutteroth (German, 1842-1923)

3월

1. 죽음, 삶의 새로운 연장

2021. 3. 1. 월. 6:36

지난 2월 21일 아내가 영면(永眠)에 들었다. 사망확인서가 손에 쥐어졌지만, 나는 '타계'나 '별세'나 '운명' 등, 죽음을 대변하는 언표를 사용하지 않는다. 작년 4월 15일 엄마가 하늘나라로 여행을 떠났을 때도 마찬가지였다. 죽음은 삶의 다른 양상이자 연장일 뿐이다. 더구나 엄마와 아내는 내 인생의 절대적 존재 근거다. 그것은 내 생애가 끝날 때 함께 마감되리라.

큰딸이 먼저 말한다. "엄마는 그냥 잠시 외출을 한 거다!" 엄마의 부재나 슬픔을 극복하는 양상이 대범하다. 내 생각도 마찬가지다. 네 엄마는 못 가본 세계를 여행하고 있는 중이다!

벌써 어른인건가? 대학생으로 부쩍 성장한 두 딸이, 오히려 비통해하는 나의 어깨를 두드린다. 나로서는 최고의 위안이다. 늘 그래왔지만, 두 딸은 아내와 더불어 내 삶을 풍성하게 만드는 빛나는 보석이다. 내 존재를 알차게 가꾸도록 힘을 불어넣는 에너지다. 내 삶의 원동력이다.

"가족이 있어 행복하다!"라며, 해맑게 웃던 아내의 목소리, 두 딸이 열심히 공부하여 수상(受賞)했을 때, 내가 교육 연구로 조그만 성과를 낼 때, 흡족해 하며 박수치던 모습이 가슴 깊이 담긴다.

100여일 남짓한 병실에서의 투병을 아내는 힘겹게 버텼다. 나는 지난 100여일 동안 하루 24시간을 함께했다. 중간 중간에 '병세가 오래 지속될 수도 있으니, 아이들 데리고 잘 살아!'라는 말이 유언이 되어

버렸다. 고대안암병원 5703호실에서 나누었던 정담(情談), 그 100여일의 기억은 가슴에 묻는다.

아주 슬프다. 정말 아프다. 내 인생 최대의 쓰라림이 가슴을 파고든다. 눈물을 많이 흘렸다. 아내가 생각날 때마다 내 생애 전체가 눈물의 강이 되어 흐를 것 같다. 코비드-19 팬데믹이라는 이 어려운 시기에도 여러분들이 물심양면으로 위로와 격려를 보내주셨다. 정말 감사하다. 다시 한 번, 세상이 따스함을 느낀다. 그만큼 열심히 살라는 채찍이리라.

25년여를 함께하며, 아내는 나를 '선생(先生)'으로 불렀다. 이제 내가 선생으로 부르게 되었고, 아내는 '수목장(樹木葬)'이라는 집에 먼저 입주하였다. 이생을 마감할 무렵의 많은 세월이 지난 후, 나와 두 딸도 그 집으로 이사하여 다시 함께 살 것이다. 경기도 양평의 용문산 정상이 바라다 보이는 갈월공원(미륵도량)이다. 집 주소는 'B-333'이다. 묘비는 아내와 나를 맺어준 서당 생활을 추억하며, 선생님이 지어주신 아내의 호(號: 青莪)에 따라 다음과 같이 새겼다.

> 청아(青莪) 유희재(柳喜在) 선생 여기에 잠들다.
> (1959. 8. 11. ~ 2021. 2. 21.)
>
> 청청자아(菁菁者莪) 무성한 저 다북쑥
> 아심즉휴(我心則休) 내 마음 편안하다
>
> 남편 신창호 자녀 신수진 신서진

수목장에 입주하는 아내에게 나는 세 가지 고마움을 표시했다.

첫째, 이 세상에서 나의 아내였다는 사실, 정말 기뻤고 즐거웠고 행복합니다.

둘째, 나와 두 딸을 이렇게 성장할 수 있도록 내조하고 헌신해 준 인생, 너무나 뿌듯하고 감사합니다.

셋째, 시어머니를 이해하고 배려하며 잘 모셔준 희생, 무엇보다도 고맙습니다.

내 마음 속에 새겨진 내무군주님! 이제 그동안의 고생은 내려놓으시고, 평소 가보고 싶었던 세상 구경 마음껏 하시며, 편안히 주무시고 계세요. 당신이 못다 한 학문 인생은 남은 생애에 내가 지고 가리다. 당신이 물려준 일용의 삶은 두 딸과 함께 안고 가리다. 당신은 늘 우리와 함께 합니다. 사랑이 깊고 넓은 만큼, 정말 고맙습니다! 감사합니다!

2. 딥페이크와 교육

2021. 3. 2. 화. 4:37

2021-1학기 개강 날 새벽이다. 딥페이크(deepfake)가 화두거리로 떠오른다. 그 용어의 행간에 인공지능 기술을 활용한, 무서운 인류의 삶이 감지되었다. 교육적으로 다가서면 진통이 매우 클 것이 분명하다. 어떻게, 무엇을, 왜, 교육해야 하지? 그런 생각만이 한참 뇌리를 맴돌았다.

기존 인물의 얼굴이나 특정 부위를 합성하여 영상을 편집해 낸다면, 온통 가짜 세상 아닌가! 그것이 사실이고 진짜로 착각되어 세상을 뒤덮고 지배한다? 그렇다면 기존의 교육은 사망에 이른다. 이제 교육은 전혀 낯선 길로 접어든다. 현재 나의 교육철학으로 이를 감당할 수 있을까?

딥페이크는 '인공지능 심층학습'을 의미하는 딥러닝(deep learning)을 기초로 가짜를 뜻하는 페이크(fake)가 겹쳐 있다. 딥러닝은 기존의 교육공학에서 상당히 다루었기에 어느 정도는 이해하고 있다. 관심도 많았다. 그런데 '페이크'라는 불청객이 끼어들었다. 사실이나 진짜 위를 어슬렁거리는 유령! 포장의 거대한 판이 지진을 일으키다니? 당황스럽다.

교육은 가짜를 다루기보다 진짜인 참을 가르침의 핵심에 두어야 한다. 진실을 알고 행할 수 있도록 노력해왔다. 지금까지 그런 의식으로 교육에 종사해왔다. 그런데 첨단기술문명은 딥페이크를 유행시키고 있다. 전통적 차원의, 사람이 사람을 다루던 시절의 교육적 시선으로 인지할 때, 딥페이크는 경계 대상 1호다.

세상의 모든 것들이 대대(待對)로 또는 상대(相對)로 자리하건만, 이 또한 그러한가? 인공지능의 유용성 뒤에 숨어있는 심각한 폐해! 존재가 지닌 양면의 칼날을 더듬거리듯, 지금 어떤 대처 방식이 요청될까? 기술의 진보로 볼 때, 이런 현상을 무조건적으로 거부하기는 불가능하다. 반대만 할 사안이 아니라, 그것을 극복하고, 오히려 교육적으로 활용하는 적극적이고 선도적 열정이 중요할 수도 있다. 개강 첫날, 올빼미의 눈으로 지켜보자!

3. 개학 단상

2021. 3. 4. 목. 8:18

2021학년도 1학기 개강을 했다. 어제 1주차 수업을 마쳤다. 이틀 동안 수강생들을 관찰한 결과, 학생들의 표정에서 즐거운 감정이 크게 돋보이지는 않는다. 새로운 학기의 설레임이나 기대 가득 찬 웃음기운보다는 그냥 묵직하다.

대신, 줌(Zoom)으로 진행하는 실시간 온라인에는 상당히 익숙해진 것 같다. 코비드-19 펜데믹 상황이 1년이 꼬박 지났고, 사회적 거리두기로 인한 활동의 제약 때문일까? 온라인 속에 빠져, 생기발랄한 모습이 위축된 듯하다. 이제 본격적으로 백신을 처방하고 있으니. 다시 활기찬 캠퍼스를 기대하며, 코비드-19 세대의 창조적 개척의 손길을 기다린다.

그간, 아내 장례(葬禮)로 달력도 제대로 못 보았다. 절기상 내일이 경칩(警蟄)이다. 봄기운 내리는 시절에 아내가 떠났구나! 여행지에서는 더 재밌고 즐거운 시간 보내시게. 좋은 소식도 수시로 전해 주시고.

경칩의 절기는 겨울잠을 자던 벌레나 개구리 등이 깨어 꿈틀거리기 시작하는 시기다. 지난 1년 동안 움츠리고 있었던 사람 세상도 경칩의 특성처럼, 깨어나 꿈틀대며 역동성을 발휘하면 좋겠다.

4. 경칩 아침

2021. 3. 5. 금. 8:31

왕숙천(王宿川) 벼락소에 물이 가득하다. 벼락소는 집(아파트 7층)에서 바로 잡힐 듯이 잔잔하게 고인 듯 흐른다. 아마 200미터 남짓 되는 거리일 게다.

오늘 경칩날 아침에 보니, 벼락소는 앞산 자락의 빛깔을 머금고 고요한 얼굴로 누군가를 기다린다.

새봄이 오면, 저 벼락소 산책길을 함께 걷기로 했는데, 지금 아내는 다른 길을 순례 중이다. 그 길가도 천변(川邊)인가? 나즈막한 산 둘레의 오솔길인가?

늘 그랬듯, 내 안에서 스며 나오는 사색의 빛이 아내의 여행길에 넉넉한 노잣돈이기를.

아침 햇살이 눈부시다.

5. 묘비명

2021. 3. 8. 월. 7:35

고향 선산(先山)에 묘비를 놓았다. 할아버지 할머니 아버지 어머니 삼촌 숙모, 이렇게 선대 여섯 분이 영면하고 계신 곳이다. 조부모와 삼촌숙모는 수목장, 부모님은 묘소로 모셨다. 작년에 엄마가 하늘나라로 여행을 시작한 후, 가족회의를 거쳐 현재까지 존재하는 가족의 이름을 모두 담은 묘비를 준비해 왔다. 그리고 어제 3. 7(일), 경칩 무렵, 자연이 깨어나는 소리와 함께, 묘비로 다시 모셨다.

생전에 검약 절제를 강조하신, 그 말씀을 받들어, 묘비는 아주 소박하게 마련했다. 선친께서 삶의 방향을 지시하시던 가르침을 묘비명으로 새겨 넣었다.

"구멍 뚫린 인간 진리를 찾아서"

'부도덕한 세상을 직시하며 바르게 꿋꿋하게 살라'고 당부하시던 엄중한 충고였다.

비석도 석재를 다루는 선친의 제자가 직접 다듬어 주었다니, 의미가 새롭다. 늦은 밤, 집으로 돌아오는 내내, 선대의 자애로웠던 품이 더욱 넉넉하게 느껴졌다.

6. 담보 보장 보험

2021. 3. 13. 토. 8:11

금융관련 기관에서 연락이 왔다. 아내의 유산(遺産) 가운데 몇몇 보험을 정리하라는 통지였다. 기분이 묘하다. 보험의 기능은 충분히 인지하고 있다. 나도 애들도 보험을 들고 있고, 매달 적지 않은 금액이 지출된다.

그런데 보험금을 타서 기분이 좋다는 생각이 전혀 들지 않는다. 생명을 담보로 한 보상! 입원과 사망에 대한 보장! 이 모두가 사람의 빈자리를 대신할 수는 없다. 긴급 상황에서 금전적 도움을 줄 수는 있겠지만, 그 보장을 위한 담보가 너무나 가혹하다. 인간의 질병과 목숨 아닌가!

저축성 연금이나 사고 대비 관련 보험을 제외하고, 건강과 연관된 대부분의 보험은, 아파서 입원하고 질병으로 사망해야 고개를 내민다. 이게 복지 문제를 해결하는 방식일 수도 있으나, 아무리 생각해도 무언가 조금 찜찜한 감정은 왜 일까?

아내의 유산은 두 딸의 미래를 위해 다시 적금으로 묶었다. 부모로서, 분신인 자식에게 베풀어야 하는 당연한 의무이자, 예의일 뿐이다. 그 유산에다 현재 내 자산까지 모두 차근차근 물려줄 것이다. 두 딸의 자질과 노력이 더해지는 삶의 밑천으로 유용하기를 소망한다.

정말 오랜만에, 집밖에서 술을 마시지 않은 지 5년여 만에, 막걸리 한 잔을 맛보았다. 아내 장례에 생각지도 못한 위로를 보내준 한식집 대표에게 감사도 표할 겸, 광화문 뒷골목에서 오랜 벗과 저녁식사를 겸한 자리였다. 된장 열무 쌈, 파래 부침개, 돼지불고기, 홍어삼합 등등, 평소 아내가 차려주던 밥상의 음식과 상당히 유사한, 그래서 가끔씩 들렀던, 참 괜찮은 술상이었다.

음식점 주인에게 다시 고마움의 인사를 전하고, 친구와 헤어져 집으로 오는 도중에, 몇 번이나 친구의 격려 전화가 울렸다. 그저 고마울 따름이다.

오늘, 토요일 오후에 묘비가 완성된다고, 갈월공원에서 연락이 왔다. 아이들과 새집에 입주하는 아내를 맞이하러 가야겠다.

7. 새 보금자리

2021. 3. 13. 토. 17:34

새 보금자리에 입주하다.

내무군주가 먼저 들어가고, 나중에 우리 가족이 들어갈 수 있도록 마련했다.

집 주소는 경기도 양평 갈월공원 B-333번지다.

저 멀리 용문산이 반갑게 맞으며 내려다본다.

8. 삶에 대하여

2021. 3. 14. 일. 21:45

20년 전, 아내가 펴낸『당대 여류시선』가운데 실려 있는 시 한 수다. 아내는 중국과 수교하기 이전인 1980년대에 대만과 홍콩에 유학하여, 당대 여류 시인인 설도(薛濤)·어현기(魚玄機)·이야(李冶)의 시를 연구하여 박사학위를 취득했다. <삶에 대하여>는 어현기의 '우언(寓言)'이라는 시를 번역한 것이다.

삶에 대하여

어현기 작

곳곳에 붉은 복사 꽃
봄색 완연하고
집집마다 늘어진 푸른 버들
달빛도 밝구나
연꽃은 달빛 아래
물고기와 노닐고
하늘가 무지개는
참새소리 내는 듯하다
인간 세상 기쁘고 슬픈 일
꿈과 같거늘
어찌 선녀가 하던 바를
얻을 수 있겠는가

해설을 보니, 다음과 같이 비평해 놓았다. "강남의 풍경을 생동감 있게 묘사하며 인생의 무상함을 읊음. 붉은 복사 꽃, 푸른 버들과 같은 선명한 색채 표현, 물고기 노니는 모습, 참새 소리와 같은 표현은 마치 들리는 듯, 눈앞에 보이는 듯한 느낌을 준다. 이런 풍경을 인간이 어찌하리. 인간 세상이란 그저 시시콜콜한 일들이 벌어지는 곳, 헛된 꿈과 같은 것에 지나지 않는데. 삶이란 그런 것이란 표현이 알맞을 듯하다."

2000년대 들어 작은딸이 태어날 무렵, 아내가 시를 번역하면 타이핑을 해주기도 하고, 함께 읊으며 감상하던 시절이 엊그제 같다.

9. 현실과 인식

2021. 3. 15. 월. 11:14

인간의 인식은 현실을 앞서지 못한다. 아니, 절대 앞설 수 없다! 상당수의 인간은 미래를 설계하며 현실을 선도하려고 애쓰지만, 힘겨운 작업이다. 인간은 분명 현실을 살고 있다. 그 현실은 어쩌면 단지 과거 삶의 연장선이다. 과거의 인식이 열어지면서 현실을 투영하고 받아들이는, 생각의 질량을 조절하는 작업으로 만들어지는 시공간일 뿐이다.

그런 만큼 대부분의 인간은 과거로부터 누적해온 삶을 보수적으로 지속하려고 발버둥 치면서, 자신의 시선으로 세상을 이해하기 쉽다. 자기가 겪으며 생각해온 사실과 다른 상황이 발생할 때, 당황한다. 그렇게 마주했던 존재에 대해서는, 낯설은 호기심을 발동시킬 수도 있으나 자신의 삶과 연관된 관심을 두기보다는, 차이나는 영역을 경계하고 긴장하며 경시하거나 외면하는 경우가 허다하다. 심한 경우에는, 나와 다른 별종이므로, 그런 존재와 부딪칠 때마다 갈등을 조장하기도 한다.

과거를 회상하며 즐기는 삶의 태도는 변화를 두려워하는 정체된 인간의 일반적 모습이다. 보통 사람의 당연한 자세다. 그래서 일상의 소시민적 삶이라는 이름하에 반복되는, 그야말로 별것 없는, 대부분의 사람들은 인생의 쳇바퀴를 돌린다.

다시, 현실은 언제나 인식을 초월한다. 상상 속에서 현실을 초월한 사고를 발휘할 수는 있다. 그러나 그것은 현실이 아니다. 말 그대로 상상이나 망상이다. 때로는 착각이다. 다만, 현실을 직시할 때, 조금 지연된 현실을 따라 잡을 수는 있다. 그것을 '적응' 또는 '시대정신에의 부합'이라고 할 수는 있겠다.

개강 3주차 오전이다. 강의오리엔테이션과 제1강과 2강에 들어서면서, 본격적으로 이번 학기의 학문 이론 전수의 마당이 펼쳐진다. 그런데 현실은 코비드-19 팬데믹이다. 내 인식은 그것을 넘어설 수 없다. 교육이라는 이름의 강의내용은 과거의 이론이다. 현실의 실천은 정돈된 이론이 담보하기에는 너무나 많은 변수가 자리한다. 강의 내용을 준비하며 생각이 깊어진다.

10. 사람의 유산

2021. 3. 15. 월. 11:29

“호랑이는 죽어서 가죽을 남기고 사람은 죽어서 이름을 남긴다!”라고 했다. 정말, 상징적 언표다. 호랑이의 육체는 썩어 없어져도 남긴 가죽은 오래도록 지속된다. 얼룩무늬 호피는 사람들에게 유용하다. 아름답고 질긴 만큼 귀하다. 가치가 있다.

사람에게는 훨씬 강력한 의미가 부여된다. ‘이름을 남겨라!’ 살았던 인생이 명예롭고, 명예에 걸맞는 명칭! 그것은 삶의 충실과 배려를 중심축으로, 인생 사업의 희로애락을 거친 업적을 통해 남겨져 지속된다. 어떤 경우에는 영원하게 남기도 한다.

그런데 인간의 역사에 이름을 남긴 사람이 너무나 많다. 공자나 예수나 무함마드나 고타마 싯다르타와 같은 성인은 아니더라도, 각각의 분야에서 유명한 분들이 헤아릴 수 없을 정도로 넘쳐난다. 그럴만한 위인도 못되지만, 갑자기 생각난다.

‘이름 세 글자를 남긴다’라는 것이 무슨 의미가 있을까? 왜? 어떻게? 반드시 남겨야 할까?

그것이 교육하는 이유라면, 오늘도 학생들에게 이름 세 글자 남길 준비를 하라고 해야 하는가!

11. 괴테의 시 • 고독

2021. 3. 20. 토. 23:22

괴테의 여러 가지 경구 가운데 <고독>이라는 시가 있다. 상식적 정감에 녹아드는 의미심장이 고상함을 더한다.

고독

그대들 바위며 나무들에 거처하는,
오! 치유하는 님프(Nymph)들이여!
누구에게든,
그가 남몰래 갈망하는 것을 기꺼이 주라!
슬픈 사람들에게는 위로를,
절망한 사람에게는 가르침을 마련하고,
사랑하는 사람에게는,
그의 행복을 만나게 하라!
그대들한테는,
신들이 인간에게는 주지 않는 것을 주었으니,
그대들을 신뢰하는 누구에게든,
위로와 도움이 되어 주는 일.

님프! 달밤에 젖어, 고요하게 소야곡으로 영혼의 안식을 찾고, 자연의 생명력을 드시라! 녹색이나 갈색 옷을 검약하게 입고 세상을 만끽

하시라! 요정들이 깃 드는 매혹적 자연! 기쁨과 즐거움이 한껏 어울려 멋진 풍토를 연출하는 존재들 사이에서, 시어를 음미하다 보면, 고독한 만큼 세상이 아름답게 다가온다!

12. 청아송원(青莪松園)

2021. 3. 21. 일. 8:04

내무군주께서 이 세상의 집을 비운 지 한 달째다. 자주 다녔던 양평에 새집을 마련했다. 갈월공원 B-333번지. 용문산 정상을 수호신으로 삼아 포근한 잔디를 주단으로 깔고 생명의 소나무로 지붕을 올렸다. 군주의 호를 따서 그 택호(宅號)를 '청아송원(青莪松園)'으로 이름 붙였다. 오늘은 송원에서 가족모임이다. 큰딸이 독일로 출국하기 전에 함께하는 자리다.

13. 교육은 야누스인가

2021. 3. 22. 월. 8:33

동서고금을 막론하고, 인간이 쫓아가는 두 지점이 있다. 돈과 권력! 이것은 높낮이를 가늠하기 힘들다. 대체로 분명한 사실은, 이를 쫓아가기만 할 때, 불행한 인생이 가로 놓일 수 있다는 점이다. 명예는 사라지고 흡족과 만족의 행복은 더욱 거리가 멀어진다.

교육은 이 불행의 씨앗을 뿌려두고, 고심하는 인생의 마당이다. 돈과 권력을 추구하거나 획득하는 데 유용한 도구이기도 하지만, 그 본질을 정확히 파악하려는 작업이기도 하다. 이런 점에서 교육은 근원적으로 야누스(Janus)의 특징을 지닌다.

14. 길은 걸으면서 만든다!

2021. 3. 23. 화. 8:29

20여 년 전, 21세기에 들어설 무렵, 교육에 관한 의미 있는 고민이 있었다. 1999년, 에드가 모랭(Edgar Morin)은 '미래의 교육에 필요한 일곱 가지 원칙'을 제시했다. 그는 유네스코를 비롯하여 프랑스 교육부가 후원하는 하계 유럽대학장(2001~2004) 등을 역임한 교육전문가다.

『미래의 교육에 반드시 필요한 일곱 가지 원칙』이라는 책으로 발간한 그의 문제의식은 간단하다. "우리에게 더 나은 미래의 문을 열 수 있는 열쇠는 없다. 우리는 이미 만들어져 있는 길을 알지 못한다. 개인은 '개인-사회-인류'라는 트라이앵글 관계의 상호발전 가운데 통합되어 있다!"

여기에서 제시하는 일곱 가지 원칙을 요약하면 다음과 같다.

첫째, 지식의 맹목성을 경계하라! 지식이 지닌 오류와 착각을 심각하게 성찰하라. 지식 전달을 목표로 하고 있는 교육이 정작 인간의 지식이나 그 지식의 장치들, 지식의 불완전함, 지식의 난해함, 지식이 불러일으킬 수 있는 오류와 착각 등과 같은 경향에 대해서는 의외로 맹목적이다.

둘째, 올바른 지식의 원칙들을 고민하라! 어떤 사안이 부분적이고 국부적인 지식인지를 알아내기 위해 총체적이고 근본적인 문제들을 파악할 수 있는 지식을 장려하라. 모든 정보를 맥락과 총체성 속에서 자리매김하는 인간 정신의 타고난 능력을 계발해야 한다.

셋째, 인간의 조건을 인식하라! 인간은 육체, 생명, 정신, 문화, 역사성 등 여러 요소를 동시에 지니고 있는 존재다. 인간 본성의 복합적 총체성을 분과학문에 의해 분리된 사태를 직시하라. 인간의 조건은 교육의 본질적 대상이다. 인간 고유의 총체성과 다양성의 상호 불가분의 관계를 밝히는 데 노력해야 한다.

넷째, 지구촌 시대에 지구인으로서의 정체성을 고려하라! 국제화 사회의 지구인으로서 시대 발전에 관한 지식과 지구인으로서의 정체성은 교육의 주요 대상이다. 인류는 운명공동체 속에서 삶과 죽음이라는 문제에 부딪치며 살아간다는 사실을 기억하고 교육을 실천할 필요가 있다.

다섯째, 불확실성을 과감하게 마주 대하라! 지금까지 학문을 통해 수많은 불확실성을 습득할 수 있었다. 하지만, 이제는 불확실성이 헤아릴 수 없을 정도로 많은 시대다. 그런 만큼 전략적 원칙들이 필요하다. 미래를 예측할 수 있다고 믿는 인류 역사의 결정론적 사고를 포기하라. 예상치 못한 엄청난 사건과 사태를 검토하라. 인간 모험의 예측 불가능한 성격 등을 적극 활용하라. 그리하여 전혀 예상하지 못한 사안을 정신적으로 대비할 수 있는 능력을 갖추라. 교육은 이 시대에 역동하는 불확실성의 최전선에 서 있어야 한다.

여섯째, 이해하는 마음을 배워라! 이해하는 마음은 인간의 의사소통 수단인 동시에 목적이다. 인간관계가 야만스런 몰이해의 상태에서 벗어나려면, 가까운 사람이건 멀리 있는 사람이건, 서로에 대해 이해하는 마음이 필요하다.

일곱째, 민주주의 시대에 지녀야 하는 인류의 윤리를 제고하라! 교육은 인간의 조건이 지닌 동시성을 고려해야 한다. 그것은 '개인'과 '사회(공동체)', 그리고 인류의 통합이다. '개인에 의한 사회의 규제'와

'사회에 의한 개인의 규제'라는 상호규제, 다시 말해 '민주주의'가 필수적으로 요청된다. 윤리는 인간이 개인인 동시에 사회의 부분이며 인류의 부분이라는 사고에서 출발한다. '개인-사회-인류'의 유기체적 통일 정신을 바탕으로 형성되는 3중의 실체다. 개인의 자율성, 공동체에의 참여, 인류에의 소속의식이 결합된 성장이다.

학문적 지식이란 잠정적이다. 우주나 삶, 그리고 인간 존재의 탄생과 관련해서는 깊은 미스터리로 귀착된다!

15. 지혜로운 사람

2021. 3. 23. 화. 23:52

5000년 유대인의 지혜와 처세가 담긴 『탈무드』의 한 구절이 생각난다. 지혜로운 자, 그대는 누구인가? 모든 이에게 가르침을 주는 사람이다.

지혜로운 사람은 그보다 못한 자 앞에서 혼란스런 말을 하지 않는다. 그는 친구가 말하는 중간에 끼어들지 않는다. 그는 핵심을 물어보고 문제의 요점을 정확히 짚어낸다. 그는 먼저 알게 된 사실을 말하고 나서 나중에 알게 된 사실을 말한다. 그는 들어본 적이 없는 일에 대해서 솔직히 모른다고 말한다. 그는 진리를 볼 줄 알며 허튼 소리를 하지 않는다.

지혜로운 사람은 향료를 파는 가게에 들어갔다 나온 사람과 비교된다. 이 사람은 가게에서 어떤 것도 만지거나 구입하지 않았지만, 그의 옷에는 이미 향료가 스며들어 하루 종일 좋은 향기가 난다. 교사가 지혜로운 사람일수록 교육의 가치는 높아진다.

16. 책의 효능

2021. 3. 24. 수. 22:44

직업이 학자이다 보니 책을 쓰는 일이 삶의 구심이 되었다. 때로는 고민을 거듭해서 글을 쓰기도 하고, 때로는 말 그대로 펜이 가는 대로 쓸 때도 있다. 그런데 이렇게 내가 쓴 책들은 과연 무엇일까?

쑨리췬(孫立群)은 『중국 고대 선비들의 생활사』에서 다음과 같이 책에 의미를 부여한다.

"책은 지식인이 창조한 정신적 자원이다. 사회 문명의 기록이다. 인류 진보의 디딤돌이다. 옛날부터 지금까지 학자들은 책과 깊은 인연을 맺어 왔다. 평생 책을 벗 삼았고, 책을 생명의 한 부분으로 여겼다. 온갖 고생을 참으면서도 책을 읽었고, 부지런히 글을 썼다. 마음을 다해 책을 보호했다. 피와 땀을 쏟으면서 문화의 발전과 진보에 기여했다."

나는 생각한다. 책을 둘러싼 고심과 배려! 이것이 교육적 진실이다.

17. 내 친구 커피

2021. 3. 25. 목. 8:46

커피(Kaffee: Coffee)는 '깨어 있음'을 의미한다! 나는 커피를 즐겨 마시는 편이다. 하루에 서너 잔은 꼭 마시는 것 같다. 커피의 맛은 독특하다. 쓰다. 그런데 달콤하다. 은은한 향이 깊고 널리 퍼진다. 쓴 맛의 달콤함과 은은함은 마음을 달래는 데 제격이다. 그러다보니 자동차 안에도 원두커피 가루를 놓아두고 수시로 향을 즐긴다.

얼마 전에 읽었다. 독일의 작가이자 언론인이었던 하인리히 에두아르트 야콥(Heinrich Eduard Jacob, 1889~1967)이 1934년에 출간한 『커피의 역사』다. 서문에 이렇게 적혀 있다.

"이 책에는 나폴레옹이나 시저와 같은 위인의 삶이 아니라 한 물질의 전기가 담겨 있다. 이 물질은 수천 년 동안 전 인류와 함께해온 충직하고도 아주 힘센 동반자다. 이는 영웅 한 사람과도 비견될 만하다."

내가 볼 때, 커피는 '영웅 한 사람과 비견'되는 수준을 넘어, 이 세상에 자리한다. 하나의 물질세계를 초월하여, 인간의 정신세계에 각인된 정신 자체로, 인류의 슈퍼 히어로다.

강의를 준비할 때, 글을 읽고 쓸 때, 즐거운 고독에 젖어들 때, 커피는 둘도 없는 나의 친구다. 무엇보다도, 나를 깨어 있게 만드는 각성(覺醒)의 우정을 나눈다.

18. 뿌리를 단련하는 삶

2021. 3. 26. 금. 6:21

중국 한나라 때 유향이 편집한 『설원』(권3 건본)의 첫 대목이다.

"공자가 말하였다. '지도급 인사는 뿌리를 단련하는 데 힘쓴다. 뿌리가 제대로 살아나면 삶의 길이 열린다!' 뿌리가 튼튼하지 않은 존재는 반드시 그 끝이 기울게 된다. 시작부터 흥성의 기미조차 보이지 않으면 그 종말은 반드시 쇠락하기 마련이다. 그래서 『시경』에서 이렇게 노래했다. '언덕이 평평하면 샘물도 잘 흘러 맑다네!'

'근본이 서면 길이 생긴다!'라는 말은 『춘추』에서 강조하는 의리 정신(義理 精神)이다. 봄에 씨 뿌리고 농사를 잘 지으면 가을에 거둘 것이 없어 혼란스러운 일은 없다. 최고지도자가 도리를 바르게 지킬 경우, 국가가 위험해질 리가 없다.

『역경』에서는 '근본을 바르게 세우면 만물이 이치대로 다스려진다. 그러나 털끝만큼이라도 이를 어기면 그 결과는 엄청난 재앙을 낳을 수 있다'라고 하였다. 때문에 지도급 인사는 뿌리를 튼튼하게 단련하는 데 힘쓴다. 근본 세우기를 귀하게 여긴다. 일을 시작하는 단계에서 입지(立志)를 매우 소중하게 생각한다."

교육은 삶의 뿌리를 튼튼하게 단련하기 위한 예비 작업이다. 교육은 삶의 근본을 세우기 위한 준비 작업이다. 때문에 그 시작 단계에서 신중하게 성찰하고, 충실하게 수행하며, 진지하게 배려해야 한다.

19. 친절한 스승

2021. 3. 28. 일. 3:45

3월 마지막 일요일이다. 새벽 3시다. 어제 토요일부터 지금까지 하루 종일 비가 온다. 이 비 이후에 대지의 만물 소생이 가속화될 것이다. 오래전에 읽었던, 야나기다 세이잔(柳田聖山)이 주해한 『임제록(臨濟錄)』을 펼쳐 보았다. 바깥에 추적추적 내리는 저 빗소리에 스승 노릇 잘하고 있는지 고민도 함께 실어본다.

정말 친절한 스승은 어떤 존재일까? 지식을 많이 알고, 잘 가르치기만 하면 되는가? 학생을 어떻게 배려해야 하는가? 『임제록』은 다음과 같은 시사점을 툭 던진다.

"스승이 세상 일 가운데 잘못된 것과 올바른 것을 알지 못하고, 학생이 와서 지혜에 대해 물어오면, 눈이 밝지 못한 스승은 친절하게도 학생에게 자세하게 설명해 준다. 간혹, 학생이 눈이 밝지 못한 스승에게 비판적으로 의견을 제시하면, 스승은 몽둥이를 들고 학생을 후려치며 '이 무례한 녀석!'하고 화를 낸다. 그러나 이는 스승이 눈이 멀어 어리석은 상황에서 발생한다. 스승이 학생에게 화를 내어서는 곤란하다! 일반적으로 아무것도 모르는 학생이, 동쪽을 가리켰다가 서쪽을 가리키고, 맑게 개인 날씨를 좋아했다가 흐리고 비오는 날씨를 좋아하며, 횡설수설 마구 지껄일 때, 잘 살펴야 한다. 이런 학생은 제대로 알지 못하고, 미혹한 경계에 결박당하여 행동의 자유를 잃어버렸다. 도깨비에 홀린 것과도 같은 상태다. 훌륭한 스승이라면, 이런 사태를 두고, 어떻게 할까? '저 눈이 밝지 못한 사람이 세상 사람들을 미혹하게 만들어 어지럽힌다'라고 말하리라. 킥킥거리며 웃을 것이다."

무조건 친절하게 설명해 주는 것만이 교육의 능사는 아니다. 학생 스스로 미혹의 경계를 벗어나도록, 눈이 맑아지도록, 지켜볼 필요가 있다. 스승은 그 지켜보는 시선이 더욱 밝아지도록 성찰하고 탐구할 뿐이다.

20. 참 부처 – 참 법 – 참 삶

2021. 3. 28. 일. 9:43

서너 시간 자고 일어났더니, 『임제록』이 눈앞에 다시 보인다. 책갈피를 들추니 참 부처[眞佛]와 참 법[眞法]과 참 삶[眞道]에 대한 스님의 말씀이 이어진다.

"부처란 바로 '마음의 청정함'이다. 법이란 어떠한 차별적 이해나 편견도 사라진 '깨달음의 빛'이다. 도란 질퍽질퍽한 흙탕물 속에서도 결코 더럽혀지지 않는 청정한 '광명의 비춤'이다! 부처와 법과 삶, 이 셋은 하나다. 그러나 모두 빈 이름일 뿐, 실재하지 않는다. 선(禪)의 깨달음을 향해 길을 걷는 진정한 구도자라면, 삶의 순간순간, 투탈자재(透脫自在)의 자유를 누려야 한다. 보리달마께서 왜 인도에서 오셨을까? 오직 한 가지 때문이다. '세상의 속임수에 휩쓸리지 않고 항상 깨어 있는 사람을 찾기 위해!'"

'달마가 동쪽으로 온 까닭은?' 이와 유사한 제목을 단 몇몇 영화가 있었다. 불교적 깨달음을 주는 의미 있는 영화들로 기억된다. '진불 – 진법 – 진도'의 세 박자가 삶의 순간순간에 자유롭게 자재하도록, 깨우침을 주는 것이 불교적 교육인가? 이게 정말 가능한가? 현실과 사실의 행간을 오가는 진실을 추구할 때, 확실함을 탐구하는 교육의 영역으로 드러날 수 있을까?

"다시, 묻는다. '달마가 인도에서 중국으로 오신 뜻은 무엇입니까?' 스님께서 답한다. '뜻이 있었다면 자신조차도 구할 수 없었으리라.' 또 묻는다. '이미 뜻이 없었다면, 어떻게 법을 얻었다고 하겠습니까?' 스님께서 이르셨다. '얻었다는 말은 얻지 못했다는 뜻이다!' 또다시 묻는다. '얻지 못했다는 뜻은 무엇입니까?' 스님께서 대답하셨다. '그대들은 모든 사안에서 황급히 구하는 마음을 쉬지 못한다. 그러므로 장부가 되어 머리가 있는데도 어리석게도 또 머리를 찾는 격이다. 그대들은 이 말을 듣자말자 즉시 참된 깨달음의 빛을 돌이켜, 스스로의 자성을 밝게 비추어 보라! 따로 구하지 않아 자기의 몸과 마음이 부처와 다르지 않음을 깨닫고 꾸밈이 없을 때 '얻었다!'라고 하리라.'"

마음의 청정함 — 깨달음의 빛 — 광명의 비춤, 이 세 가지를 교육적 열정과 몰입과 실현의 경지로 끌어 올린 인생이 어떤 가치를 고양할까?

불별구(不別求) — 따로 무언가를 억지로 구하지 않고,
당하무사(當下無事) — 지금 일상에서 특별한 일을 꾸밈없이,
방명득법(方名得法) — 자신의 이름을 똑바로 찾아 자기를 얻는구나!

21. 회광반조(回光返照)!

2021. 3. 28. 일. 9:53

야나기다 세이잔의 『임제록』을 읽다보니, '달마께서 오신 뜻'을 언급한 대목의 주해에 다음과 같은 요지의 글이 담겨 있다. 다시 독해해 본다.

"회광반조(回光返照)!"

원래의 의미는, '석양 무렵에 비추는 저 광선의 반사'다. 석양빛의 되 비추임을 보라! 세상의 모든 존재는 저녁 햇살에 비추어질 때, 그 숨은 모습을 드러낸다. 한낮에 작열하는 태양이 그 그림자를 거두어 갈 때, 저 고요함 속에서 비춤은 사물의 선명한 모습을 보다 은은하게 보여준다. 이때, 비춤의 의미가 더욱 강화된다. 지금까지 수동적으로 비추어지던 것은 스스로를 비출 수 있는 힘을 되찾는다. 그리고 비치는 것을 되 비춘다.

회광반조는, '비추는 햇빛도 그 비춤을 받는 대상도 모두 일여(一如)하다'는 것을 전제로, 인간의 영성적 자각(靈性的 自覺)을 상징한다. 내가 종사하고 있는 교육도 그럴까? 석양 무렵에 세상을 비추는 저 광선의 반사와 같은 역할을 할 수 있을까? 한낮의 따가운 햇살이나 무더위로만 그치는 것은 아닐까?

햇살이 맑고 고운 날, 석양 무렵에 비추는 광선의 되 비추임을 진지하게 살펴봐야겠다. 그리고 내 교육의 양상을 되 비추며, 성찰의 시간을 만들어야겠다.

22. 식물 재배

2021. 3. 28. 일. 13:47

교육은 자주 식물 재배에 비유되곤 한다. 씨앗을 뿌리고 양분을 제공하고 김매고 수확하는, 식물 성장의 전 과정을 학생의 성숙에 빗대어 설명하는 것이다.

나는 매년 다양한 식물을 직접 심기도 하고, 집 주변의 여러 식물을 관찰하면서, 교육의 세계를 고민한다. 올해는 미니 텃밭을 마련하여 채소를 심었다.

지난 주 일요일에 심은 상추와 겨자채, 쑥갓이 꼭 일주일 만에 5센티미터 전후로 자란 듯하다. 자연의 세계가 보여주는 우주의 생명력이다.

23. 고봉독숙(孤峰獨宿)

2021. 3. 28. 일. 23:13

'깊은 산 속에 홀로 지내는' 고봉독숙의 단련은 소승불교 수행의 하나다. 홀로 깨달은 성스러운 사람이 있다. 그는 부처님이 안 계신 세상에 태어나 깊은 산 속에서 홀로 지낸다. 우주의 변역(變易)을 꿰뚫어 스스로 불생불멸(不生不滅)을 깨닫는다. 홀로 지내고 홀로 깨닫고! 뭐 그냥 그러하다! 홀로 있음의 고요함은 참 마음으로 안내한다. 무념무상(無念無想) 인내의 시공이다. 저기 제자리 그대로.

이래서 '고독(孤獨)'이 무한한 의미를 품는 건가? 홀로 있음의 양상인 고독은 괴로움과 즐거움 사이를 수놓는다. 가능한 한 즐거운 고독 속에서 유영(游泳)하시라. 괴로운 고독은 삶을 좀먹을 뿐이다.

24. 무승자박(無繩自縛)

2021. 3. 30. 화. 9:09

3월 하순임에도 영하의 날씨다. 남양주 진접 벼락소의 새벽 기온은 -1도를 가리키고 있다. 기온도 자연스럽게 스스로를 결박하고 있을까? 임제 스님의 한마디가 생각난다.

"나는 나에게 오는 사람을, 잘못 보는 일이 없다. 나는 그가 오는 곳을 모조리 안다. 온다고 하더라도 그 사람은 자기를 잃어버린 것과 다름없다. 오지 않더라도 그는 노끈 없이 스스로를 결박하는 꼴이다. 함부로 생각하여 헤아리고 분별하며 어지럽게 하지 말라. 안다고 하더라도, 또는 모른다고 하더라도, 모두 틀린 것이다. 나는 분명히 말한다. 세상 사람의 비난에도 상관하지 않는다. '지금은 편안히 쉬어야 한다!' 왜? 너무 오래 서 있었으니까."

이 순간에도 인간을 결박하는 수많은 노끈이 만들어 지고 있다. 그것이 세상의 이치다. 삶의 추구다. 인생이 희구하는 가치의 생성만큼이나 노끈의 수는 증가한다. 교육철학은 그 노끈의 존재를 인식하고 확인하는 작업이다. 그리하여 노끈의 종류를 분류하고, 용도를 구명하며, 분명하게 장악하는 시선의 확보를 열망한다.

하지만, 임제 선사는 그것을 해체시켜 버렸다. 그래서 선(禪)의 새로운 경지를 개척했다.

"무승자박(無繩自縛)!"

어쩌면 인간의 삶은 철저하게 무승자박의 자살 행위를 일삼는 쳇바퀴일지도 모른다. 야나기다 세이잔의 주해가 돋보인다. 인간은 교육을 통해, 스스로 만들어 낸 관념으로 자신을 자유롭게 움직일 수 없도록 옭아맨다. 자승자박(自繩自縛)을 넘어선 무승자박(無繩自縛)이다.

물론, 인간은 외부의 자극으로부터 생기는 관념이나 사물에서 만족을 추구한다. 왜냐? 그 무언가로 일상의 허무를 채우거나 도피하기 위해서다. 내면의 청빈함으로부터 외부로 향하려는 움직임도 실제로는 개념이나 사변에 의한 관념일 뿐이다. 내면에서 외부로, 또는 외부에서 내면으로, 어디를 향하건, 이 두 가지 정신의 움직임은 본질적으로 갈등을 회피할 수 없다!

25. 철학의 자리

2021. 3. 30. 화. 15:43

버트란드 러셀의 『철학의 문제들』을 보면, 철학의 역할과 기능에 관한 의미 있는 언급이 등장한다.

"외부 세계가 독립적으로 존재한다는 우리의 근원적 믿음은 논증에 의해 나오는 건 아니다. 우리 자신이 반성적 사유를 하는 즉시, 그러한 믿음을 우리 자신 속에서 발견할 수 있다. 그것은 직관적으로 이루어지는 본능적 믿음(instinctive belief)이라 할 수 있다.

우리가 발견한 모든 지식은 우리의 본능적 믿음에 토대를 두고 구성되어야만 한다. 이러한 토대가 거부된다면, 어떠한 지식도 구성될 수 없다. 우리의 본능적 믿음 가운데 어떤 믿음은 다른 믿음보다 강한 경우가 있다. 하지만 대부분의 믿음은, 실제로 본능적이지 않는데도 본능적으로 믿고 있는 믿음의 일부분인 것처럼 잘못 간주 되고 있는 다른 믿음과 습관과 연합에 의해 얽혀 있다.

철학은 매우 강하게 믿는 믿음으로부터 출발하여 각 믿음을 분리시킨다. 부적절한 첨가물은 가능한 한 배제시키고 표현한다. 그렇게 하면서 본능적 믿음의 계층 구조를 보여주어야 한다. 또한 그 최종적 형태에서는 우리의 본능적 믿음이 충돌하지 않고 조화로운 체계를 형성한다는 것을 보여주도록 유의해야 한다.

서로 상충하는 경우를 제외하고, 본능적 믿음을 거부해야 하는 어떠한 이유도 있을 수 없다. 그러므로 그러한 믿음이 조화롭게 되어 있다는 것이 드러난다면, 이에 근거한 전체 지식 체계는 받아들일 만한 가치가 있다.

우리의 믿음들 전부, 또는 그 일부분이 잘못될 수 있다! 그럴 가능성은 충분히 있다. 따라서 모든 믿음은 적어도 어느 정도 의심의 요소를 가지고 받아들여야만 한다. 그러나 우리는 어떤 다른 믿음에 근거하지 않고서는, 하나의 믿음을 거부할 수 있는 근거를 가질 수 없다.

우리의 본능적 믿음과 그로부터 구성되는 결과들을 체계화함으로써, 필요하다면 그 믿음 가운데 어떤 것이 수정 가능하고 배제할 수 있는가를 고려함으로써, 우리는 본능적 믿음을 유일한 자료로 받아들인 토대 위에서, 지식의 질서 정연한 체계를 세울 수 있다. 그러한 체계에 오류의 가능성이 아직 남아 있을지라도, 그 가능성은 지식의 부분들 간의 상호 관련성과 비판적 탐구를 통해 감소된다. 비판적 탐구는 그러한 지식 체계를 받아들이기 전에 행해진다. 적어도 철학은 이러한 기능을 수행할 수 있다."

러셀의 견해는 상당한 일리가 있다. 그렇다면 어느 정도의 동의할 수 있는가? 이 지점에서 교육철학의 역할과 기능, 그 지향점을 성찰하며, 다시 물어본다.

26. 고봉정상(高峯頂上) 십자가두(十字街頭)

2021. 3. 31. 수. 9:42

휴대폰의 달력을 보니, 제2의 탄신일, 부활절이라고 적혀 있다. 꼭 5년 전 오늘, 그렇게 표시해 놓았다. 2016년 3월 31일, 나는 25일간의 간농양 시술로 인한 입원생활을 마치고 퇴원했다. 죽음 직전까지 갔다가 겨우 살아났기에, 부활절이라는 표현으로 내 인생을 성찰하는 계기로 삼고 있다.

그 사이에 많은 변화가 있었다. 50여 년을 함께 살았던 어머니와 25년을 동고동락했던 아내는 먼 곳으로 여행을 떠나 현재는 외출 중이다. 청소년이던 두 딸은 대학생이 되어, 학업 최우수 성적을 받아오기도 하고, 지휘와 반주 등 자신의 길을 묵묵히 가고 있다.

아내와 큰딸이 평소 얘기하던 것처럼, '가족이 있어 참 행복하다.' '지금 여기 이 순간의 현실이 최고의 행복이다.' 조금만 심사숙고해 보면, 내 인생의 동반자이자 반려자와 함께 호흡했던 시공간, 그 사이를 가로지르는 모든 분에게 고맙고 감사할 뿐이다.

『임제록』의 한 페이지에, 짧은 문장이지만, 대오각성(大悟覺醒)의 동기를 부여하는 글귀가 보인다.

"고봉정상(高峯頂上) 십자가두(十字街頭)!"

임제 선사께서 말씀하셨다. "한 사람은 높고 고적한 산꼭대기에 위에 있다. 그는 깨달음의 극한에서 자신조차 잊어버렸다. 다른 한 사람은 번화한 사거리에 서 있다. 세속 가운데서도 차별에 집착하지 않는다. 어떤 것이 앞에 있고 어떤 것이 뒤에 있는가? 유마거사(維摩居士)도

선혜대사(善惠大士)도 되지 말라! 모두 편히 쉬시라."

'고봉정상(高峯頂上)'은 높고 한적한 산의 정상이다. 산상의 고독으로 수행의 정점을 상징한다. 일상성의 세상을 돌파하여 깨달음의 세계로 들어간 경지다. 수행의 극한에 도달하여 자신의 존재조차도 잊어버리는 절대 각성의 시공(時空)이다.

'십자가두(十字街頭)'는 세속의 희로애락이 엇갈리는 홍진(紅塵)의 사거리다. 일상의 현실이다. 세속의 차별 한 가운데 서서 그 차별에 집착하지 않는 무애자재(無碍自在)다. 이와 다른 의미도 있다. 차별의 경계에 머리를 밀고 들어가지도 나가지도 못하는 진퇴양난(進退兩難)이다.

유마거사는 부처의 10대 제자보다도 높은 깨달음에 도달한, 세속에서 수행한 성자다. 『유마경』의 주인공인 유마힐(維摩詰)이다. 선혜대사는 중국 양나라 때의 부(傅)대사로, 자신의 처자를 팔아 법회를 행하기도 하고 여러 기행(奇行) 벌였다. 미륵의 분신이라고도 한다.

임제 선사의 일갈은 난해한 법어(法語)다. 선사는 자신을 포함한 모든 출가자들에게 끊임없는 반성을 요청했다. 자기 개혁을 촉구했다. 그만큼 전율이 느껴진다. 무섭다. 두렵다. 그 터널을 지났을 때 초월의 기쁨이 스치리라.

선(禪)은 처음부터 절학무위(絶學無爲)의 세계다. 배움을 끊고 행함을 없애라! 이러한 언동은 현실생활과 부합해야 한다. 그렇지 않을 때는 곤란하다. 번뇌를 끊고 열반에 드는 일도 중요하다. 그러나 진정한 열반은 번뇌가 본래 생겨나지 않도록 하는 삶이다. 문제는 삶의 내용이다. 열반의 삶은, 오직 자신의 수행과 부단한 노력에 달려 있다. 결코 외부에서 주어지는 사안이 아니다.

그런데 어찌해야 하는가? 교육은 세속의 현실이다. 교육철학의 양상을 절학무위로 처리할 수 있을까? 있다면 그 양식은 어떻게 드러날까? 침묵(沈默)의 가르침? 묵언수행(默言修行)? 명상(瞑想)? 유의미한 배움과 실천인가? 출가와 세속의 범주가 맞지 않는 건가? 사유의 폭과 깊이가 좁고 얕은 건가?

Early spring in the Vienna Woods (1861)
Ferdinand Georg Waldmüller (Austrian, 1793-1865)

4월

1. 수처작주(隨處作主) 입처개진(立處皆眞)

2021. 4. 1. 목. 6:14

4월 1일 새벽이다. 어린 시절에는 이 날을 만우절(萬愚節)이라고 하여 거짓말로 장난을 치며 즐길 수 있었다. 다양한 방식으로 서로를 놀리면서 친구들과 재밌게 뒹굴었던 기억이 선하다. 만우절 아침에 법어(法語)를 들어 올리려니 조금 멋쩍기도 하다. 그래도 어리석음을 넘어설 수 있는, 울림 큰 소리 하나에 귀기울여 본다.

"가는 곳마다 주체, 서는 곳마다 진리!"

임제 선사의 유명한 법어 한마디다. 그것은 불교적 사유를 넘어 유학의 일상 철학을 되새기게 만들고 교육철학의 궁극처를 고민하게 한다.

불교의 진리는 인위적 조작이 필요하지 않다. 꾸밈없는 평상의 자유로움을 실천하라. 있는 그대로의 삶을 누려라. 대소변이 보고 싶으면 화장실에 가고, 배고프면 밥 먹고, 나들이를 할 때는 옷 입고, 일하다 피곤하면 쉬어라. 이 밖에 무엇이 문제인가! 어리석은 사람은 이를 알지 못한다. 무언가 특별한 사항이 있는 것으로 착각한다. 그래서 일상을 얘기하면 비웃는다. 정말 바보들이다. 하지만 현명한 사람은 꾸밈없는 일상의 소중함을 안다.

내면에 채움이 아니라 외면으로 드러내며 세상에 보여주기 위한, 억지로 공부하는 여러 작업은, 모두 어리석은 녀석들의 자신 없는 만용(蠻勇)이다. 헛짓거리다. 바깥에서 오는 것은 언젠가는 흩어져 떠나버린다. 오직 자신의 마음에서 진실의 눈이 깨어나게 하시라!

어떤 곳에서건 주체적일 수 있다면, 그 서는 곳은 모두 참되다. 어떤 경계에서도 잘못 이끌리지 않으리라. 예전부터 만들어 쌓인 악한 측면이 있더라도, 성찰하며 깨어나는 삶은 자연스럽게 해탈의 바다로 바뀔 것이다.

진리의 자유로운 본성을 이해하시라. 그렇지 못하다면, 인간의 행위는 코에 닿는 것은 무엇이건 입으로 쑤셔 넣는 염소의 행동과도 같다. 그런 행동은 종과 주인, 손님과 주인을 구별할 줄 모르는, 사리분별이 전혀 없는 어리석음이다. 이와 같은 염소 떼들이, 수행을 앞세워 나대고 있다. 그들은 수행이나 교육이라는 명목으로 온갖 이해득실과 웅성거림이 뒤섞이는 곳으로 발길을 돌린다. 정말 더럽고 치사하다. 지저분하다. 이들을 어찌 수행자나 교육자라 말할 수 있겠는가! 이런 자들은 누구보다도 천박하고 세속에 찌든 우매한 존재다.

2. 봄날 꽃밭에 노니는 것처럼

2021. 4. 2. 금. 7:45

엊그제까지만 해도 꽃망울로만 가득했는데, 서재 창밖을 보니 벚꽃이 활짝 폈다. 주변이 온통 꽃 대궐 동산이다. 문득 임제 선사의 '봄날 꽃밭에서 소요하는 듯하다!' 즉, '여유원관(如遊園觀)'을 강조한 설법이 생각난다. 삶과 교육의 차원에서 재해석해 본다.

인간의 참 성품은 불에 들어가도 타지 않는다. 물에 들어가도 빠지지 않는다. 지옥에 들어가도 봄날 꽃밭에서 노니는 듯하다. 삶에 대해 의심하며 꺼리는 법을 없애 보라! 그렇다.

성인(聖人)이 되기만을 갈구하고 범부(凡夫: 보통 사람) 되기를 꺼린다면, 삶과 죽음의 물결을 타고, 떴다 잠겼다를 반복하리라. 저 괴로움의 덩어리인 번뇌(煩惱)는 마음으로 말미암아 자리한다. 마음을 내려놓으시라. 무심(無心)하시라! 그러면 번뇌가 당신의 삶을 가로막지 않으리라. 자연[自性/無自性] 그대로, 잠깐 사이에, 길을 얻으리라.

사람들아! 분명하게 기억하시라. 아무리 배우려고 발버둥치며 한량없는 세월을 분주하게 보내도, 삶과 죽음을 피할 길은 없다! 꾸미거나 분별하며 조작하지 않고, 선방(禪房)에서 발을 포개고 앉아 있는 것만 못하다.

요동치는 세상을 머금은 침묵의 교육이, 고요한 세상을 껴안은 언어의 교육을 내려다본다!

3. 앞산 산보

2021. 4. 2. 금. 18:52

작년 초가을 이후, 아주 오랜만에 앞산으로 산보(散步)를 나갔다. 혼자서다. 작년 10월 무렵에는 아내와 함께했으나, 이젠 추억으로만 남았다.

몇 달 사이에 주변이 많이 바뀌었다. 왕숙천 벼락소 주변이 정비되어, 저수지처럼 물이 많아졌다. 둘레길이 조성되면서 등산로와 연결되었다. 병 치료를 마치고 퇴원하면 저 길을 함께 걷기로 했는데, 아내는 양평의 갈월사 청아송원으로 이사하여 쉬고 있다. 산 아래로 터널이 개통되어 교통도 편리해졌다.

집에서 나와 나지막한 등산로를 한 시간 남짓 걸었다. 5,000보 정도다. 정말 조용한 산책을 즐겼다. 오솔길에서 만나는 사람도 거의 없었다. 마스크도 쓰지 않았다. 숨 쉴만하다! 이만큼 즐거운 고독도 드물다. 앞으로 여유가 될 때마다 가끔씩 내딛을 걸음이 가벼울 것 같다. 산에는 진달래와 산 벚꽃이 한창이다. 갈참나무의 새싹도 새파랗게 올라온다. 내가 자주 찾던 바위의 이끼나 고사목도 그대로다.

세월의 흐름과 시간의 변화가 새로움을 더하겠지만, 아내와 함께 걸으며 느꼈던, 저 자연의 향기를 수시로 만끽하리라.

4. 지혜의 나무, 보리수

2021. 4. 3. 토. 9:52

세상에는 헤아릴 수 없을 정도로 다양한 나무가 있다. 인간도 그러하다. '사람'이라는 영장류로서는 유사성을 지니겠지만, 사람 내부에서 종족의 다양성이나 개인 차이는 무수히 많다. 성장과 성숙이라는 측면에서, 나무나 인간이나 제각기 다양한 방식으로 자기를 만들어 간다. 하지만 성장과 성숙의 과정과 결과에도 질적 차원이 있다.

곧게 뻗은 나무인가? 꼬불꼬불 뒤틀린 나무인가? 깨달음의 나무인가? 괴로움의 나무인가? 지혜의 나무인가? 우매함의 나무인가? 보리수(菩提樹: bodhi-tree)인가? 무명수(無明樹: avidya-tree)인가? 현자(賢者)의 나무인가? 우자(愚者)의 나무인가? 슬기로운가? 미련한가?

다양하게 비유한 나무는 제각기 특성이 있다. 사람도 사람마다 품성과 품격을 드러낸다. 하지만 사람의 인식과 행위는 사람 이외의 동물이나 식물과 분별되는 차원이 스며든다. 그것이 이성(理性)이건 감성(感性)이건, 꿈틀거리는 그 무엇이 사람을 형성하고 삶을 진행한다. 인성이자 인격의 이름으로 생애를 전개한다. 그 인간 형성과 삶의 여정에서, 교육은 어떤 존재의 성장과 성숙보다도 고심(苦心)하는 길을 걷게 만든다. 고타마 싯다르타를 정점으로 하는 불교는 삶의 전반에 녹아든 '고(苦)'의 양상을 화두로 잡았다.

뉴스를 보니, 코비드-19 확진자가 며칠째 500명을 넘어 창궐하면서, 교육의 길도 회오리 속에 돌고 있다. 토네이도나 허리케인, 또는 태풍을 초월하는 광풍(狂風)의 기세가 교육을 괴로움의 도가니로 몰아

넣는다. 보육원에서 고등교육에 이르기까지, 코로나 바이러스의 공포가 또다시 엄습한다. 4차 대유행이라고 하니, 몇 번의 대유행으로 충격 받은 곳에 다시 충격을 가하는 꼴이다. 이럴 때일수록 세상을 꿰뚫어 보는 깨달음의 나무를 심어야겠다.

비유가 적절할지는 모르겠다. 『임제록』을 읽다가, 선사가 깨달음의 나무에 대해 설법하는 장면을 만났다. 세속의 용어로 독해해 본다.

"땅과 물과 불과 바람 — 지수화풍(地水火風) — 이 잠시 모여 이루어진 이 색신(色身)은 덧없는 존재다. 지라와 위와 간과 쓸개 — 비위간담(脾胃肝膽) — 의 내장이나 머리털이나 손톱이나 치아와 같은 색신의 부분들도 오직 덧없는 형상임을 나타낼 뿐이다. 사람들아! 그대들의 한 생각이 쉰 곳을, 깨달음이 자라는 나무, 즉 '보리수'라 부른다. 그대들의 한 생각이 쉬지 못하는 곳을, 어둠과 번뇌가 자라는 나무, 즉 '무명수'라 부른다. 무명은 어디에도 머무는 곳이 없고 처음과 끝이 없다. 그대들 생각마다 마음을 평화롭게 쉴 수 있게 하라. 그럴 수 없다면, 이는 바로 무명수에 올라 탄 상황이다. 맑고 명쾌한 마음으로 활력 있게 살아가라. 이것이 바로 청정한 세계다. 한 조각의 무명도 일으키지 않으면, 보리수에 올라가 세상의 신통한 변화를 드러내며 사람들을 도울 것이다. 그것이 선(禪)의 자유다. 마음대로 먹고 입고, 뜻밖의 사태도 만나지 않으리라. 진리는 일정하게 머무르는 곳이 없다. 특별히 고정되어 있지 않다. 머무르지도 고정되어 있지 않은데, 어디에서 무엇을 얻을 것인가? 아무것도 없다!"

석가모니는 보리수 밑에서 깨달음을 얻었다고 한다. 이를 기리기 위해 보리수를 지혜의 나무라고 부른다. '보리(菩提)'는 범어(梵語: Sanskrit)로 '핍팔라(pippala)'다. 보리수는 핍팔라 나무다. 이 보리수와 대구(對句)

되는 표현이 무명수다. '무명(無明)'은 인간의 원초적 불안과 위기의 원인이다. 평정심(平靜心)을 갖지 못하고 온갖 생각에 시달리는 사태다. 그러나 깨달은 존재처럼, 어찌 없앨 수 있겠는가?

교육은 사고하는 방식을 터득하는 데 기여한다. 배움의 수준이 높아질수록 고차원적 사고를 요청한다. 이런 상황에서 생각의 집을 걷어낼 수는 없다. 아니, 더욱 단단하게 벽을 세우고 지붕을 개량해나갈 뿐이다. 불교의 선과 상대편에 앉았다. 그래도 고려할 사안은 충분히 남겨 주었다. 지나친 생각의 파편이나 잡생각을 과감하게 잘라 내거나 멈출 수 있도록, 시사점을 던진다. 지식이나 지혜를 확보하는 과정에서 고려할 사안을 제기한다. 삶의 괴로움, 그 번뇌는 실체가 없다. 고정되어 있지도 않다. 무명무주처(無明無住處)다! 진리도 마찬가지다. 보리무주처(菩提無住處)다!

5. 대장부의 조건

2021. 4. 4. 일. 8:00

『맹자』「등문공」하편에 '대장부(大丈夫)'에 관한 압축적 표현이 있다. 학부 시절부터 책상 앞에 써 붙여 놓고 그런 인간을 꿈꾸곤 했다. 정말 꿈으로만 그치고 마는가!

"거천하지광거(居天下之廣居), 입천하지정위(立天下之正位), 행천하지대도(行天下之大道). 득지 여민유지(得之, 與民由之), 부득지 독행기도(不得之, 獨行其道). 부귀불능음(富貴不能淫), 빈천불능이(貧賤不能移), 위무불능굴(威武不能屈)!"

대략적으로 다음과 같이 풀이할 수 있다. "세상이라는 넓은 집을 거처로 삼고, 세상의 바른 자리에 서서, 세상에서 가장 큰 도리를 실천한다. 공직에 나가 사람들과 함께 그 도리를 실현하려고 노력하되, 그렇지 못한 상황이면 홀로라도 그 도리를 구현한다. 부귀도 나를 방탕함에 빠지게 만들 수 없고, 빈천도 나를 바뀌게 할 수 없으며, 위엄이나 무력도 나를 함부로 굴복시킬 수 없다!"

이 몇 마디에 담겨 있는 '광거(廣居)'와 '정위(正位)'와 '대도(大道)'는 교육받은 인간의 행위 준거다. 일상을 살아가는 사람이 '부귀(富貴)'와 '빈천(貧賤)'과 '위무(威武)'에 흔들리지 않는 참모습을 간직하기란 쉽지 않다. 살아보니 그렇다. 정말 그러하다. 그래서 그런 고귀한 사람에게는 명예에 걸 맞는 '대장부(大丈夫)' 또는 '대인(大人)'이라는 칭호를 부여한다. 엄청난 타이틀(title)이다. 대장부는 특별한 존재가 아니다. 그냥 떳떳한 사람이다. 사람다운 사람이다. 인간이 인간다운 것이 정상 아닌가! 그런데 일생을 살면서, 이런 인간으로 대처하기가 정말 힘들다! 참 인생의 굴곡이 뭔지.

『임제록』에도 '큰 역량을 갖춘 큰 그릇'같은, 그런 사람에 대한 묘사가 있다. 맹자의 '대장부론'과 동일하지는 않지만, 유사한 비유가 엿보인다. 의역하면 대강 다음과 같다. "사람들아! 참답게 되려면 대장부가 되지 않으면 안 된다. 저기 기운 없이 축 처진 저 인생에, 무엇을 채울 수 있는가! 깨져서 달그락 거리는 그릇에는 음식을 담을 수 없다! 큰 그릇처럼 역량을 갖춘 인물은 절대 다른 사람에게 미혹되지 않는다. 어떤 자리에서건 주체적이라면 서는 곳마다 진실이 놓인다. 밖에서 밀려오는 사안에 이끌려 집착해서는 안 된다. 그대가 하나의 생각에서 의혹을 일으키면, 마(魔)의 경계가 마음에 스며들어 환각을 일으킨다. 저 보살도 의혹을 일으킬 때는 생사의 마가 틈을 타게 된다. 하나의 생각일지라도 쉴 줄 알아야 한다. 절대 밖에서 진실을 찾지 말라. 밖에서 밀려오는 것이 있으면, 그대 자신이 지닌 성품, 그 지혜로 비추어 보라. 그대는 현재 전체적으로 작용하는 주체만을 믿으라."

야나기다 세이잔은 주해를 하면서 『전등록』의 기록을 인용해 놓았다.

"도오 스님이 물었다. '어떻게 살아 오셨습니까?' 약산 스님이 대답했다. '나는 뒤틀리고 야위었지만, 그런대로 살아왔네!'"

기운 없이 축처진, 시들어 허물거리는 초목들처럼, 미혹된 인간의 주체성 없는 형상! 그 '위위수수지(萎萎隨隨地)'를 벗어나라! 그런대로 살아왔다!

6. 부활절 기도

2021. 4. 4. 일. 18:36

상황에 따라 다르지만, 춘분(春分) 직후, 한 달 가량이 부활절(復活節) 기간이다. 올해 춘분은 3월 20일(토)이었다. 아내가 긴 외출을 한 지, 꼭 한 달째 되는 날, 부활절의 시작이었다. 평소 알고 지내며 음식도 나눠 먹고 인사를 건네던 아래층(6층) 이웃이, 부활절 기념 계란과 깍두기, 멸치볶음을 전해왔다. 감사할 따름이다.

예수의 부활은 이 땅에 무엇을 가져왔을까? 그 어느 때보다 심사숙고의 시공간이 멀게만 느껴진다. 어제, 양평 청아송원을 다녀오다가, 제자인 임용덕 목사에게 엄마와 아내의 평안을 위한 부활절 헌금을 조금 보냈다. 긴 여행에 여비는 부족하지는 않은지…… 부활절 기도라고 해봐야 별 것도 없다. 예수 그리스도께서 인간에게 그토록 갈망했던 사랑이 뭘까? 그 화두를 마음에 담고, 묵상기도를 올린다. 매 순간 행복하고 아름답고 멋지게 살자! 안 되면 그렇게라도 생각하자. 그것만이 새 생명력을 약동하게 만드는 부활의 의미다.

오후 늦게 <리바이어던>이라는 러시아 영화를 봤다. 상당한 의미가 담긴 드라마다. 고달픈 삶의 장면이 꽤 많다. 스크린 가득 퍼진, 바닷가에 그대로 남은 앙상한 고래 뼈가 인상 깊다.

몇몇 대사가 뇌리를 스친다.

주인공: "왜죠? 주님, 이유가 뭡니까?" "자비롭고 전능한 신은 어디 있죠?"

신 부: "나와 함께 계십니다."

주인공: "도대체 아는 게 뭡니까?"

신　부: "지금 어떤 일이 벌어지는지, 우린 아직 깨닫지 못합니다. 신은 힘이 아닌 진리와 함께 하십니다. 하나님은 힘이 아닌 사랑에, 교활함이 아닌 주님의 지혜에, 분노와 미움이 아닌 용기에 자리 하십니다! 진리는 하나님의 유산입니다. 진리는 현실을 왜곡하지 않고 그대로 반영합니다. 이를 통해 상황을 바로 볼 수 있고, 참뜻을 알 수 있습니다."

7. 『칼릴라와 딤나』① • 지혜의 책

2021. 4. 5. 월. 8:33

유대인에게 『탈무드』가 있다면, 아랍인에게는 『칼릴라와 딤나』가 있다. 며칠에 걸쳐 『칼릴라와 딤나』의 교육적 지혜 몇 대목을 독해해 보련다.

『칼릴라와 딤나』「탄생의 장」에는 알렉산더 대왕의 인도 침략과 이후 인도인들의 '다브샬림' 왕 추대, 다브샬림의 폭정과 반성, 현자이자 재상인 '바이다바'의 활약이 간략하게 기록되어 있다. 『칼릴라와 딤나』는 다브샬림 왕이 바이다바에게 지혜서의 집필을 명령한 데서 시작한다. 그래서 이 책의 저자는 '바이다바'다. 그 지혜의 책 「탄생의 장」 중간에는 다음과 같이 언급하고 있다.

왕은 요청했다. 지혜의 책은 "겉으로는 사람들을 교화하고, 속으로는 지도자의 덕목과 정치 윤리를 다루어라. 아울러 모든 계층의 사람들에게 널리 읽힐 수 있도록, 흥미와 유머, 진지함, 슬기, 철학 등을 망라하는 내용을 담아라!"

그리하여 바이다바는 제자 한 명과 일 년에 걸쳐 '지혜의 책' 집필에 몰두했다. 왕의 요청과 당부를 명심하고 심혈을 기울였다. 그 결과가 『칼릴라와 딤나』다. 왕은 내용에 만족했다. 그만큼 바이다바에게 큰 상을 내리려고 했으나 바이다바는 상을 물리쳤다. 대신, 『칼릴라와 딤나』가 필사(筆寫) 보존되어 왕실 서고에 소장되기를 원했다. 유일한 소원이었다.

『칼릴라와 딤나』를 아랍어로 번안한 '이븐 알 무카파'의 '해설의 장'에는 이 책과 지식 및 실천에 관한 진지한 교훈이 담겨 있다. 교육은 지식을 주요하게 다룬다. 따라서 지식과 그것을 마주하는 자세를 참고하면 교육철학을 확장하는 데 도움이 된다. 몇몇 부분을 옮겨 본다.

"책을 읽는 사람은 단순한 흥미 차원에만 머물지 말고, 책에 깊숙이 내재된 참의미를 깨달아야 한다. 책을 읽으면서 그 속에 담긴 진정한 의도를 이해하지 못하는 사람은 일을 시작할 줄은 알지만, 결과를 예측하지 못하는 어리석은 사람과 같다. 사막에서 아주 어렵게 보물을 발견했으나 운반하는 도중에 그 대부분을 잃어버린 사람과 같다. 맛있는 호두를 얻었으나 껍질을 잘못 깨트려 알맹이를 먹지 못하는 사람과 같다.

책의 참의미를 깨달은 후에는 반드시 그 지식을 실천에 옮겨야 한다. 지식과 실천은 나무와 열매의 관계와 같다. 실천이 수반되지 않는 지식은 무용지물(無用之物)일 뿐이다. 지식을 실천해야 할 경우는 많다. 우선, 자신을 다스리는 일부터 시작하라! 지식을 갖춘 사람은 자기절제와 판단력을 바탕으로 목표와 결과가 올바르고 건전한 일을 추구한다. 그릇되고 패악한 일은 단호히 물리쳐야 한다.

다시 강조한다. 책 속에 숨겨진 참의미를 간과하지 말라. 그런 사람은 진주조개를 보고서도 그냥 지나치는 어부와 같다. 땀 흘려 농작물을 경작하고도 정작 추수하지 못하는 농부와 같다."

유학의 '수기치인(修己治人)'과 유사한 것 같은, 지식을 실천하는 사람에게 '자신을 다스리는 일'에 우선순위를 부여한 대목이 인상 깊다. 동서고금을 막론하고 자기절제와 판단력의 함양은 교육의 근원적 지향점처럼 보인다. 교육적 보편성을 지닌다는 의미다.

다시 월요일이다. 하지만, 일상의 삶은 여전히 무겁다. 온라인 강의실의 분위기도 마냥 웃을 수 있는 마당이 아니다. 차분한 것 같으나, 바이러스에 갇힌 학생들의 분노가 가득하게 느껴진다. 지난주에는 코비드-19 확진자가 500명 이상인 날이 연속되었다. 이 움추린 시간의 능선을 타고, 자기절제와 판단력은 어디쯤 자리할 수 있을까? 『칼릴라와 딤나』의 지혜는 얼마나 유용할까?

8. 『칼릴라와 딤나』②
• 성공적 삶을 위한 목표와 실천 덕목

2021. 4. 5. 월. 19:13

『칼릴라와 딤나』의 본론 첫 번째는 「사자와 소의 장」이다. 이 본문의 맨 앞에 '노인과 세 아들 이야기'가 실려 있다. 이야기의 요지는 다음과 같다.

다스타완드라는 땅에 한 노인이 살았다. 노인에게는 아들 셋이 있었다. 그들은 장성한 후에도 스스로 돈벌이를 하지 않고 빈둥빈둥 놀았다. 아버지에게 의지하며 낭비를 일삼았다. 어느 날 노인은 세 아들을 불러 놓고 훈계했다.

"세상을 성공적으로 살아가기 위해서는 세 가지 목표를 달성해야 한다. 첫째, 생계 능력을 갖추어야 한다. 둘째, 사회적 지위를 확보해야 한다. 셋째, 내세를 위한 저축을 해야 한다. 이 세 가지 목표를 성취하기 위해 필요한 실천 덕목으로 네 가지 일이 있다. 첫째는 '가장 선한 방법으로 돈을 버는 일'이다. 둘째가 '수입을 안전하게 간수하는 일'이다. 셋째는 '돈을 적절한 곳에 투자하는 일'이다. 넷째는 '건전한 생활을 하면서 가족과 친지를 위해 돈을 쓰고 내세의 행복을 기약하는 일'이다. 돈을 벌지 못하면 생계를 유지하기 어렵다. 돈을 벌었다하더라도 그 재산을 제대로 간수하지 못하면 가난뱅이가 된다. 돈을 적절한 곳에 투자하지 않는다면 세월이 지남에 따라 돈도 바닥난다. 돈을 올바르고 적절하게 쓰지 못해 돈의 가치를 헛되이 하면 온갖 악재를 만나 무일푼의 신세로 전락하고 만다."

어떻게 살 것인가? 노인의 훈계가 돈벌이나 재산 간수, 투자나 재산 가치 등등을 언급하고 있다고 해서, 돈버는 일이 삶의 문제 전부를 말하는 것은 아니다. 생계 능력과 사회적 지위, 내세를 위한 저축 등, 삶의 본질을 고려해야 한다.

나는 아버지와 세 아들 사이의 대화를 이렇게 이해하고 싶다. '생계 능력은 현실의 물질적 삶과 직결된다. 사회적 지위는 현실의 정신적 삶과 연결된다. 내세를 위한 저축은 현세를 마무리하는 동시에 내세를 여는 새로운 삶의 밑천이다!'

교육은 이런 삶을 원활하게 마련하려는 인간의 자구책(自救策)이다. 교육을 통해, 돈을 버는 올바른 방법을 배우고, 수입을 간수하는 방식을 배우며, 투자의 의미를 깨닫는다. 이 통합적 삶의 구현이 건전한 생활로 이어진다. 가족의 행복을 고양한다. 동서고금을 막론하고, 교육의 엄중함에 사람들이 고개 숙이는 이유다.

9. 『칼릴라와 딤나』③

• 분수와 능력, 그리고 용기와 도전

2021. 4. 6. 화. 8:28

「사자와 소의 장」 '목수와 원숭이 이야기'에는 격언과 같은 언급이 있다. 칼릴라와 딤나가 나누는 대화 가운데 아홉 가지를 간추려 본다.

1) 용기와 덕망이 부족한 사람은 보잘 것 없는 조그마한 사안에도 쉽게 만족한다. 딱딱한 뼈다귀 하나를 얻고서도 좋아서 어쩔 줄 모르는 개처럼 말이다. 반면, 용기와 덕망을 갖춘 사람은 조그맣고 하찮은 사안에는 만족하지 않는다. 자신의 격(格)에 어울리는 일을 통해서만 만족할 수 있다. 사안의 가치가 어떤지를 고려한다. 토끼를 쫓던 사자가 낙타를 보면 토끼는 놔두고 낙타를 쫓는 것처럼 말이다.

2) 도량이 넓고 경제적으로 넉넉하여 가족과 친지에게 덕을 베풀며 사는 사람은 짧게 살아도 오래 산 것과 다름없다. 반면, 편협하고 쪼들리게 살며 자신과 가족에게 인색한 사람은 무덤 속에 갇힌 신세만도 못하다. 오로지 자신의 배를 채우기 위해 일하는 사람은 짐승과 다를 바 없다.

3) 지위는 누구나 도전 가능한 것이다. 용기가 그 성패를 좌우한다. 용기 있는 사람은 지위나 신분을 상승해 나갈 수 있지만, 용기 없는 사람은 오히려 지위나 신분을 강등 당한다.

4) 최고지도자[왕]를 섬길 때 유의할 사항이 있다. 자신을 낮추라! 매사에 인내하라! 분노를 표출하지 말라! 원만한 대인관계를 유지하

라! 그리고 비밀을 지켜라!

5) 권력은 높고 험준한 산과 같다. 그 산에는 맛있는 과일, 값진 보석, 희귀한 약초가 있다. 동시에 호랑이나 늑대 같은 무시무시한 맹수들도 득실거린다. 그런 산에 오르는 일은 정말 어려운 작업이다. 그곳에 머무르기란 더더욱 어려운 일이다.

6) 도전하지 않는 사람은 아무 것도 성취할 수 없다. 충분히 해낼 수 있는 일임에도 실패가 두려워 지레 포기하는 사람은 결코 큰 뜻을 이룰 수 없다.

7) 고도의 지략을 요하는 매우 위험한 일 세 가지가 있다. 하나는 최고지도자[왕]의 직무이고 다른 하나는 '해상 무역'이며, 마지막 하나는 '전투'다.

8) 덕망 있고 지혜로운 사람의 가치가 돋보이는 경우가 두 가지 있다. 하나는 최고지도자[왕]의 측근으로서 높은 지위에 있을 때다. 다른 하나는 수도승과 함께 경건하게 기도드릴 때다.

9) 최고지도자[왕]는 인재를 등용할 때 개인적 친분 관계에 좌우되지 않아야 한다. 오로지 능력 위주로 발탁해야 한다. 멀리서 발굴한 인재가 큰 도움을 준다. 그것은 우리 몸이 중병에 걸렸을 때, 멀리서 구해온 약재가 효험을 보는 것과도 유사한 논리다.

용기, 덕망, 도량, 가치, 도전, 지략, 인재 등 다양한 개념들이 삶의 처신을 가늠한다. 때로는 시소게임으로, 때로는 온전한 진리의 화신으로. 교육이 이런 개념에 대해 배려하고 있다면, 그것은 연마(硏磨) 가능한 양상을 띠어야 한다. 그렇지 않다면, 교육은, 삶에 어떤 변화도 가져다주지 않는다.

10. 『칼릴라와 딤나』④ • 훌륭한 인격

2021. 4. 7. 수. 8:10

「사자와 소의 장」에 '세 마리 물고기 이야기'가 있다. 세 마리 물고기는 제각기 특성을 지녔다. 하나는 매우 영리했다. 다른 하나는 조금 영리했다. 또 다른 하나는 우매했다. 영리함의 정도에 차이가 있었다. 다르게 표현하면, 우매함의 수준이 달랐다. 사람들이 물고기를 잡기 위해 그물을 놓으려고 했다. 이 소식을 들은 물고기들은 대응 방식을 고민했다. 어떻게 대응했을까? 영리한 물고기는 미리 도망치거나 재빨리 대처하며 살아남았다. 그러나 우매한 물고기는 갈팡질팡 거리며 오락가락하다 잡히고 말았다.

인간 세계도 마찬가지다. 인간성과 대응양식의 차이가 사람의 격(格: dignity)을 결정한다. 교육은 그런 인간의 품격, 즉 인격을 가꾸는 엄중한 도구다. 교육받지 못한 존재들의 행위 특징은 인격에 상처를 남길 뿐이다.

사악(邪惡)한 자는 자신이 목표한 자리에 이를 때까지는 충성을 다한다. 그러나 일단 그 지위에 도달한 다음에는 큰 욕심을 품고 야욕(野慾)을 키워간다. 자기 잇속만 채우려는 더러운 욕망! 비열하고 부도덕한 인간들이 취하는 전형적 수법이다.

아첨(阿諂)을 떠는 간신배들은 공포에 사로 잡혀 있을 때만 윗사람에게 충성하고 헌신한다. 그러나 힘을 얻고 공포에서 벗어난 다음에는 본색을 드러내기 마련이다. 개의 꼬리와도 같다. 묶여 있을 때는 똑바로 세우지만, 일단 풀려나면 꼬리를 제멋대로 살랑거리며 흔들어

댄다.

충신(忠臣)은 악한 무리들이나 타락의 요소로부터 지도자를 보호한다. 지도자가 덕치를 베풀도록 보좌하는 데 최선을 다한다. 좋은 벗이나 충신은 아첨하지 않는다. 좋은 일은 선한 결과를 낳는다. 좋은 아내는 남편과 화합한다. 선량한 사람은 진정성을 담아 충고한다. 위대한 지도자는 교만하지 않는다. 훌륭한 인격은 '경건한 심성'에서 우러나온다!

교육은 좋은 벗이나 좋은 일, 선량한 사람, 위대한 지도자, 훌륭한 인격 함양을 위해 설계된, 인간 구원의 제도적 장치다. 그만큼 진지하게 기획하고 계획하여 구현할 때, 교육이 추구하는 목표와 목적과 이념에 부합한 성과를 낼 수 있다. 특히, 민주(民主)사회의 교육은 개인의 특수한 가치나 특별한 당파성을 주입해서는 곤란하다. 민주주의 정신에 존중하고, 민주 시민의식을 고양할 수 있는 보편적 가치를 담아내야 한다. 제멋대로, 생각나는 대로, 편리한 대로, 편파적이고 편중된 형태의 개인 또는 집단의 이익만을 고려해서는 절대 안 된다.

민주사회의 교육은 지도자 개인의 취향이나 특수한 존재들의 이익만을 대변하는, 특수한 형태의 교육이어서는 곤란하다. 공공의 복지를 반영하는 보편적 양식의 교육이어야 한다. 그런 교육을 실천하는 사고의 바탕에, '경건한 심성'이 자리한다.

세상의 다양한 양상을 존중하자.

존재의 거룩함을 존경하자.

겸허하게, 검약하는, 저 낮은 곳의 참된 의식을 주시하자.

11. 『칼릴라와 딤나』⑤
• 분노, 화해, 용서, 그리고 지혜

2021. 4. 8. 목. 8:03

「사자와 소의 장」 후반부에는 의미 있는 언표가 실려 있다. 이야기 중간 중간에 언급된 호소들 아홉 가지를 발췌해 본다.

1) 이유가 있는 분노에는 화해와 용서의 여지가 있다. 분노하는 이유가 있다면, 그 이유 속에는 화해의 가능성이 잉태되어 있기 때문이다. 하지만, 아무런 이유 없이 일어난 분노에는 어떠한 희망도 걸 수 없다!

2) 한 사람이 지닌 장점이 삶에서 치명적 요소가 될 수 있다. 달콤한 열매를 맺는 과일나무는 사람들의 등쌀에 가지가 꺾이는 수난을 당하기 쉽다. 아름다운 깃털을 가진 공작새는 깃털이 뽑히는 고통과 수모를 피하기 어렵다. 수려한 준마는 몸이 부서질 때까지 사람들에게 봉사해야 한다. 아름다운 목소리를 가진 새, 나이팅게일은 다른 새들과 어울리지 못하고 새장에 갇혀 지낸다.

3) 사람의 말은 물의 속성에 비유할 수 있다. 떨어지는 물방울이 바위를 뚫듯이 입에서 흘러나온 말은 사람의 마음을 움직일 수 있다. 물리적으로 볼 때, 바위는 사람의 마음보다 훨씬 강하고 단단하다. 이런 사실에 비추어 보면, 떨어지는 물방울이 바위를 뚫는 것보다 말이 마음을 움직이는 편이 훨씬 쉽다.

4) 실천이 따르지 않는 말은 가치가 없다. 경건함이 토대가 되지 않

는 학문 연구는 가치가 없다. 진실이 깃들지 않은 자선 행위는 가치가 없다. 적재적소에 쓰이지 않는 돈은 가치가 없다. 신실함이 담겨 있지 않은 우정은 가치가 없다. 건강하지 못한 삶은 가치가 없다. 기쁨이 없는 평화는 가치가 없다.

5) 어리석은 사람은 거짓으로 친구를 사귄다. 위선을 행하며 내세의 행복을 바란다. 폭력으로 이성에게 구애하는 인간과도 같다.

6) 현명하면서도 너그러운 사람과 사귀면 더할 나위 없이 좋다. 그러기가 쉽지 않다. 대신, 현명하지만 너그럽지 못한 사람과도 친하게 지내라. 그의 지혜는 얻고 나쁜 성품은 경계하면 된다. 현명하지 못하지만 너그러운 사람과도 친하게 지내라. 그에게서 지혜는 얻을 수 없지만 좋은 성품을 배우면서 당신의 지혜를 그에게 전할 수 있다. 그러나 현명하지도 못하고 너그럽지 못한 인간은 결코 가까이 하지 말라!

7) 신의가 없는 인간에게 우정을 베푸는 일만큼 큰 손실은 없다. 감사할 줄 모르는 인간에게 선물을 주는 일만큼 큰 손실은 없다. 배우려고 하지 않는 인간을 가르치는 일만큼 큰 손실은 없다. 입이 가벼운 인간에게 비밀을 털어놓는 일만큼 큰 손실은 없다. 쓴 열매를 맺는 나무에 꿀을 바르는 일만큼 큰 손실은 없다.

8) 지혜로운 사람은 자신의 유익과 발전을 위해서라면, 혐오스러운 존재에게도 접근할 줄 안다. 질병을 치유하기 위해 쓴 약을 복용하듯이 말이다.

9) 지혜로운 사람은, 자신의 생명을 위협하는 존재를 발견했을 때, 그것이 아무리 소중한 것이더라도 단호하게 물리친다. 용단(勇斷)을 보인다. 뱀에게 물린 손가락을 잘라버림으로써 온몸으로 독이 퍼지는 것을 차단하듯이 말이다.

깊이 생각해볼 필요도 없다. 건강한 인생이라면, 삶의 지혜로 알고 있는 상식적인 말들이다. 하지만, 이 상식적인 언표가 인생의 함정(陷穽)을 만든다. 관심에서 멀어질수록 그러하다. 상당수의 사람들은, 교육적 의미가 배어 있는, 상식적 차원의 삶의 지혜에 크게 관심을 두지 않는다. 긴장의 끈을 놓고 있다. 지혜의 말씀을 소홀히 하지 말라! 눈을 뜨고 있으면서도 코가 베이는 꼴을 당하기 쉽다. 치열함이 이완된, 열정이 해이해진, 그 틈새를 사악한 인간들이 파고든다. 속이고 속는 사기의 전투가 치열해진다. 사기꾼들 사이에 벌어지는 전투는 횟수를 거듭하면서 전쟁의 규모를 확장한다. 그리하여 인간사회는 속이고 속는 전투의 세계에서, 죽음의 공포를 배가하는 전쟁의 세상으로 변모한다.

세계와 세상을 건전하게 고려하려는 일부의 사람이, 그 사기의 사이 세계를 사실로 채우고 진실을 추구하려는, 교육적 치료를 감행하기는 한다. 그러나 너무나 중층적이고 복합적으로 누적된 거짓의 세계는, 그것을 걷어내는 데 많은 시간이 소요된다. 현실이 그러하다. 사실과 진실을 채워가기보다 거짓과 불신을 걷어내고 제거하는 일이 급선무다. 그래야 거짓과 불신을 걷어내고 제거한 빈자리를 채워나가며, 참 세상을 구가할 수 있지 않겠는가!

12. 『칼릴라와 딤나』⑥ • 사람을 가늠하는 증거, 마음

2021. 4. 9. 금. 6:35

「딤나의 죄를 수사하는 장」에는 '마음'에 관한 의미 있는 언급이 등장한다. 마음의 작용은 사람을 파악하는 데 필요한 중요한 기준을 제시한다. 아군과 적군을 분별하거나 벗과 적을 판별하는 데 도움을 준다.

마음! 그것은 사람을 가늠하는 증거다. 누가 진정한 벗인지, 누가 적인지 가려내기 위해서는 자신의 마음을 관찰해 보라. 누군가를 떠올렸을 때, 마음이 편안해지면, 그는 벗이다. 어떤 이를 떠올렸을 때, 마음이 불안해지면, 그는 적이다.

인간들에게 선행을 베풀고 그 보답을 받으려고 기대한다면, 배반의 쓴맛을 삼켜야 한다!

어떤 사건이나 사물을 피상적으로, 대충, 얼핏, 살펴서는 안 된다. 그런 마음 상태로는 진실과 거짓의 사이 세계를 가로 질러, 그것을 분명하게 장악할 수 없다. 진실과 거짓을 분별하지 못하는 사람은 현자(賢者)의 대열에 들 수 없다. 경멸받아 마땅하다. 진실과 거짓을 판별하기란 정말 어렵다. 때문에 조금만 소홀하면, 돌이킬 수 없는 실책을 범할 수 있다.

교육은 진실과 거짓을 판별하기 위한 '지혜 함양'을 주요 기능으로 한다. 그런 차원에서 교육은 지혜의 도구다. 슬기로운 삶을 위한 수단이다. 진실을 추구하며 확장하되 거짓을 제어한다. 진실을 담아 확산하되 거짓을 제거한다. 그 사이에 마음은 자기 자리를 바로 잡고 성찰의 시공간을 조절한다.

이런 마음의 다른 표현이 '중심(中心)'이다. 중심을 잡아라! 마음의 균형추를 저울질하라. 그 가운데 학문의 열정이 녹아든다. 열정은 배움을 지속하게 만든다. 배움에서 우러나오는 연속적인 물음은 기쁘고 즐거운 삶을 담보한다. 그것이 학자로 거듭나는 계기를 만든다.

13. 49재(四十九齋)

2021. 4. 10. 토. 8:28

아쉽고, 답답하다. 눈물이 많이 난다. 같이 다니기로 한 산책길과 여행로가 저렇게 기다리고 있건만, 이제는 나 홀로다.

나의 아내, 영원한 내무군주는 양평의 갈월사 청아송원에 깊이 잠들어 있다. 큰딸의 표현처럼 긴 외출이다. 매주 가기는 하지만, 오늘은 어느 때보다 보고 싶다.

'가족이 있어 행복하다!'라고 하던 말이, 더욱 생각난다. 더 잘해주지 못한 미안함, 당신이 몸소 실천하며 가르쳐 주었던 '검약(儉約)'과 '검소(儉素)', '겸손(謙遜)'과 '겸허(謙虛)'의 덕목이 내 인생에 깊이 파고 든다.

달리, 할 말은 없다.

'정말, 고맙습니다. 청아 선생! 당신이 내 인생과 우리 가족을 의미 있게 잘 가꾸어 주었습니다. 평소 부탁한 대로 아이들과 잘 살아가고 있으니, 걱정 마시고, 여행 잘 다니세요!'

14. 49재 이후, 함께한 드라이브 산책

2021. 4. 11. 일. 17:40

내무군주께서 여행을 떠난 지, 꼭 50일째다. 며칠 후 4월 15일은 엄마가 하늘나라로 여행간 지, 만 1년이 된다. 시간이 이렇게 흐르는구나! 내 인생에서 가장 소중했던 두 사람이다. 이제는 내 마음에 영원히 잠들어, 가슴에서 함께 호흡한다. 내 생애 최고의 반려자(伴侶者)가 떠난 2020년과 2021년은, '코비드-19의 창궐'과 더불어, 내 인생에서 아주 잔인한 시절로 기억될 것 같다.

어제는 내무군주가 송원으로 입주한 지 49일째 되는 날이었다. 불교신자도 아니고, 49재에 큰 의미를 두는 것도 아니지만, 친구가 49재라고 휴대폰 문자 메시지를 보내왔다. 고마웠다. 특정한 일정과 관계없이 매주 주말 전후에, 아내와 만난다. 어제는 작은딸과 함께 갔다. 가는 도중에 아내와 가끔 들르던 국숫집에서, 언제나처럼 국수와 김치만두를 시켜서 나눠 먹었다. 아내가 평소 즐기던 술(산사춘)과 황태포, 사과와 참외 등 과일, 큰딸이 사다준 독일차 등을 대접했다. 일주일에 한번씩 갈 때마다, 함께 마시던 믹스 커피를 준비해 가지만, 어제는 큰딸이 독일 유학 중인지라 함께 오지 못해, 큰딸이 사온 독일차로 대신했다.

내무군주님! 49재를 지난 만큼, 이제는 새로 마련한 자동차를 타고, 아름다운 곳에서, 다시 즐거운 가족여행을 시작하세!

49재는 불교에서 사람이 별세(別世)한 날로부터 일주일(7일)마다 일곱 번, 그러니까 49일 동안 행하는 기도 의식이다. '칠칠일(七七日)' 또는 '칠칠재(七七齋)'라고도 한다. 지난 7주 동안 매주 아내를 만나 얘기했으니, 섭섭하지는 않으리라. 특별한 사정이 없는 한, 내무군주와의 만남은 앞으로도 매주 지속될 것이다.

오늘은 49재 이후, 평소 함께 다녔던 길을 갔다 왔다. 일주일에 두어 번씩, '드라이브[The Live]'겸 '산책'을 다녔던 코스다. 내 발음에 사투리가 꽤 있고, 정확하게 소리 내지 못하는 것을 틈타, 아내는 수시로 놀리며 웃었다. 그때 농담으로 함께 만들었던 신조어가 '드라이브(drive)-더 라이브(The Live)'다! 운전은 삶에 활기를 불어 넣는, 인생의 활력소다. 그것이 '드라이브', '더 라이브'다. 차안에서 수시로 깔깔대며 웃었다. 남양주 진접읍 사무소 앞의 집에서 포천의 산정호수까지, 왕복으로 서너 시간 되는 거리다.

광릉 국립수목원 숲길을 지나, 산정호수로 달리는 도로 너머로 산이 늘어서 있다. 첩첩산중(疊疊山中)! 산에는 새싹이 돋아 물이 오르는 만큼, 생기발랄하다. 온통 연두색으로 물들었다. 그 사이사이로 하얀 벚꽃과 다양한 꽃들이 만개했다. 아래쪽에는 개나리가 노랗게 물들었고, 진달래도 분홍빛을 수놓고 있다. 작년 이맘때는 엄마가 여행을 떠나고, 코로나가 횡행하는 바람에 봄 산을 제대로 보지 못한 듯하다. 그 두어 달 뒤 초여름 무렵, 산정호수 아래 30여 년 단골집 '강원식당'에서 비빔밥 한 그릇과 감자전을 나눠 먹으며, 아내와 가족여행 계획을 짜던 때가 참 그립다. 지금까지도 해외 몇몇 나라를 좀 다녔지만, 이제는 다 자란 두 딸과 국내외 여기저기를 보다 세밀하게 관광하자고 했는데.

신정호수로 가는 길에 늘 들르던, 별난 국숫집, 보리밥 쌈밥집, 옹기만두집, 순두부 청국장집, 국밥집, 그리고 테이크 아웃하던 커피집들이 추억을 되살려 낸다. 스키장으로 유명한 베어스타운을 지나, 매주 목욕을 하러 다니던 용암천 온천탕도 보였다. 한두 군데 들렀으나, 코로나 여파로 영업을 중단한 곳도 있고, 손님을 받지 않고 테이크 아웃만 하는 가게도 있었다. 아쉬웠지만, 코로나가 안정되면, 다시 오픈하겠지. 그때 추억을 다시 떠올리자.

산정호수로 가는 도중에 내촌으로 향하는 길은, 병원에 입원하기 직전인 2020년 10월 무렵 드라이브 때는 공사 중이었다. 몇 달 사이에 6차선 도로가 시원하게 뚫렸다. 저 길이 다 되면 더욱 신나게 같이 달리자고 했는데, 오늘은 당신을 가슴에 안고 가면서 눈물이 쏟아졌다.

함께 걸었던 산정호수 산책길이 한적하다. 산책길 입구에 있는 잡화점 가게에 들렀다. 할머니가 혼자 운영한다. 허리가 좀 꼬부라졌는지, 이전과 달리 반은 앉아서 나를 맞이한다. 수시로 모자도 사고 생활용품도 구입하던 곳이다. 오늘은 지팡이 하나를 샀다. 산책길을 따라, 호수 둑을 거쳐, 김일성 별장이 있었다는 쉼터를 지나, 둘레길까지 조금 걸었다. 내려오는 길에 자주 사진을 찍던 폭포 앞에 섰다. 물이 꽤 많이 쏟아진다. 호수에서 나오다가, 가끔씩 가서 차를 마시던, '평강식물원'에 들렀다. 예전에 그곳에서, 지금 내 서재에 있는 촛불 램프를 산 적이 있었는데, 오늘도 기념으로 하나 살까 하고 들렀다가 그냥 왔다. 사람이 너무 많이 몰려, 조금 불안해서다.

산정호수에서 이동 쪽으로 넘어오다가, 평소 자주 가서 쉬던, 고개 정상의 '행복 휴게소'에 들렀다. 야외 카페에서 커피를 한 잔 했다. 한적한 카페에 흔들 그네도 있고, 무엇보다 공기가 신선하다. 주인이 초콜릿 하나를 무료로 내 주었다. 고모리 저수지 앞쪽을 지나, 흑돼지 집, 막국수 집, 중국반점, 카페, 수목원, 봉영사 등등, 아내와 자주 다니던 곳을 지나왔다.

내무군주가 1980년대 후반, 대만과 홍콩 유학 시절에 즐겨들었다는 가수 조덕배의 노래를 감상하며 귀가했다. 오랜만에, 예전처럼 아내와 함께한 하루였다.

15. 『칼릴라와 딤나』⑦ • 결백의 용감성, 진실의 달변성

2021. 4. 12. 월. 8:52

「딤나의 죄를 수사하는 장」에 '바람난 아낙과 화가 이야기'가 있다. 아주 진지한 자세로 삶의 대처 방식을 들려준다. 유학이나 불교, 기독교에서 강조하는 덕목과 유사한 내용도 많다. 이런 지혜는 인류의, 인생의 보편적 교육 내용으로 삼기에도 충분하다.

1) 한쪽 눈으로만 보지 말라. 한쪽 귀로만 듣지 말라. 사람이나 사안을 판단하는 데, 오류가 생길 수 있다!

2) 악하고 어리석은 무리들은 언제 말을 해야 하고, 언제 침묵을 지켜야 하는지 모른다. 모두들 거짓을 일삼는다. 만사가 왜곡되고 세상이 거꾸로 돌아간다.

3) 주제넘게 남의 일에 나서는 사람들치고 일을 제대로 성취하는 사람은 없다. 그런 인간은 자신의 행동이 얼마나 우스꽝스러운 조롱거리가 되는지조차 모르며 살아간다.

4) 악한(惡漢)은 사리분별을 전혀 하지 못하여 악의 굴레에서 헤어나지 못하는 자다. 협잡(挾雜)꾼은 사실을 날조하고 거짓 소문을 유포하는 자다. 세상에서 가장 교육받지 못한, 어리석고, 어두운, 깜깜한 존재다.

5) 옛말에도 '결백한 사람이 가장 용감하고, 진실한 사람이 가장 달변이다!'라고 했다. 눈으로 확인하지 않은 일을 떳떳한 척 증언하지 말라! 알지 못하는 일을 함부로 입에 담지 말라! 그런 인간은 유식한 체하는 일자무식의 돌팔이 의사나 약사와도 같다. 나쁜 녀석이다.

16. 『칼릴라와 딤나』⑧ • 책임과 대가

2021. 4. 13. 화. 9:08

「딤나의 죄를 수사하는 장」 '사람 잡은 엉터리 약사' 이야기 이후에 나오는 주의할 만한 언표들 몇 가지를 간추려 본다. 이 또한 지혜의 말씀들이다.

1) 확실하지 않은 일을 함부로 발설하지 말라. 남의 일에 섣불리 끼어들지 말라. 그러다가 예상 밖의 엄청난 화를 입게 된다.

2) 신중하고 진지하게 고민하고 말하라. 말에는 반드시 책임과 대가가 따른다.

3) 훌륭한 재판관(裁判官)은 사적(私的)으로나 공적(公的)으로나 절대 편견(偏見)이나 의심(疑心)을 갖지 않는다. 편견이나 의심은 사실 규명에 전혀 도움이 되지 않는다.

4) 자신은 가장 소중하고 성스러운 존재다.

5) 자백을 강요하지 말라. 그렇다고 회유하지도 말라. 그것은 상황에 적절치 않은 충고다. 가장 추악한 위협이다. 협박과 회유는 사회 지도급 인사나 지성인들의 덕목이 아니다.

6) 죽은 자의 결백을 숨기는 인간은 최후 심판의 날에 벌을 받는다.

7) 자신의 영달을 꾀하기 위해 교활한 계략으로 타인을 모함하는 자는 반드시 그 죗값을 치른다.

책임, 대가, 재판, 자백, 결백, 영달 등등 여러 가지 용어나 개념에서, 인위적인 삶의 차원이 강력하게 묻어난다. 교육은 이런 사안을 효과적으로 대처하기 위한 말의 총합이자 일의 예비다. 체계를 갖추고 제도를 수립하려는 아이디어만큼이나 그 이행의 과정이 험난하다. 그것이 진실로 가능한지, 구현의 단계에서 어느 정도의 한계가 있는지, 예측하기도 쉽지 않다. 오리무중(五里霧中)인 경우가 많다. 그래서 마구 만들어지기는 하지만, 그 이상으로 버려지는 법률도 허다하다. 시행되던 교육이 미아(迷兒) 신세로 전락하는 경우도 발생한다.

교육이 '삶의 원(原) 현상'으로 녹아 있다면, 교육은 삶에서 가장 소중하고 성스러운 존재다. 지금 우리교육은 어디에 자리 잡고 있는 걸까?

17. 『칼릴라와 딤나』⑨ • 총명은 운명을 이기지 못한다!

2021. 4. 14. 수. 9:32

「멧비둘기의 장」을 보니, 진실한 벗과 참된 우정에 관한 이야기가 보인다. 여러 동물의 관계와 행위에 빗대어 글을 전개한다. 느낌이 남다르다. 오랜 벗이라 생각했던 존재가 배신하고, 대인 기피증이 생길 정도로 사람을 경계하는 정신적 공황이 올 때, 생각이 깊어진다. 벗과 우정의 진실성은 총명함을 통해 확인된다. 그러나 총명(聰明)은 운명(運命)을 이기지 못한다! 운명을 개척하라! 그것만이 삶의 창조다. 몇 구절을 발췌하며 재해석해 본다.

1) 지혜로운 사람은 친구의 소중함을 안다. 친구란, 즐거울 때는 기쁨을 함께 나눌 수 있고, 어려울 때는 든든한 위안이 된다.

2) 친구를 사귈 때, 현명한 사람이라면, 가능성이 없는 일은 애초에 시작하지 않는다.

3) 가장 날카로운 적대관계(敵對關係)는 천적(天敵) 사이다. 천적관계에는 두 부류가 있다. 하나는 둘 사이에 힘이 동등한 경우다. 예를 들면, 코끼리와 사자가 그런 관계다. 코끼리가 사자를 죽일 수도 있고, 사자가 코끼리를 죽일 수도 있다. 다른 하나는 어느 한쪽의 힘이 다른 한쪽보다 센 경우다. 쥐와 고양이가 그런 사례에 해당한다. 고양이가 일방적으로 쥐를 잡아먹을 수 있다.

4) 선량한 사람들 사이의 우정은 싹트기는 쉽다. 하지만 갈라지긴 어려울 수 있다. 악독한 사람들 사이의 우정은 싹트기는 어렵다. 그러

나 깨지기는 쉬운 법이다. 너그러운 사람은 너그러운 사람과 어울리고, 비열한 사람은 비열한 사람과 어울리게 마련이다.

5) 세상 사람들의 삶은 두 가지 측면으로 나눌 수 있다. 정신적 측면과 물질적 측면이다. 정신적 측면을 추구하는 사람들은 순수하고 정직한 사람인 경우가 많다. 물질적 측면을 추구하는 사람들은 이기적 욕심을 채우느라 여념이 없는 사람들인 경우가 많다. 그들은 현실적 이익을 얻기 위해 친구를 사귄다. 사냥꾼이 새에게 곡식알을 던져주지만 그 곡식알은 먹이가 아니라 미끼인 것과도 같다.

6) 정신세계는 물질세계보다 아름답고 영원할까?

7) 돈이 없으면 왜 그토록 비참해지는가? 가난이 체면을 포기하도록 만들기 때문이다. 체면을 포기하면 기쁨이 사라진다. 기쁨이 사라지면 자신을 혐오하게 된다. 자신을 혐오하면 슬픔이 많아진다. 슬픔이 많아지면 지혜가 부족해진다. 지혜가 부족해지면 판단력이 흐려진다. 판단력이 흐려지면 매사에 좌충우돌하다가 마침내 화를 자초한다. 이러한 삶이 지속된다면, 참 비참한 신세 아니겠는가?

8) 가난은 가장 모진 시련이다. 가난한 사람에게는 갖은 멸시와 모욕이 빗발치는 것이 현실이다.

9) 가난해지면 세상이 변하게 마련이다. 과거에는 믿고 따르던 자들이 하루아침에 등을 돌리고 모함과 질시를 퍼붓는다. 가난해지면 서럽다. 죄를 짓지 않았는데도 공연히 죄인 취급을 받는 경우가 있다. 같은 일을 해도 부자에게는 칭송이 가지만, 가난한 사람에게는 비난이 따른다. 가난한 사람이 용맹스러우면 객기(客氣)를 부린다고 비웃는다. 관대한 행동을 하면 분수가 없다고 흉본다. 온순하게 살면 나약하다고 얕본다. 기품 있게 행동하면 한심하다고 수군거린다. 과묵하게

지내면 우둔하다고 무시한다. 달변으로 입을 열면 수다쟁이라고 손가락질한다.

10) 최상의 지혜는 신중함이다. 최고의 경전은 악을 멀리함이다. 최상의 덕망은 선한 인품이다. 최고의 부자는 만족할 줄 아는 사람이다.

11) 사람은 재물에 대한 욕심을 자제해야 한다. 자비로운 마음으로 자선을 베풀고 분별 있게 살아야 한다.

12) 거짓말쟁이보다는 차라리 벙어리가 낫다. 남의 도움으로 풍족하게 지내느니 차라리 가난하게 사는 편이 낫다.

13) 현명한 사람이라면, 욕심을 버리고 자족(自足)하며 살아야 한다. 그럭저럭 연명할 정도의 재물만 있으면 되지 않겠는가! 건강한 육신과 고요한 마음을 유지할 정도로 최소한의 식량이면 족하다. 한 사람에게 세상의 온갖 부귀영화가 주어진다 하더라도, 정작 그가 누릴 수 있는 것은 극히 한정된 부분이다. 기본적 욕구를 해결하는 데 꼭 필요한 물질이면 충분하다.

14) 훌륭한 말은 훌륭한 실천을 통해 완성된다. 이것이 이치다. 절대 기억하라. '아무리 총명할지라도, 운명을 이기지는 못한다!'

18. 『칼릴라와 딤나』⑩ • 적과의 전쟁

2021. 4. 15. 목. 6:50

「올빼미와 까마귀의 장」 앞부분에 적(敵)에 관한 이야기가 자세하게 기록되어 있다. 세상에는 벗도 있지만 적도 많다. 부정적으로 표현하면, 세상은 벗을 제외하고, 사는 것 자체가 적과의 동침처럼 느껴지기도 한다. 애원하며 아첨하는 적을 조심하라. 속아서 멸망하는 경우가 허다하다. 특히, '사나운 적은 피하는 길이 묘수다!' 적과 싸워 이기려면, 그들과 '적당한 거리'를 유지해야 한다. 적과 너무 가까이 지내다보면, 얕보여서 짓밟히기 쉽다.

지혜로운 사람은 결코 적을 과소평가하지 않는다. 적을 과소평가하면 적에게 속기 마련이다. 적에게 속으면 목숨을 보전하기 어렵다. 현명한 사람은 항상 적을 경계한다. 적이 멀리 있을 때는 그 막강한 군사력을 경계한다. 적이 가까이 있을 때는 직접적 도발을 대비한다. 적이 한 명일 때는 그 계략을 조심한다. 보다 현명하고 사려 깊은 사람은 전쟁을 피한다. 전쟁은 정신과 육체를 심각한 수준에서 소모하는 엄청난 대가를 치르기 때문이다. 가능한 한 가벼운 대가를 치르고 목적을 달성할 방도를 모색한다. 그런 방도에는 재물이나 유연한 언변, 민첩한 행동 등 여러 가지가 있다. 그 가운데 유연한 언변이 최적이다.

적과의 전쟁은 가능한 피하라. 자기보다 힘센 적과의 전쟁에는 더욱 신중하라. 위험천만한 일이다. 적대관계를 어떤 양식으로 고민해야 하는가?

세상 일 가운데는 공개적으로 진행할 사안이 있고, 비밀리에 진행할 사안이 있다. 비밀리에 진행할 사안은 그 중요성에 따라 차등을 두고 다루어야 한다. 비밀 가운데는 사회공동체 내에서 지켜져야 하는 사안이 있다. 가족 내에서 지켜야 할 비밀도 있다. 두 사람 사이에서 지켜져야 할 비밀도 있다.

비밀의 엄중함 가운데, 단 두 사람 사이에 지켜야 하는 비밀에 집중하라. 너와 나만이 알아야 하는 비밀, 그것은 네 개의 귀와 두 개의 혀만이 동참할 수 있는 비밀이다. 둘 사이의 비밀을 탐색하면, 적대관계의 시작이 '경솔한 망언'에서 발단되었음을 발견할 수 있다.

적대관계에서 확산되는 적과의 전쟁은 일상의 경솔한 망언이 그 실마리다. 그것은 교육적 언어를 통해 해답을 모색할 수밖에 없다.

19. 천국 여행 1주기

2021. 4. 15. 목. 7:13

작년 4월 15일 엄마가 천국 여행(天國 旅行)을 시작했다. 오늘이 꼭 1주기다. 전통 제례 방식은 음력(陰曆)을 고집하지만, 나는 양력(陽曆)을 따른다. 그때는 코비드-19가 시작된 지 두어 달 째로, 바이러스가 막 창궐하던 시기였다. 그 틈바구니에서 엄마를 제대로 모시지도 못했다. 목사님의 간소한 예배와 기도가 천국으로 인도했다. 유품으로 간직하고 있는 바이블을 펼쳐 보았다. 30여 년 전에 내가 사 드린, 일본어로 된 성경이다. 일생을 '엄마'라고 불렀는데, 적어 놓은 글을 보니 '어머니'라고 되어 있다. 엄마는 일제 식민 시대에 소학교를 다녔기 때문에 일본어에 익숙하다. 그래서 엄마 생일 기념으로 일본어로 된 성경을 선물했다.

'어머니, 건강하시고 오래오래 사세요. 열심히 공부하겠습니다. 91. 1. 막내'

그 오른편 끝에는 엄마가 손수 써놓은 성과 이름 세 글자가 뚜렷하다. 맨 뒷부분에는 엄마의 성경 공부와 그 간결한 정돈의 흔적이 빼곡하다.

이 세상에서 50여 년을 함께 살았으나, 1주기를 맞고 보니, 다시 불효자(不孝子)였을 뿐이다.

오늘은 고향 선영에 머물고 계신 엄마를 뵙고 와야 겠다. 가는 길에 아내에게 들러 함께 갈 것이다. 평생 시어머니를 잘 모셨고, 천국 여행까지도 잘 마련해주고 떠난 아내다. 내 인생에서 가장 소중한, 내 삶의 안식처가 되어준 거룩한 두 영혼이다. 이 생애의 최고 인연이었기에 더욱 고맙습니다. 감사할 뿐입니다.

20. 매개하는 과정

2021. 4. 16. 금. 2:00

엄마 산소에 다녀왔다. 형님, 누나와 만나 간략하게 이런저런 얘기를 하며, 추억을 떠올렸다. 벌써 70이 다 되어가는 누나가, 60이 다 되어 가는 막내 동생에게 용돈을 챙겨 주었다. 50만원이나 되는 거금이다. 내가 돈이 필요하거나 없어서 준 것은 결코 아니다. 어릴 때, 나를 업어서 길렀기에 엄마와 같은 심정이었나 보다. 안 받으려고 했으나, 용돈을 건네면서 한마디 던진다.

'애들하고 고기 사 먹어라!'

내일 은행에 가서 통장을 하나 개설하고, 애들 용으로 묶어두고, 의미 있게 쓰도록 하리라. 엄마가 천국 여행하고 계신 1주기 날, 누나가 대신해준 사랑에 기분이 좋다. 귀가하니 새벽 1시다. 작은딸이 자지 않고 나를 기다리고 있다. 일주일 동안 기숙사 생활에 학업에 지쳤을 텐데, 감사할 따름이다.

간단하게 씻고, 와인 한 잔을 놓고, 잠시 생각에 잠겼다. 고향 선영까지 왕복 8시간 정도 운전을 해서인지, 육체적으로는 좀 피곤하다. 아무 생각도 나지 않는다. 그런데도 마음이 편하다. 그저 엄마가 그립고, 아내의 잔소리와 숨결이 비어 있어 허전할 뿐이다. 엄마와 아내가 평소 그랬듯이, '가족이 있어 행복하다!' 그런 탓인지 가족이 소중하다는 생각이 더욱 겹친다. 오늘도 카톡으로 마음을 나눈 두 딸이 더욱 사랑스럽다. 나의 버팀목이다. 할머니와 어린 시절을 함께한 큰딸은 독일에서 할머니 1주기 밥상을 차려 카톡으로 보냈다. 대견하다. 나름대로 추억이 있으리라.

서재 한쪽에 꽂혀 있는, 마이클 가자니가의 『뇌, 인간의 지도』를 펴 보았다. 이전에 읽었던 자리에 밑줄 친 부분이 눈에 띈다.

'어떤 행위를 설명할 때, 자극과 반응을 매개하는 과정을 무시해서는 안 된다. 의미, 구조, 전략적 사고, 추론은 아무리 단순한 지각 작용이라도 너무나 중요한 부분을 차지한다.'

그렇다. 눈에 보이는 자극과 반응을 넘어, 그것을 드러나게 만드는 과정을 충분히 고려하라. 그 과정의 엄숙함이 교육의 핵심작용일 수 있다. 피곤한데 잠이 오질 않는다. 영화나 한 편 보고 자야겠다.

21. 『칼릴라와 딤나』⑪ • 현혹되지 않는 슬기

2021. 4. 16. 금. 8:46

「올빼미와 까마귀의 장」 후반부에도 인생의 지혜와 의미가 상당히 다채롭게 등장한다. 그 가운데 몇 가지를 정돈하며 재해석해 본다.

1) 참된 것을 구하라. 참된 것을 구하는 사람은 어떤 판결에서 패소하더라도 승리자가 된다. 반면, 그릇된 것을 구하는 자는 어떤 판결에서 승리하더라도 패배자가 되고 만다.

2) 나무는 도끼에 찍혀도 다시 싹이 트고 자라난다. 조금 늦을 뿐이다. 살갗은 칼에 베여도 다시 새살이 돋아나고 아물게 마련이다. 흉터의 영광으로 남을 뿐이다. 그러나 혀를 함부로 놀리지 마라. 진짜 조심하라. 혀는 한 번 상처를 입으면 아물지 않는다. 치료할 수도 없다.

3) 몸에 박힌 화살은 뽑아낼 수 있다. 그러나 마음에 박힌 날카로운 말은 뽑아낼 수 없다. 비수(匕首)처럼 가슴에 꽂힌 언행의 뒷자리! 이 세상의 어떤 불운도 진정되기 마련이다. 코비드-19도 마찬가지다. 치솟는 불길은 물로 잡을 수 있다. 독을 삼켰다면 해독제를 쓰면 된다. 슬플 때는 강한 의지로 다스리면 된다. 하지만, 증오의 불길은 걷잡을 수 없다. 미움의 씨앗을 걷어내라!

4) 거만한 사람은 칭찬 받을 수 없다. 간사한 사람은 진실한 벗과 어울릴 수 없다. 부도덕한 사람은 존경받을 수 없다. 인색한 사람은 자선(慈善)을 베풀 수 없다. 탐욕스런 사람은 청렴결백(淸廉潔白)할 수 없다. 간사한 무리들에게 둘러싸인 어리석고 태만한 지도자는 덕치(德治)

를 베풀 수 없다.

5) 적군을 섬멸하기 위해서는 유연하고 조용한 방법이 격렬하고 요란한 방법보다 훨씬 효과적이다. 나무를 보라. 나무에 불이 붙었을 때, 그 불길이 아무리 거세다 할지라도 땅 위로 드러난 몸체나 줄기만을 태울 수 있다. 그러나 땅 아래로 물이 스며들면 뿌리를 속속들이 흔들어 놓으면서 나무를 통째로 쓰러뜨린다. 차갑고 부드러운 물이 뜨겁고 거센 불보다 강하다.

6) 나약해 보이는 존재에 대해 깊이 생각하라. 겉모습만 보고, 함부로 대수롭지 않게 여기지 말라. 아무리 미미하다 할지라도 절대 간과하지 말아야 할 사안이 네 가지 있다. 첫째는 불[火]이고, 둘째는 병(病)이며, 셋째는 적(敵)이고, 넷째는 빚[負債]이다. '불－병－적－빚!' 이 한 글자에 녹아 있는 상징은 일상을 엮어내는 삶의 질료들이다. 무엇보다 성찰하며 조심해야 한다.

7) 지도급 인사는 예리한 판단력을 갖추어야 한다. 강경하게 대처할 일과 유연하게 대처할 일을 분별하라. 분노해야 할 일과 인내해야 할 일을 분별하라. 신속히 처리할 일과 여유를 가지고 처리할 일을 분별하라. 일의 진행 과정과 결과를 정확하게 예측하라.

8) 탐욕스러운 사람을 신중하게 살펴보라. 욕망을 모두 채우기 전에는 음식 맛도 모른다. 잠도 제대로 이룰 수 없다. 욕망이라는 전차를 멈출 수 없기 때문이다.

9) 현인은 예리하고 명철하고 훌륭한 식견과 분석력, 이른바 '통찰력(洞察力)'을 갖춘 인재다. 정의로운 판단력과 소신 있는 추진력을 삶의 자세로 삼는다. 자기 뜻이 묵살당하더라도 거칠고 무례한 말투로 대응하지 않는다. 상대방의 오류를 지적할 때도 부드럽고 정중한 표

현을 쓴다. 직접 지적하기보다는 비유와 예화를 통해 설명하며 상대방이 스스로 잘못을 깨우치게 유도한다.

10) 권력은 백수련(白水蓮)의 잎 위에 잠깐 머물다 사라지는 그림자처럼 짧은 것이다. 스쳐가는 바람처럼 덧없다. 인생에서 각종 권력만을 추구한다면, 그 삶은 짧고 의미 없는 과정이 될 수 있다. 그 과정에서는 선한 인간과 악한 인간의 조우(遭遇)를 피할 수 없다. 선악이 엇갈리는 만큼 생애 자체가 불안정하다. 빗방울처럼 쉽게 사라지는, 허무한 존재로 전락하기 쉽다.

22. 『칼릴라와 딤나』⑫ • 필요와 간직

2021. 4. 17. 토. 9:46

「원숭이와 숫거북의 장」에는 필요한 것을 얻기는 했으나 제대로 간직하지 못해 낭패를 겪는 사람에 관한 이야기가 등장한다. 획득하는 일도 중요하지만, 그것을 간직하며 잘 쓰는 일은 더 중요하다.

유학(儒學)에서는 '존천리알인욕(存天理遏人慾)' 또는 '존천리거인욕(存天理去人慾)'을 강조한다. 직역하면, '천리를 보존하고 인욕을 없앤다!'라는 말이다. '천리'는 자연의 이치나 질서이고, '인욕'은 사람의 욕망이다. 의역하면, '인간이 타고난 자신의 본성을 잘 보존하여 가꾸어 나가면서도 세상살이 가운데 발생하는 다양한 욕망을 절제하고 조절해 나가야 한다!'라는, 이상을 담은 표현이다. 이 학문적 화두가 참 어렵다. 특히, 인간의 욕망이 문제다. 욕망의 세계는 끊임없이, 또 다른 욕망으로 미끄러져 들어간다. 그리고는 새 욕망을 요청한다. 그것이 욕망의 성질이다. 이 브레이크 없는 욕심, 욕망을 조절하는 작업이 삶의 관건이다.

인생에서 어떤 것이건, 얻는 일보다 간직하는 일이 더욱 어렵다. 얻기는 했으나 잘 간수하지 못하면 어떻게 될까? 인생 자체가 물거품이 될 수도 있다.

어떤 친구에게 의심이 가면, 정신을 바짝 차리고 경계하라. 그 의심이 사실(事實)로 판명나면 위기를 모면할 수 있어 다행이다. 반대로 그 의심이 기우(杞憂)로 판명나면 관찰력을 강화한 셈이 되어 득이 된다. 그런 만큼 의심해서 손해 보는 일은 없다! 그렇다고 무조건 의심으로만 일관해서는 곤란하다. 조심하며 절제하는 의심을 통해, 사실을 구명하고 진실을 추구하라.

특히, 의심하는 가운데도 신중히 하라. 돈을 써야 할 네 가지 경우가 있다. 첫째는 자선을 베풀 때고, 둘째는 위급 상황이 닥쳤을 때며, 셋째는 자식을 양육할 때고, 넷째는 아내를 위할 때다. 베풀지도 않고, 위급 상황에도 구두쇠처럼 움츠리고, 자식을 방치하고, 아내를 위하지 않는 존재들, 볼 것 없다! 자선을 베풀 때를 비롯하여 여러 상황에서 제대로 돈을 써 가면서도 자족할 줄 아는 사람은 평온하고 안락하게 산다. 그러나 탐욕을 절제하지 못하는 인간은 고통과 곤경 속에서 헤어나지 못한다.

교육이 지시하는 필요와 간직은 삶의 전 영역이어야 한다. 과학적 지식을 통해 제공받는 권력(權力)과 금력(金力)에 고착되어서는 곤란하다. 대부분의 사람들이 추구하는 '부귀영화(富貴榮華)'는 금력과 권력의 상징적 언어다. 교육이 학문 권력이나 문화 권력을 마구 양산하는 왜곡된 출세의 장이 되면, 자기모순을 불러일으키고, 모순의 크기만큼 슬픈 현실을 만든다. 그래서 교육은 혼란을 거듭하며, 인간의 욕구에 충실하려는 태도를 취하는 경우가 많다. 동서고금을 막론하고 답답한 상황을 연출한다. 이 모두를 초월하는 교육의 양식은 없을까?

23. 『칼릴라와 딤나』⑬ • 두 유형의 친구와 운명

2021. 4. 17. 토. 10:28

이제 『칼릴라와 딤나』의 후반부로 접어든다. 「큰 쥐와 고양이의 장」에는 적과의 화해를 다룬 이야기가 보이고, 「왕과 애완조 판자의 장」에는 사람들이 어떻게 경계하며 살아야 하는지에 대한 조언이 간절하다. 인간의 운명(運命)과 숙명(宿命)을 고민하면서 말이다.

친구라고는 하지만, 친구도 친구 나름이다. 조금 세밀하게 분석해 보면, 친구에는 두 가지 유형이 있다. 하나는 '순수하게 맺어진' 친구다. 다른 하나는 '목적에 의해 맺어진' 친구다. 어떻게 맺어졌건 간에, '같은 마음으로 위기에 대처하고 서로 협조한다.'라는 측면에서는 공통점을 지닌다. 그러나 아주 다른 점이 있다. '순수하게 맺어진' 친구는 어떤 상황에서건 '믿을 수' 있다. 반면, '목적에 의해 맺어진' 친구는 때로는 믿을 수 있지만, 때로는 '경계해야 할' 요주의 인물이다.

지혜로운 사람은, '경계(警戒)'를 통해 위험한 사태가 발생하기 전에 미리 대비한다. 그리고 때를 기다린다. 모든 일에는 때가 있다. 때가 이르지 않았을 때 행하면, 좋은 결과를 얻을 수 없다.

큰일이건 작은 일이건, 인간에게 일어나는 모든 일은 예정된 운명이자 숙명이다. 어떤 사람을 해치거나 도와주는 일 또한 운명에 속한다. 엄마의 태중(胎中)에 잉태되어 세상에 태어나 자라고, 늙고, 병들고, 죽음에 이르는 과정이 인간의 의지와 관계없이 진행되듯이 말이다. 불교식 이해는 아니지만, 운명은 '생로병사(生老病死)'의 자연스런 과정일 뿐이다. 운명이 포기 당하듯이 주저앉으면, 숙명으로 정착된다.

세상 모든 일이 운명이다! 이 드넓은 삶에서, 서로 원한을 품을 일이 있겠는가? 운명의 힘은 거역할 수도 탓할 수도 없다! 운명의 위력이 아무리 대단하더라도 지혜로운 사람의 판단력(判斷力)까지 빼앗지는 못한다. 지혜로운 사람은 어떤 상황에서건 날카로운 예지(叡智)로 위험 요소들을 경계하며 자신을 지킬 줄 안다. 지혜로운 사람은 운명과 자신의 의지(意志)를 잘 조화시키면서 운명을 개척할 줄 안다!

그래서 다시 교육이다. 생로병사의 숙명과 인간 세상의 운명에 순응하면서, 판단력과 예지와 의지를 조화시키는, 삶의 능력을 확보하는 작업!

이쯤에서 아랍 최고의 고전으로 평가 받는『칼릴라와 딤나』독해는 마감한다. 참 의미 있는, 교육적 요소가 풍부한 고전이다. 우화(寓話)의 위력을 다시 확인시켜 준 교육고전이다. 이런 고전을 물려준 원작자 바이다바(Baydaba) 선생에게 감사한다.

24. 『세설신어』 • 스스로 새롭게 하라

2021. 4. 18. 일. 9:45

『세설신어(世說新語)』「자신(自新)」편에는 '스스로를 새롭게 만드는' 사례가 기록되어 있다. 인간의 변신(變身)에 관한 얘기다. 특히, 자신을 새롭게 만드는 작업! 달리 말하면, '자기창조(自己創造)'는 인생의 질적 도약이다. 가장 쉬우면서도 어려운, 인생의 대사업이다.

『대학(大學)』에서도 '일신우일신(日新又日新)'의 '자신(自新)'을 매우 강조했다. 『사기』에서도 진시황 2세에게 '자신(自新)'의 태도가 부족했음을 지적하며 힐책한다. "세상 사람들이 모두, 자신을 새롭게 고치고, 다시 갈고 닦아 조절하며, 각자 자기 몸을 삼가게 하라. 그리하여 사람들의 바람을 충족시키고, 위엄과 덕으로 세상 사람과 더불어 하라. 그렇게 했다면, 세상 사람들이 모여들고 평안해졌으리라!"

『세설신어』「자신」편에 나오는 이야기의 요지는 다음과 같다.

옛날 중국 진(晉)나라에 '주처(周處)'라는 인간이 있었다. 성질이 난폭하기 그지없었다. 경솔 망동한 행동이 악독하기가 말이 아니었다. 주처는 의흥(義興)이라는 마을에 살았는데. 그 마을 주민들의 미움을 받는 것은 물론이고, 정말 골칫거리였다. 뿐만 아니라, 주변의 강에는 악어 같은 동물이 득실거리고, 산 속에는 호랑이가 어슬렁거리고 있어, 사람들에게 수시로 위해(危害)를 가하고 있었다. 의흥 사람들은, 악어와 호랑이, 그리고 주처라는 인간, 이 셋을 '삼횡(三橫: 세 가지 횡포한 것)'이라 불렀다. 삼횡 가운데도 주처의 폐해가 가장 심했다.

이런 삶이 지속되면서 마을 사람들의 삶이 힘들어지자, 어떤 사람이 전략을 세웠다. 그리고는 과감하게 주처에게 부탁했다. '악어와 호랑이를 죽여 달라!' 이 부탁은 사실, 삼횡 가운데 둘은 죽고, 하나만 남도록 하려는 속셈이었다. 어떤 이유에서인지, 주처는 그 부탁을 들어주었다. 먼저, 산으로 들어가 호랑이를 잡아 죽였다. 곧 이어 강으로 뛰어들어 악어와 사투를 벌였다. 강물에서 수십 리를 떠내려가면서, 악어와 사흘 밤낮을 싸웠다. 마을 사람들은 주처가 죽은 것으로 생각했다. 주처가 죽은 것을 미리 기념하며 축하 잔치를 벌였다. 그런데 웬일인가? 주처는 마침내 악어를 죽이고 강물 속에서 걸어 나왔다.

싸움에 지쳐 기진맥진한 주처는 마을 사람들이 자신이 죽은 걸 기뻐하며 잔치를 벌였다는 이야기를 들었다. 잠시 멍하게 하늘을 바라보았다. 이게 뭐지? 주처는 자신이 마을 사람들에게 미움을 사고 있다는 사실을 비로소 깨달았다. 내가 잘못 산 것인가? 폭력배 같은 생활을 청산해야 하는구나! 그리고는 즉시 행동을 고쳐야겠다고 마음먹었다.

이후, 주처는 당시 훌륭한 사람으로 소문난 오(吳)나라의 육씨 형제를 찾아갔다. 형인 평원(平原: 陸機)은 부재중이었고, 동생인 청하(淸河: 陸雲)를 만났다. 그에게 자신의 인생 이야기를 자세하게 털어 놓으며, 말했다. '저는 제 자신의 행동을 고치기를 원합니다. 하지만 이미 나이도 많고, 끝내는 안 될 것으로 생각합니다.' 청하가 말했다. '옛날 사람도 '아침에 도를 들으면 저녁에 죽어도 좋다!'라고 했습니다. 하물며 당신은 앞길이 양양합니다. 사람은 뜻이 서지 못하는 것을 걱정할 뿐입니다. 어찌 명성이 세상에 떨치지 않는 것을 한탄할 필요가 있겠습니까?' 이 몇 마디 충고에, 주처는 마음을 움직였다. 그리고 행동을 고치는 데 온힘을 쏟았다. 마침내 인생 후반부에 충신(忠臣) 효자(孝子)로 거듭났다.

깨달음과 입지! 그 삶의 경험이 자신을 새롭게 탄생시키는 교육을 이끌어낸다. 자기창조의 교육이다. 『사기』「진시황본기」의 언표처럼, '개득자신(皆得自新), 갱절수행(更節修行), 각신기신(各慎其身)! ― 스스로를 새롭게 만들어라! 다시 갈고 닦아 실천하며 절제하라! 제각기 몸을 돌아보며 신중하게 처신하라!' 이 자기교육만이 자신(自新)을 인도하는 과정이다.

사나흘 내리 영하에 육박하는 4월의 이상기후다. 국내 코비드-19사태도 대유행이다. 세월호 7주기가 어제였다. 이 모든 사안이 주처의 횡포처럼 느껴진다. 개인적으로는 엄마의 1주기가 지나고, 그리움만큼이나 자신(自新: 自身)을 고려할 때다. 50대 후반의 각성(覺醒)과 입지(立志)에서 우러나오는 창조(創造)를 꾀할 시간이다.

25. 『탈무드』 • 순환의 논리와 배움

2021. 4. 19. 월. 8:29

유대인 최고의 유산인 『탈무드』는 설명할 필요가 없을 정도로 우리에게 많이 알려져 있다. 지혜의 보고(寶庫)로 말이다. 그런데 『탈무드』는 제대로 보아야 한다. 여러 가지 이야기를 모아 놓은 책이지만, 그것에만 그치는 책이 아니다. 그냥 재미있는 이야기처럼 마구 읽어대기만 하는 저속한 독서는 『탈무드』를 모욕하는 짓이다. 진정한 의미나 가치를 행위로 도출하기 어렵다. 앞으로 시간이 허락할 때마다 『탈무드』 내면에 농축된 교육 작용을 짚어보려 한다.

첫 번째 펼쳐본 책은, 현직 랍비인 마이클 카츠와 거숀 슈워츠가 지은 『탈무드』다. 그들은 실제 탈무드를 연구하여, 그 지혜와 가치를 현대생활에 적용하려고 노력하는 랍비다. 내용이 쉽지만은 않다. 편집과 분석의 치밀한 만큼이나 의미심장한 교육적 시사점이 자리한다. 때문에 『탈무드』를, 그냥 다양한 이야기가 담긴 지혜의 책으로만 독해하는 수준은 넘어서야 한다. 그것이 유대교의 교육철학을 보다 정확하게 이해하는 하나의 방식이다.

카츠와 슈워츠는 견해를 다시 풀어 본다. 그들은 말한다. 어린 시절, 우리는 유대인들이 가꾸어온 배움의 보물을 거의 알지 못한 채 자랐다. 유대인의 교육은 좋은 점도 있지만, 많은 공백이 존재한다. 청소년이 되었을 때, 우리 각자는 유대교를 진지하게 살펴보도록 격려 받았다. 대학에 입학하며 고등교육을 접하면서, 유대교 원문에 대한 심도 깊은 연구를 시작했다. 랍비 아키바의 제자가 되었다. 그가 가르친 내용뿐만 아니라 그가 배운 방식도 배웠다. 그를 본보기로 하라. 배움을 시작하기에 너무 늦은 때란 절대 없다! 배움의 노력은 해볼 만한 가치가 충분하다! 그것이 성인이 된 이후, 교육의 중요성에 관한 깨달음이다.

이 지점에서 심각하게 유의할 사안이 있다. 우리가 일반적으로 학문에서 접하는 논문이나 저술은 서구 문명의 논리를 따른다. 그 서구 문명은 고대 그리스의 가치, 철학, 사고에 많은 신세를 지고 있다. 논저를 쓸 때, 대부분의 목차나 개요 순서는 'Ⅰ-A-1-a-1)-a)'와 같은 표기로 구성된다. 이 고대 그리스의 논리적 접근법이, 대다수의 교육적 노력에 깃들어져 있다. '논리'적 구성이라는 이름하에, 사고의 전개는 일반적 사안에서 특수한 사안으로, 간단한 내용에서 복잡한 내용으로 나아간다. 시작에서 출발하여 중간을 거쳐 끝에 이른다. '서론-본론-결론'의 형식처럼 말이다. 어떤 특정한 지점에서, 우리가 어디에 있고, 어디에 있었으며, 어디로 향하는지를 안다.

그러나 유대 랍비들의 논리는 그 성격이 완전히 다르다. 같은 수평선 또는 수직면에서 작동하지 않는다. 시작에서 끝으로, 아래에서 위로, 일직선처럼 나아가지 않는다. 둥근 원모양의 순환(循環)으로 이해하는 것이 더 적합하다. 별도의 시작이나 끝이 없이, 영원히 지속된다. 매년 '토라' 읽기를 끝낸 다음, 즉시 처음부터 다시 시작하는, 그들의 공부 분위기를 보라! 우리는 『탈무드』의 어느 구절에서든 학습을 시작할 수 있다. 그 순환의 어떤 지점으로 들어가서, 거기에서 이동할 수 있다.

서구 문명의 논리는 '이전에 배운 것만을 안다'라고 가정한다. 반면, 유대 랍비의 논리는 '이미 랍비들이 논의하는 모든 내용에 훤하다'

라는 가정 아래 움직인다. 따라서 학습자는 논의를 따라가며, 자주 멈출 필요가 있다. 앞부분으로 계속 나아가기 전에, 다른 자료나 개념을 살펴보고 배움으로써, 논의를 따라잡기 위해서다. 이 지점에서 '따라잡기'에 주목하라! 이는 수영장 깊은 곳에 빠짐으로써 수영을 배우는 방식과 유사하다. 처음에는 물에 떠 있기조차 힘겨울 수 있다. 하지만 얼마 후에는 천천히 헤엄치며 수영을 즐길 수 있다. 아주 어려운 상황에서도, 꽤 자유롭고 훌륭하게 길을 찾아가는, 자신의 모습을 발견할 것이다. 하지만, 이런 상황은 '빨리 나아갈 수 없음'을 의미한다. 그러기에 『탈무드』는 진도를 빠르게 나가며 그냥 읽는 이야기가 아니다. 천천히, 체계적이고 철저하게, 차근차근 학습해야 한다.

랍비들은, 특히, '연관의 논리'를 구사한다. 한 가지 생각은 다른 생각을 떠올리게 하고, 그것은 또 다른 생각을 떠올리게 만든다. 이야기가 옆길로 새는 것은 『탈무드』에서 흔한 일이다. 어떠한 화제도 금지되지 않는다. 이 개방된 분위기가 중요하다. 이야기의 연관 구조와 상관적 사실의 용융(熔融)과 복합(複合)을 배워야 한다. 인생의 모든 것은 서로 밀접하게 연관되어 있다. 상호 의존한다. 세상의 어떤 글도 '유의미'하고 '개별적'이다. 그런 만큼, 직접 '가서 배우라(Go and Learn)!'

『탈무드』의 원문은 대충 읽어서는 곤란하다. 더구나 처음부터 대충 읽으면, 혼란에 빠질 수 있다. 『탈무드』의 형식은 극도로 간결하고 압축적이다. 정확히 누가 이야기 하고 있는지 파악하는 것조차 어려울 때가 많다. 진지하게 분석하며 독해했다면, 현대와 연결하는 자기만의 방식을 생각하라.

공부가 진정 의미 있는 행위가 되는 것은, 바로 그 공부가 과거와 현재를 연결시키도록 요구하기 때문이다. 그 연결을 위해, 통합을 위해, 융융·복합을 위해서는, 직접, 찾아가서, 탐구하며 배워야 한다!

26. 영화 '트로이'의 프롤로그와 에필로그

2021. 4. 19. 월. 11:56

오래 전에 본 영화다. '트로이(Troy)!' 어제 밤에 잠이 오지 않아 다시 보았다. '트로이'에는 다음과 같은 프롤로그와 에필로그 내레이션이 있다. 돋보인다. 그때도 그랬는데, 지금 보니 더욱 의미심장하다.

'인간은 영원을 갈망하기에,
스스로에게 이렇게 묻는다.
삶의 흔적은 남는 것인가?
훗날 사람들이 기억해 줄 것인가?
우리가 누구였으며,
얼마나 용감했으며,
또 얼마나 뜨겁게 사랑했는지.
……
세상 사람들이여, 기억해다오!
이 영웅의 시대를.
인간은 허망하게 왔다 가지만,
그 이름은 길이 남는 법.'

트로이 전쟁을 무대로 3시간이 넘는 대드라마가 펼쳐진다. 아킬레스 역을 맡은 '브래드 피트(Brad Pitt)', 그는 나와 동갑(同甲)이다. 헥토르 역을 맡은 '에릭 바나(Eric Bana)', 두 배우의 연기가 인상 깊다. 그들은 원수였다. 하지만 서로를 이해한 친구였다.

27.『애쓰지 않기 위해 노력하기』 • 자발성의 힘

2021. 4. 20. 화. 0:13

에드워드 슬랭거랜드(Edward Slingerland)의 저술『애쓰지 않기 위해 노력하기(Trying Not to Try)』는 참 재미있는 책이다. 중국 고대 철학의 주요 개념인 '무위(無爲)'를 설명하고 분석한 의미 있는 저술이다. 한 페이지에 불과한 <부록>에는 다음과 같이 정돈되어 있다. 삶의 대(大) '전략(戰略)'이다.

유교(儒敎)의 공자(孔子)와 순자(荀子)는 '갈고 닦기' 전략을 구사한다. 정말로 오랫동안 정말로 열심히 노력하라!

도가(道家)의 노자(老子)는 '통나무' 전략을 제안한다. 애쓰기를 즉각 멈추고 집으로 가라!

유교(儒敎)의 맹자(孟子)는 '싹을 재배하기' 전략을 제시한다. 노력하지만 억지로 하지는 마라!

도가(道家)의 장자는 '내버려 두기' 전략을 던진다. 애쓰거나 애쓰지 않는 것을 모두 잊으려고 노력하고 흐름을 따르라!

'갈고 닦기 - 통나무 - 재배하기 - 내버려 두기!' 이 갈마드는 사유의 칼날은 어디를 겨누고 있는가?

유교와 도가는 '무위'를 연마하기 위해 폭넓은 전략을 고려한다. 유교는 '애쓰기'이고 도가는 '애쓰지 않기'다. 그 차이는 '문화적 훈련' 또는 '교육의 추구'냐? '잊기'를 일상으로 삼느냐?이다. 그 어느 것을 택하건, '자발성(自發性: spontaneity)'의 과정이, 삶을 긴장의 지속으로 밀어붙인다. 그뿐이다.

교육은 어느 쪽일까? 한쪽을 선택해야 할까? 모두를 통합해야 할까?

28. 왕유의 시 • 그리움

2021. 4. 21. 수. 11:19

아내가 여행을 떠난 지 꼭 두 달째다. 날짜를 꼽으며 인생을 절제하는 내 모습을 보니, 그리움이 누적되나 보다. 저 '소중한 벗'과 25년여의 희로애락을 나눴지 않은가! 마음 깊은 곳에 최고의 우정을 간직하는 것은 기본 예의다! 여행을 떠나기 직전, 손을 꼭 잡고, '고생한다!'라며 서로를 껴안던, 그 따스함이 아직 그대로다. 당신이 실천했던, '검약(儉約)·검소(儉素)'와 '겸손(謙遜)·겸허(謙虛)'의 교훈과 함께.

왕유(王維, 699~759)의 시 「상사(相思)」, 서로를 깊이 생각하는 「그리움」이 문득 생각난다.

相思(상사)	그리움
紅豆生南國(홍두생남국)	남쪽 나라에서 자라나는 홍두
春來發幾枝(춘래발기지)	봄이 되어 넝쿨이 많이 뻗었겠지
勸君多採擷(권군다채힐)	당신, 그 홍두 많이 채집해 두시게
此物最相思(차물최상사)	이것이 우리 그리움을 사무치게 하는 일

29. '미세먼지(PM)'를 인식하는 자세

2021. 4. 22. 목. 9:27

매일 아침 휴대폰을 켤 때마다, 바탕화면에서 맨 먼저 보이는 장면이 날씨다. 나는 그렇게 절기(節氣)와 기후(氣候)를 고려하며 일상을 가늠해 왔다. 최근에는 '미세먼지 나쁨'이라는 표현이, 휴대폰 바탕화면에 거의 매일 제공된다. 옛날에는 '황사(黃砂)'라고 표현하는 경우가 많았다. 요즘은 '미세먼지'라는 말로 대변된다.

옌스 죈트겐과 크누트 푈츠케가 엮은 『먼지보고서』라는 책을 펼쳐보며, 생각에 잠겼다. 미세먼지! 이것이 인간의 삶을 위협하는 결정적 요소일까? 이것이 나의 일상을 방해하는 요인인가? 스트레스를 받게 만드는 그 어떤 존재라면, 적극적 이해와 대안이 필요하다. 별도의 교육적 처방은 잘 보이지 않는다. 기껏해야 야외활동 자제, 마스크 착용 등이다. 그런데 야외활동을 하지 않을 수 있는가! 집을 비롯한 실내 공간에 있을 때가 더 문제일 수도 있다. 실내 공간에 존재하는 먼지, 그것은 어떻게 대처해야 하는가!

자연과학에 문외한이라, 미세먼지가 어떤 규모인지, 구체적으로 상상하기는 어렵다. 하지만, '미세먼지(PM: Particulate Matter)'는 단위 부피당 질량(μg/㎥), 즉 질량 농도로 기술된다. 보통 2.5~10㎛사이는 '굵은 먼지'이고, 2.5㎛ 미만은 '미세먼지'로 분류한다. 0.1㎛보다 작은 입자는 '초미세먼지'라고 한다.

문제는 인간이 이 미세먼지를 만들어낸다는 점이다. 미세입자들은 매연이나 흡연과 같은 연소나 야금 과정에서 발생한다. 굵은 먼지는 비열역학적인 부분과 상업, 각종 산업의 과정, 재화의 저장과 운송, 지표면에서 일어나는 먼지에서 유래한다. 자연 상태에서 먼지의 근원지는 미세한 해양의 소금으로 이루어지는 해양의 물거품, 화산, 포자, 화분, 박테리아, 바이러스와 같은 유기입자들이다.

엄밀하게 말하면, 먼지는 태초부터 인류와 함께했다. 인간은 늘 먼지오염과 더불어 산다. 아주 오랜 옛날부터, 그것은 '털어내야 하는 어떤 존재'로 알려졌고, 지금도 공기 가운데 해로운 물질로 인식한다. 징그럽게 인간을 쫓아다니는 이 존재는 도대체 뭘까? 나는 창문 틈 사이로 한 줄기 햇살이 비출 때, 그 실체를 드러내는 먼지를 볼 때마다 느꼈다. 나와 함께 사는 이 존재는 절대 없앨 수 없다! 저렇게 보이지 않는 곳곳에서, 늘 나와 함께 호흡할 뿐이다. 그렇다면 배척하거나 증오할 대상이 결코 아니다! 지혜롭게 받아들이자!

먼지는 항상 있어 왔지만, 현대문명, 특히 도시의 발달로 인한 문화는 자연 상태의 먼지에 산업 먼지를 추가했다. 그렇다고 첨단기술문명으로 치닫는 인간의 과학적 진보에 브레이크를 걸 수도 없다. 환경론자나 환경운동가들의 활약에도 불구하고, 브레이크 자체가 잘 보이지 않는다. 먼지를 없애기 위한 브레이크는 애당초 존재할 수 없는지도 모른다. 그렇다면, 우리는 먼지와 함께 살 수밖에 없는 숙명을 지녔다. 그것이 사실이고, 지혜롭게 먼지를 대해야 하는 이유의 전부다.

이 글을 쓰고 있는 지금도 휴대폰 바탕화면에는 여전히 '미세먼지: 나쁨(97)'이라는 문구가 떠 있다. 나는 생각한다. 저 문구가 '기상 공간'에 떠 있는 것처럼, 그것은 인간이 만들어낸 허상이다! 미세먼지 자체가 나쁜 것이 아니다. 나쁜 미세먼지는 대부분 우리 자신이 만들어 냈다. 우리 스스로가 만들어 놓고, 우리는 그것에 대응한다. 그 대응방식이 잔인하다. 그래서 나쁘다고 인식하는 건 아닐까?

먼지는 아주 불안정하다. 불분명하다. 도대체 알기가 힘들다. 때로는 생각할 수 있는 것 가운데 가장 저급하고 천박한 물질적 존재다. 먼지는 불확실한 기원을 지닌 잡종이다. 그래서일까? 먼지에 대한 철학적 논의, 인간 인식의 교육학적 차원은 참 재미가 적다! 어떤 때는 비참하다. 비관적이고, 패배적이며, 부정적이다. 먼지라는 미세하고 품위 없는 혼합물은, 아주 크고 숭고한 우주와 대비되어 자리매김된다. 인간은, 이 광대한 우주에서 한줌의 먼지 같은 존재다! 그런 인식에 젖어 있기만 하면, 움츠러들고, 자기 존재를 부정적으로 이해하기 쉽다.

그런 인식의 소중함을 거꾸로 작동해보라. 먼지가 쌓여 우주를 이룬다. 『구약성서』에도 그런 말이 있지 않은가! '사람과 짐승은 모두 먼지에서 생겨났다. 다시 먼지로 돌아간다!' 인식의 차이다. 먼지와 같은 가장 작은 물질에도 우주가 축소판처럼 반영되어 있다. 아인슈타인은 말했다. '모래알 하나에서 일어난 사건을 과학적으로 완전히 알고 있는 사람은, 같은 순간 우주의 가장 보편적인 법칙까지도 인식한 것'이라고.

30. 먼지 속에서 세계가 열리다

2021. 4. 23. 금. 8:44

먼지를 우습게보지 마라! 가장 보잘 것 없는 존재로 생각할지 모르겠다. 허나, 그들로 인해 삶이 긴장의 끈을 놓치지 않고 있음을 기억하라! 그들이 일상 깨우치고, 인생을 감내하도록 인도하는 힘이다!

'단자론(Monadologie)'으로 잘 알려진 철학자 라이프니츠(G.W.Leibniz, 1646~1716)는 '먼지'에 대해 의미 있는 언급을 했다. '세상의 모든 존재는 생명으로 충만하다. 아주 작은 입자도 식물로 가득한 정원이며 물고기로 넘치는 연못이다! '먼지' 입자에도 아름다움과 다양함에서 우리 세계에 결코 뒤떨어지지 않는 세계가 들어 있다!'

그는 어떤 사상에서건 낙관적인 핵심을 끌어낼 줄 알았다. 모든 생명체는 죽음을 통해 그러한 세계로 이행한다. 하지만 미세한 것에는 어쩌면 치명적인 위험이 도사리고 있을 수 있다. 대신, 그는 새로운 차원의 인식론을 끌어냈다. '표면이 안정된 단단한 사물에 대한 이미지는 환상이다!' 오히려 우리가 대하는 사물은, 하나의 집합체에 견줄 수 있다. 그곳으로부터 매순간 미세입자가 날아가고, 또한 매순간 새로운 입자가 합류한다.

물질을 아주 작은 입자로 쪼개는 것은, 물체 사이에 작용하는 힘과 운동에 영향을 미친다. 그 물질의 특성까지도 변화시킨다. 이러한 변화가 물질의 본질을 변화시키지는 못하지만, 양자나 원자 단계의 힘이 작용하기 전인 나노 단계에서의 변형에 영향을 주는 경우가 많다.

라이프니츠의 편지 파트너였던 수학자 요한 베르눌리(J. Bernoulli,

1667~1748)는 먼지와 같은 극미한 세계에 대한 사고를 즐겼다. 그리고는 다음과 같이 말했다. '무엇 때문에 신은 우리들의 대상을 규정하고, 우리의 사고에 해당하는 크기의 종류만을 창조했단 말인가! 미세먼지에도 이 커다란 세계의 모든 것에 상응하는 질서 잡힌 세계가 존재한다. 반대로, 우리들의 세계는 무한히 큰 다른 세계의 먼지 이외에 다름 아니다. 이런 점을 쉽게 생각할 수 있지 않은가!'

먼지에 대한 사고의 근원지는 무엇일까? 먼지는, 우리가 그것을 어디에서 발견하건 '혼합물(混合物: mixture)'이다. 그 구성요소는 어디에서 올까? 의사이자 철학자이며 연금술사인 파라셀수스(Paracelsus, 1493~1541)는 이러한 모티브를 우주적 맥락에서 제기한 최초의 인물이다. 그는 『위대한 천문학(Astronomia Magna)』에서 다음과 같이 언급했다. '『구약성서』에 따르면, 인간은 신(神)에 의해 하늘과 땅, 동물과 식물 다음에 창조되었다. 신은 나머지 다른 세계를 고안한 다음, 먼지로 인간을 창조했다. 즉 '지구의 흙'으로부터 말이다. 지구의 흙은 창공과 모든 원소의 추출물이다. 그것은 모든 기관과 물질의 추출물이다. 그러므로 모든 피조물, 별과 원소들이 인간을 만든 물질 속으로 들어갔다. 이와 똑같은 먼지가 지구의 흙이다. 이것은 세상보다 크다. 그러니까 인간은 하늘과 땅으로 만들어졌다. 위와 아래로 만들어졌다.'

신이 인간을 만든 재료는 우주적으로 염색되었다. 전체 창조물을 포괄하고 있는 먼지는 우주적 재료다. 때문에, 인간을 이해하려면, 지상(地上)뿐만 아니라 우주(宇宙)에 관한 지식까지도 필요하다. 아주 멀리 떨어진 별까지도, 인간에게 영향을 미칠 수 있다. 그러므로 의사는 식물과 동물, 광물과 원소뿐만 아니라, 천문학에도 정통해야 한다. 이런 영향을 받은 것인지 정확하지는 않으나, 니카라과의 사제(司祭)이자 혁명 시인인 에르네스토 카르데날(Ernesto Cardenal, 1925~2020)이 노래했다. '우리는 폭발한 별의 먼지로부터 만들어졌다! 그래서 언젠가 다시 별이나 행성이 되리라!'

사물 가운데 가장 저급한 것, 어쩌면 인간이 상상할 수 있는 존재 가운데 가장 천박한 것일 수도 있는 먼지! 저 먼지가 우주를 향한 다리다. 우주의 먼지는 끊임없이 지구로 소록소록 내려앉는다. 지구는 우주 물질 순환의 한 경유지다.

먼지에 주목하라! 단순히 털어내야만 하는 하찮은 존재로 비하하지 말라. 영원히 함께 살아가야 하는 소중한 존재다. 인간의 친구다.

오늘은 휴대폰 바탕화면이 바뀌어 있다. '초미세먼지: 보통(31).' 날씨가 흐려서인지, 아침 하늘이 뿌옇다.

31. 집 먼지, 책 먼지, 학자의 먼지

2021. 4. 24. 토. 9:55

집에 머물면, 늘, 집 먼지와 엉키면서 지내기 마련이다. 집안 곳곳에, 아니, 집안 전체에 엄청나게 위험한 먼지가 함께 거주한다. 그야말로 적과의 동침 자체다. 독일 연방건강청을 중심으로 이루어진 연구에 의하면, 집이나 사무실과 같은 대부분의 공간에 있는 공기는, 대도시의 차가 많이 다니는 교차로보다 50배나 더 유해하다고 한다. 몸에 좋지 않은 가루들, 그것은 두통과 피로를 조장한다. 알레르기와 호흡기 질환을 유발한다. 저 떠다니는 먼지구름을 어떻게 마주할 것인가?

더구나 집안 서재나 연구실의 책들과 함께 하는 먼지투성이, 저건 어찌 대해야 하는가? 괴테는 '파우스트'에서 이에 관한 신랄한 비판을 쏟아낸다.

"고통스럽도다! 나는 여전히 지하실에 박혀 있는가?
숨이 막힐 듯한 저주받을 벽 구멍이로구나.
여기엔 사랑스러운 하늘의 빛조차도
채색된 창을 통해 흐릿하게 새어드는가!
책 더미에 갇혀서,
벌레가 먹고, 먼지에 덮여,
천장 꼭대기까지
뿌연 종이가 꽂혀 있구나.
……

생기 넘치는 자연,
신이 인간을 만들어 넣은 그곳 대신에
연기와 곰팡이 속에 둘러싸여
동물의 뼈와 죽은 시체만이!
도망쳐라! 일어나라! 넓은 대지로!
……
신은 나와 똑같지 않아! 그 사실을 깊이 느낀다!
나는 먼지 속에서 꿈틀거리는 벌레와 같아서
먼지나 먹고 살아가다가
지나가는 사람의 발길에 부서져 묻힐 뿐이다.
나를 옥죄는 수많은 칸으로 나뉜
이 높은 벽, 그것은 먼지가 아닌가?
좀 벌레 세상 속에서 수많은 하찮은 것과 함께
나를 답답하게 하는 그것은 허접쓰레기가 아닌가?"

상상할 수 있는 한에서 가장 음산한 색채! 파우스트가 묘사하고 있는 한밤중에 조명되는 학자의 지하 서재는 인식 과정의 출발점이다. 아니, 그것을 넘어 어떤 형이상학적 문제와도 연결되는 듯하다. 『바이블』의 언급처럼, '인간은 먼지에서 창조되었고, 죽어서는 다시 먼지로 분해되는가!' 마틴 루터가 번역한 「전도서」, 엄마가 생전에 자주 인용하던 문구는 대강 이러하다. '모든 것이 헛되도다. 모든 것이 한 곳에 이르니, 모든 것은 먼지에서 나서 다시 먼지로 돌아가리라!'

인간은 먼지를 먹고 사는 존재임에 분명하다. 서재에만 갇혀 사는 학자는 더욱 그러하다. 그런 부류의 학자는 자연과 더불어 살라는 창조의 목적으로부터 멀어졌다. 이 비참한 처지를 어떻게 헤쳐 나갈 것인가? 자유로운 자연과 그 속에 숨 쉬는 생명력을 마주하는 수밖에 없다. 자연의 생명력으로 호흡하라! 이것이 우리 교육이 지향해야 할 궁극처일 수 있다.

32. '은둔'의 멋

2021. 4. 25. 일. 8:45

중국 북송(北宋) 초기에 살았던, 임포(林逋, 967~1028)라는 저명한 시인이 있다. 평생을 독신으로 살았으나 중년 이후에는 고향 항주의 서호(西湖) 기슭에 있는 외딴 산에 은둔했다. 매화(梅花)를 아내로, 학(鶴)을 자식으로, 사슴[鹿]을 하인으로 삼아, 유유자적(悠悠自適)하면서 말이다. 산중에 틀어박힌 지 20여 년이나 마을로 내려오지 않았다고 한다. 문자 그대로, '무욕염담(無慾恬淡)'이다. 어떤 욕망도 없이 편안하고 맑게! 모든 집착을 버리고 욕심을 내지 않았다. 느긋하고 자유로운 인생을 즐겼다.

가슴 속은 깨끗이 텅 비었다. 마음에 걸리는 것은 아무 것도 없다. 그저 나무를 베거나 낚시를 하고, 글을 쓰는 데 마음을 쏟는다. 그저 가끔, 글을 통해 마음을 잘 표현하려고 고심할 뿐이다. 가만히 숨어서 때가 무르익기를 기다리는 자복(雌伏)이 결코 아니다. '은둔(隱遁)' 자체가 목적이다!

매화를 좋아해서 산속 집이 매화 숲으로 둘러싸일 정도였다. 그 가운데를 걸으며 지은, 시(詩) 한 수, '동산의 작은 매화!'. 아주 유명한 시다.

동산의 작은 매화

다른 꽃들이 떨어진 뒤 홀로 곱게 얌전히 피어나
작은 동산에서 풍정을 독차지 하고 앉았네
성긴 그림자는 맑고 얕은 시냇물 위에 비스듬히 드리우고
은은한 향기는 희미한 달그림자 속을 떠도네
서리를 피해 날아오른 겨울새는 내려앉기 전에 슬쩍 훔쳐보고
흰나비가 그 꽃의 아름다움을 안다면 넋을 잃으리라
다행히 나는 시를 읊조리며 서로 친해질 수 있으니
악기나 술 단지도 필요 없다네

임포는 은둔생활을 시작한 지 20여 년이 지난 62세에 병으로 별세했다. 나의 아내, 내무군주도 62세에 여행을 떠났다.

그는 '세상 일은 무엇이건 할 줄 알지만, 거름 지는 일과 장기를 두는 일은 서투르다'라고 했다. 임포는 오월(吳越) 출신이었다. 자신의 나라를 멸망시킨 송(宋)나라에 끝까지 마음을 열지 않았다. 매화와 학과 사슴과 더불어 마음 내키는 대로 살았다. 유유히 일탈한 생애를 보냈다. 강인한 반항 정신이다. 그럼에도 불구하고 당시 송나라 진종(眞宗) 황제는 임포의 명성을 전해 듣고, '화정처사(和靖處士)'라는 칭호를 부여했다. 그리고 철따라 식량과 옷가지 등을 보냈다고 한다. 그래도 꿈쩍하지 않았다. 정말 강골 은자다. 그 멋은 오히려 부드럽다.

이나미 리츠코(井波律子)의 『중국의 은자』에는, 노자(老子)에서 원매(袁枚, 1716~1797)에 이르기까지, 16인의 은자(隱者)를 소개하고 있다. 그 가운데 임포의 은둔 생활도 개략적으로 설명되어 있다. 짧지만 의미가 담긴 책이다.

33. 은둔의 죄, 마음의 절제

2021. 4. 26. 월. 8:49

『탈무드』에 다음과 같은 이야기가 전한다. '유대 민족 가운데는 은둔자(隱遁者)가 없다. 어떤 유대인이 세상 모든 것으로부터 자기를 단절시킨 채 30년 동안 공부만 계속했다면, 30년 후 그는 신(神)에게 희생을 바치며 용서를 빌어야 한다. 제 아무리 훌륭한 공부를 했다 하더라도 사회로부터 자신을 단절시키는 행위는 죄가 되기 때문이다!'

개인과 사회의 관계를 고려한다면, 은둔은 사회성을 상실한 행위로 느껴질 수 있다. 교육적으로도 절대 용서하기 어려운 독특한 삶이다. 하지만 일반적으로 교육은 어울림을 얘기한다. 배려와 포용을 강조한다. 은둔은 참여의 질서에 저항하는 만큼, 비교육적이거나 교육을 초월해 있다.

그러나 마음의 문제로 들어가면, 새로운 문제 상황이 설정된다. 보고 듣고, 걷고 서고, 기뻐하고 슬퍼하고, 경직되고 유연해지고, 탄식하고 두려워하고, 파괴하고 건설하고, 거만해지고 겸손해지고, 강요하고 설득하고, 사랑하고 증오하고, 시기하고 질투하고, 찾고 감추고, 반성하고 성찰하는, 이 모든 일을, 간단하게 '마음'의 문제라 한다. 인간의 모든 기관은 마음의 지시를 받고 있다. 이런 마음을 제어할 수 있는 인간이 가장 강인하다. 그것은 사회 속에서 이루어져야 할까? 사회를 떠난 은둔 생활에서 인내(忍耐)해야 하는 걸까? 아니면, 사회 속에서 은둔하면서 감내(堪耐)해야 하는 걸까?

중간고사 기간 월요일 아침, 햇살이 강렬하다. 4월 하순, 곡우(穀雨)의 계절에 봄이 얼마나 지속될까? 여름이 불쑥 다가오기 전에 마음의 조절과 절제의 미학을 떠올려 본다.

34. 마스크 오염

2021. 4. 26. 월. 11:50

출근길에 재미난 뉴스를 들었다. 재미난 뉴스가 아니라, 아주 암울한 뉴스다. 극단적 모순이다! 어떤 연구 결과에 의하면, 마스크 환경오염이 큰 문제란다.

우리는 2020년 2월 이후, 코비드-19를 맞이한 초기에, 마스크 대란을 겪었다. 지금은 방역 마스크가 안정적으로 공급된다. 넘쳐난다. 이게 문제다. 지금 한국에서는 하루에 2,000만개의 마스크가 쓰레기로 버려진단다. 그런데 이게 빨리 썩지 않는 화학물질로 제조되어, 썩는데만 450년이 걸린단다. 아! 또 다른 참상인가! 그러나 환경단체를 비롯하여, 많은 교육자들이 심각하게 문제제기를 하지는 않는 것 같다.

코로나 바이러스 재앙보다 더 무서운 것 아닌가? 450년 동안 썩지 않는다니! 우리는 그간 방역마스크를 쓰고 버리기에 급급했다. 이 연구결과가 사실이라면, 정말 교육적 고민이 다시 제공되어야 하겠다. 강의를 하려는데, 갑자기 좀 막막해진다.

35. 인간과 신, 학습자와 교수자

2021. 4. 26. 월. 22:42

『탈무드』에는 인간과 신의 관계를 다음과 같이 비유한다. 유일신(唯一神)을 '하나님'이라고 한다. 이때, '하나'는 히브리어로 '에하드(אחד: echad)'다. '에하드'는 숫자 '1'을 뜻한다. 뿐만 아니라 '독특하다'라는 의미도 담겨 있다.

'에하드'의 처음 부분은, 아버지의 무릎에 어린 자식이 앉아 있는 것을 상징한다. 이때 어린 자식은 아버지를 인식한다. 그리고 아버지를 사랑하게 된다. 그 다음에는 복종한다. 이와 같은 상태를, 유대인들은 '인간(人間) 대 신(神)'으로 나타낸다. 인간은 최초에 하나님을 안다. 두 번째는 하나님을 사랑한다. 세 번째는 하나님께 복종하는 데 이른다.

교육에서 교사와 학생은 어떤 관계일까? 서로가 서로에 대해, 알고, 사랑하고, 복종하는, 그런 사이일까?

36. 왜 죄수는 스스로 탈출할 수 없는가! • 사랑의 고통

2021. 4. 27. 화. 9:26

『탈무드』에 다음과 같은 의미심장한 이야기가 기록되어 있다. 제자인 랍비 히야 바르 아바가 병에 걸렸다. 스승인 랍비 요하난이 그를 찾아 왔다. 요하난이 말했다. '너의 고통은 네게 소중한가?' 히야가 대답했다. '고통도, 그에 대한 보상도 소중하지 않습니다.' 요하난이 말했다. '자네 손을 줘 보시게.' 히야가 손을 내밀자, 요하난이 그를 일으켰다.

랍비 요하난이 병에 걸렸다. 하니나가 그를 찾아왔다. 하니나가 말했다. '당신의 고통은 당신에게 소중합니까?' 요하난이 대답했다. '고통도, 그에 대한 보상도 소중하지 않습니다.' 하니나가 말했다. '당신의 손을 줘 보세요,' 요하난이 손을 내밀자 하니나가 그를 일으켰다.

똑같은 대사에 똑 같은 논리가 적용된다. 왜, 랍비 히야와 요하난은 스스로 일어나지 못했을까? 간단하다. '죄수는 스스로 탈출할 수 없다!'

종교가 고심하는 가장 중요한 문제 가운데 하나는, 이런 질문이다. '왜, 착한 사람들이 고통 받는가?' 일반적으로, 고통은 죄에 대한 징벌로서 오는 사안으로 인식한다. 그런데 고통 받는 사람이 '의인(義人)'인 경우, 또는 고통이 죄에 합당하지 않고, 보다 심한 경우에는 어떻게 설명할 수 있는가?

이런 문제에 대한 응답으로, 랍비들은 '사랑의 고통(yissurin shel ahavah)'이라는 개념을 발전시켰다. 고통은 신성한 사랑의 징표로, 신이 보낸 것인지도 모른다. 고통은 의인이 보다 겸손해지도록 돕는다. 자신의 행동을 돌아보게 한다. 열심히 기도하고 배우며 선행을 베풀도록 인도할 수 있다. '나중에'가 아니라, '지금' 죄를 씻어라! 이번 생의 고통이 내세에 보다 큰 보상으로 이어질 수 있다.

앞에서 병에 걸린 랍비에게 던진 물음 하나, '당신의 고통은 당신에게 소중합니까?' 이 질문의 배경이, '사랑의 고통'에 관한 문제다. 질문은 암시한다. 병든 사람은 의인인 랍비다. 랍비가 겪고 있는 고통은 죄에 대한 처벌일 수 없다. 그것은 신이 어떤 다른 목적을 위해 보낸 '사랑의 고통'임에 분명하다. 질문이 의미하는 바는 이런 것이다. '당신은 고통을 어떤 더 고귀한 목적을 위해 쓸 수 있습니까? 고통이 당신을 더 나은 사람으로 만듭니까?' 이 두 경우에 대한 대답은 모두 '아니오'다. 고통이 너무 커서 고통을 넘어서기란 불가능하다. 문병을 온 랍비는 고통이 어떤 가치 있는 목적에도 기여하지 않음을 보고, 고통을 덜어 내려고 한다. '손을 댐으로써 병을 치료한다!'라는 랍비의 기적 같은 능력은 '토라와 그것을 형상화하는 이들이 생명과 치유의 힘을 가지고 있다'라는 『탈무드』의 믿음을 보여준다.

스승 요하난이 제자 히야를 치료할 힘이 있었다면, 왜 스스로를 치료할 수 없었을까? 해답은 간단하다. '죄수는 혼자의 힘으로 감옥에서 탈출할 수 없다.' 마찬가지로 '아픈 사람도 제 홀로 스스로를 치료할 수는 없다!'

이 지점에서 종교의 의미가 되새겨진다. 교육의 힘이 깊이 파고든다. 혼자 힘으로 할 수 없는 사안을, 근원적이고 본질적으로 조성한 것이, '사람 사이의 세계'인 '인간사회(人間社會)'다. '홀로 이루어냈다'라는 성공 사례는 그야말로 신화(神話)에 불과하다.

가만히 엎드려, '상하전후좌우(上下前後左右)'의 주변을 둘러보라. 중심의 한 점만이 아니라 가장자리의 수많은 점들도 함께 둘러보라. 병든 랍비를 일으켜 세우듯, 우리 모두는 누군가의 보이지 않는 손을 잡고 일어서고 있다! 그것이 사실이다. 현실은 다만, 그것이 감춰져 있는 듯이 보인다. 사실과 현실 사이에서 진실을 추구하라.

37. 생의 목적, 교육의 지향

2021. 4. 29. 목. 8:48

『탈무드』에는 생(生)의 목적에 관한 진지한 성찰이 자주 엿보인다. 『바이블』에 의하면, 하나님은 식물을 만들 때, 제일 먼저 씨앗을 내놓았다. 그 씨앗들은 종류가 각기 달랐다. 유대인들은 각기 다른 씨앗을 서로 다른 것끼리 교배해서는 안 된다고 인식한다. 이종교배(異種交配) 금지다. 동물의 경우도 마찬가지다. 사람 사이에서는 더욱 그러하다.

물에서 사는 물고기에는 아가미를 붙였다. 물에 사는 동물에게는 폐를 주었다. 아가미와 폐의 위치가 잘못되어 바뀌었다고 생각해 보라. 그러면 물고기나 뭍의 동물들은 그 생명을 소실한다. 다른 생명체도 마찬가지다. 이 제각기 갖춘 생의 오묘한 이치, 훌륭한 세계 창조가 하나님이 보여준 위대한 능력의 증거다. 그런 만큼 하나님이 창조한 모든 피조물은 제각기, 자기 목적을 지닌다.

'독을 가득 품은 독초(毒草) 따위가 무슨 쓸모 있겠는가!'라고, 단순하게 생각하기 쉽다. 하지만 복잡한 세계의 상황을 조금 더 관심을 두고 성찰해 보시라. 인간이 먹을 수 없는 독초일지라도, 그것은 산소를 만들어 다른 생물의 호흡을 도와준다. 모든 생물은 다양한 양태로 관련 맺는다. 그리하여 우주라는 거대한 수레바퀴를 굴린다. 이것이 유기체(有機體: organism)다. 생태환경(生態環境: ecological environment)이다. 모든 생물에게 제각각의 목적이 부여된, 우주적 생의(生意)! 이는 개체에 대한 인정이다. 모든 사물에 대한 무한 긍정이다.

교육의 핵심 대상인 인간, 그 세계의 진보 발전이나 개인의 성장 성숙도 그러하다. 모든 개인은, 계층의 높낮이, 재물의 다소, 성별 등등에 관계없이, 자신의 성격을 지니고 있다. 성격은 차이를 특성으로 남긴다. 그 차이의 간극만큼이나 교육은 다양한 의미부여를 요청한다. 동일성이나 동질성을 요구하는, 공동체의 공동 목적을 지향하는 경우에는 더욱 심하다. 그렇다고 개인의 성장이 바로 공동체, 즉 사회의 성장인 것은 아니다. 공동체가 성장하는 바탕이 될 수는 있다. 거꾸로 사회의 진보가 개인의 성숙인 것도 아니다. 개인과 사회는 유기체적 연관 가운데, 개인과 사회라는 교착(交錯)과 착종(錯綜)의 수레바퀴를 복잡하게 굴리고 있을 뿐이다. 이 지점에서 교육은, 그 목적이 얼마나 어려운지 호소(呼訴)한다. '하소연'급이다.

38. 정진석 추기경님

2021. 4. 29. 목. 14:01

어제, 정진석(鄭鎭奭, 1931~2021) 추기경(樞機卿)께서 선종(善終)하셨다. 착하게 사시고 행복하게 생애를 마치셨다. 선생복종(善生福終)하셨다. 어제는 어떤 말씀을, 무엇을 남기셨는지, 공식 발표가 나지 않아 마음으로만 애도(哀悼)하고 있었다.

대한민국 최초의 추기경은 10여 년 전에 선종하신 김수환(金壽煥, 1922~2009) 추기경이다. 그분은 한국 천주교를 대표하는 성직자로 많은 분들의 사랑과 존경을 한 몸에 받았다. 독재정권에 항거하는 모습도 종종 보여주셨다.

정진석 추기경은 한국의 두 번째 추기경이다. 평소 성직자 생활은 접어두고라도, 저서 60여 권, 각막을 비롯한 육신 기증, 통장 잔고 800만원. 소박하고 검소한, 검약의 화신이다. 신앙을 통한 영혼의 헤아림과 어루만짐 이외에, 특별한 외부활동이 많지 않다. 조용하셨다.

김수환 추기경이 양(陽)의 특성을 지녔다면, 정진석 추기경은 음(陰)의 특성을 지녔다, 김추기경은 '사랑'을 호소하셨고, 정추기경은 '행복'을 품으셨다. 그분들이 사셨던 시대나 외부 환경이 그러했는지도 모르겠다.

교육자도, 성직자와 동일할 수는 없으나, 그 어떤 직업보다도 성직에 가깝다. 교육철학자로서 나는, 저 분들의 삶을 얼마나 본받을 수 있을까? 내 '큰 어리석음'으로는, 함부로 접근하기조차 어렵다.

추기경님! 영면(永眠) 가운데, 고요한 큰 울림이, 지상(地上)에서 천상

(天上)으로 울려 퍼집니다. 하늘나라에서 더욱 행복하소서!

바깥을 돌아보니, 간간이 흩뿌리는 황사 비에, 날씨가 아주 어지럽다.

39. 삼성 이건희 회장

2021. 4. 29. 목. 14:39

세계적인 기업 삼성그룹의 회장 유산 상속 소식이 들린다. 역사상 가장 큰 액수의 상속세란다. 이건희(李健熙, 1942~2020) 회장의 평소 소신대로, 재산이 많은 만큼 법에 따라 납부하는 것이란다. 12조! 정말, 일반인들은 상상하기조차 힘든 천문학적 액수다. 이전에 상속세 최고 금액은, 인류에게 스마트폰을 선물하고 떠난 천재, 스티브 잡스((Steve Jobs, 1955~2011)가 낸 3조원이란다.

12조의 상속세를 나라에 내는 그에 대해, 온갖 평가가 난무한다. 사업보국이니 애국자니 등등 훌륭한 인물로 조명한다. 어느 정도 일리 있는 얘기처럼 들리기도 하지만, 여기서는 비평을 유보한다.

내 관심은 12조 상속세가 나라 곳간에 쌓여 국민에게 쓰여지는 데 있지 않다. 그보다 눈여겨볼 사안은 이회장이 수집한 문화재(文化財)들이다. 국보급 작품이나 세계적 화가의 그림이다. 감정가 3조 정도(시가 약11조)로 추정되는 작품의 사회 기부다. 그 작품들이 국가에 헌납되어, 국립박물관이나 미술관에 소장되어 전시된다는 사실은, 세계적 문화강국으로 거듭나는 계기가 된다. 프랑스 루브르박물관이나 대영박물관 소장품에 버금가는 작품을 대한민국도 지녔기에 그러하다.

그가 국보급 문화예술 작품을 수집하기 시작한 것이 어떤 이유에서인지 정확히 파악하기는 어렵다. 하지만 그의 안목을 엿볼 수 있는 발언이 있다. 21세기가 시작될 무렵, 그는 예단했다. '21세기는 문화의 시대가 될 것이다!' 이 시점에서, 그가 재산 증식용으로 작품을 수집했다는 천박한 인식은 하지 말았으면 좋겠다. 그는 별세했으나, 누구도 하지 못한 귀중한 자료를 남겼다. 공공의 선을 위해. 그것만이 사실이다.

상속세에 즈음하여 드러난, 이 무시무시한 자본 축적과 작품 수집을 보면서 대기업, 재벌 회장의 존재가 새롭게 보인다. 기껏해야 기업의 생존이나 영업 이익만을 부르짖는 상당수의 기업 대표와 달리, 기업의 사회적 책무성과 공적 의미를 담는 회장, 그건 아무나 하는 게 아니다. 능력과 실력, 비전과 예측, 개척과 창조를 담아낼 수 있는 그릇이어야 한다. 조만간에 그분이 기부한 작품을 직접 관람할 수 있기를……

40. 귀래(歸來) • 5일의 마중

2021. 4. 30. 금. 01:37

어제, 내무군주와 가끔 갔던 소양감 댐을 다녀왔다. 댐이며, 막국수집, 닭갈비집들은 그대로다. 댐 주변의 산에는 녹음이 짙어간다.

돌아오는 길에 작은딸 대학 기숙사에 들러, 함께 귀가하기로 했다. 올라오는 길에 늦은 저녁으로 생 대구탕을 먹었다. 늦게 식당에 갔더니, 코로나 상황 때문인지, 메뉴가 그것밖에 없단다. 배고플 때 먹는 음식이 제일 맛있듯이, 맛나게 먹었다.

집에 도착하여, 이전에 보았던, 〈귀래(歸來)〉, 한국어로는 '5일의 마중'으로 번안한 영화를 다시 보았다. 천따오밍(陈道明, 1955~)과 공리(巩俐, 1965~)의 열연이 다시 감동으로 다가온다. 중국 문화대혁명 시기라는 엄혹한 시대에, 희귀질환을 앓는 가운데서도, 5일마다 기차역으로 남편을 마중 나가는 아내의 모습이, 생전에 평소 나를 기다리던 내무군주를 떠올리게 만든다. 기억상실과 소통을 향한 열정과 사랑, 그 사이에 스며드는 인간의 정서가 삶의 진지함을 더한다.

'기다림'이란, 저렇게 뼈저리도록 사무치는, 인생의 몸부림이다. 그 속에 녹아든 희로애락은 그리움의 노래다. 가족이 많이 생각나는 한 밤이다.

A Summer Evening at the Lago Maggiore (1845)
Hermann David Solomon Corrodi (Italian, 1844-1905)

5월

1. 노동과 근로

2021. 5. 1. 토. 10:08

2021년 5월 1일. 노동절(勞動節: Labor Day) 아침이다. '노동자의 날'이라고도 한다. 130여 년 전인 1886년, 1일 8시간의 노동을 외쳤던 미국 노동자들의 투쟁을 기념하기 위한 날이다. 흔히, '메이 데이(May Day)'로 불린다. 봄 계절에 자본가(고용주)와 싸운다는 의미의 '춘투(春鬪)'가 시작되는 시기이기도 하다. 대학 시절에는 이 시기만 되면, 대학생들과 노동자의 연대 투쟁에 관한 논쟁이 활발했다. 노동자 투쟁 지원과 가투(街鬪)를 통해, 정의(正義)라는 이름의 젊음을 발산할 때가 많았다.

노동절의 공식 명칭은 '노동자의 날'보다 '근로자(勤勞者)의 날'로 이해하는 것이, 문구상 보다 타당하다. 현행법으로 보면, '근로자의 날 제정에 관한 법률' 또는 '근로기준법'에 의한 유급휴일이기 때문이다.

그렇다면, '근로'와 '노동'의 의미 차이가 심각할까? 여기에는 계급과 계층 의식이 개입되면서 민감한 사안이 작용한다. '근로(勤勞)'라는 말은 '일을 하는 데(勞)' '부지런하라(勤)!'는 수식어가 머리에 부여되었다. '일하는 사람'에게 '부지런함'이라는 의미를 담은 미덕이다. 어쩌면 당연한 말이다. 하지만 계급의식을 부여하는 순간, 그것은 피지배계층인 '노동자만'이 부지런해야 한다는 억압과 강제의 시선이 스며든다. 이 지점이 근로와 노동의 신성함과 일상성을 되돌아보게 만드는 계기다. 나는 '노동'이라는 말을 선호한다. 그것은 수식어가 없는, 그냥 인간으로서 당연히 해야 하는 '일'의 본질을 담보하기 때문이다.

'부지런히'라는 언표는 교육에서 적극적으로 투영된다. '부지런히 탐구하라!' '부지런히 연구하라!' '부지런히 공부하라!' 등등, '노력(努力)하라!'는 의미의 다른 표현으로 강조된다. 교육이 개인과 사회의 지속을 위해, 기획되고 계획되고 의도적으로 이루어지는 인위적 활동인 한, '부지런히', '노력'이라는 언표는 꼬리표처럼 달라붙는다. 교육이라는 의미에 투영된, 활동성의 표상이기 때문이다. 교육은 부지런함을 추동하는 힘이자 운동이다. 그 부지런함을 찾아가도록 의식을 고양하는 작업이 교육이라면, '일'의 본질이 얼마나 소중한지 장악하는 것이 우선이다.

노동절 아침에, '일'의 신성한 자리가 어디에 있는지, 내 몸을 한 번 더 더듬어 본다.

2. 바쁘게 일하는 사람

2021. 5. 1. 토. 11:06

동서고금을 막론하고, '노동(勞動: labor)'을 신성시하는 격언이 많다. 『탈무드』에서는 '일을 하고 있는 사람의 경우, 가장 존경받는 성직자가 지나가도 일어설 필요가 없다!'라고 했다. 이는 '일하는 사람'에게 '성직자'와 동등할 정도로 신성함을 부여했다는 뜻이다. 일은, 세상 그 무엇보다도 소중하다. 신의 대리자 역할을 하는 성직자만큼이나 신성하다. 그것이 인간에게 부여된 일의 존재 이유다. 일하는 사람의 모습! 그것만이 인간의 삶을 증명한다.

유대인 격언에는 일과 관련하여 의미심장한 이야기가 전해온다. 일을 앞에 두고, 바쁜 사람과 한가한 사람이 있다. 그럴 경우, 어떤 일을 부탁하려거든, 바쁜 사람에게 의지하라! 그것은 이스라엘의 '키부츠(공동체)'에서 구체적으로 드러난다. 키부츠의 원리원칙은 '능력에 따라 일하고, 요구에 따라 소비한다!'이다. 일을 하기 힘든 노인과 연약한 아이들을 제외하고, 모든 구성원의 대우는 동일하다. 관리직이나 생산직에 차이가 없다. 업무의 질이나 지위에 따른 단순한 대우는, 일을 하는 데 특별한 동기부여가 되지 못한다. 생활에 부족한 부분이 있을 경우, 연장자나 고참자 순으로, 서열 원칙이 적용될 뿐이다.

그렇다고 오해해서는 안 된다. 동일하게 대우를 받는다면, 누가 힘든 일을 맡겠는가? 누가 열심히 일을 하겠는가? 많은 사람이 대충대충, 설렁설렁, 게으름을 피우지 않을까? 보통 사람이라면 그렇게 생각하기 쉽다. 그런데 전혀 그렇지 않다. 대부분 열심히 일한다. 그 가운데, 특히, 바쁜 사람이 있다. 그 주변에는 사람들이 모여든다. 어떤 사안에 대해 상담하기 위해, 또는 일을 해결해 나가는 데 필요한 지시나 조언을 구하기 위해서다. 이 바쁜 사람이 다름 아닌 '교육받은 인간(educated man)'의 전형이다.

한가한 사람의 특징은 쉽게 감지된다. 예컨대, 정해 놓은 속도나 진도대로만 일하는 사람, 즉 자신의 페이스대로만 움직이는 사람이다. 또는 주변의 정황을 생각하지 않고, 비판적이거나 온갖 불평을 늘어놓는 사람도 그에 해당한다. 그들은 공통적으로 재능이 풍부하지 못한 경우가 많다. 이들에게는 일상의 교제를 제외하고, 주요한 업무 문제로 찾아오는 사람은 거의 없다. 일상의 교제에서도 불평이나 비판을 늘어놓는 사람이라면, 시간이 지나면서 주변 사람들이 점점 멀어져 간다.

일을 앞에 두고도, 한가한 사람은, 왜 한가한지, 그에 상응하는 이유가 있다. 바쁜 사람은, 왜 바쁜지, 바쁠 수밖에 없는, 귀중한 이유가 있다. 누군가에게 부탁해야 할 중요한 일이 생기면, 어떻게 할 것인가? 가능하다면, 한가한 사람에게 부탁하지 말라! 순간적인 답변이 달콤할 수는 있다. 허나 의미심장하지 않다. 즉각적인 도움이 되어 쉽게 소비할 수는 있다. 그러나 삶을 지속하는 생산적인 힘이 없다! 과감하게, 바쁜 사람에게, 우수한 사람에게 부탁하라! 답변이 쓰고 난관처럼 보일 수는 있다. 하지만 그것이 삶에 힘을 불어넣는 양약이다. 즉각적인 도움이 되지 않은 듯 느껴질 수 있다. 그러나 생기(生氣)를 불어 넣는 생명수임을 명심하라!

교육받지 못한 인간은 한가한 사람에게 부탁하는 경우가 많다. 교육받은 인간은 바쁜 사람에게 부탁하는 경우가 많다. 부탁할 수 있는

'판단의 힘'을 부여하는 것이 교육이다. 이 부탁은 단순한 개인적 청탁이 아니다. 인간의 삶을 위한, 조언이다. 충고다. 조언과 충고를 얻기 위한 지혜의 터득이 배움이다.

그것은 일을 하기 위한 바탕의 설계다. 일을 하기 위한 도화지를 마련하고 스케치를 해 나가는 과정이다. 『논어』「팔일」에 등장하는 '회사후소(繪事後素)'라는 말이 떠오른다. '그림은 먼저 바탕을 손질한 후에 채색한다!' 마찬가지로 사람은 좋은 바탕을 갖춘 다음에 문식(文飾)을 더해야 한다.

'아리따운 웃음에 보조개여! 아름다운 눈에 또렷한 눈동자여! 소박한 마음으로 화려한 무늬를 만들었구나!' 그림을 그리는데 도화지가 없으면 그릴 수 없다. 사람에게 소박한 마음의 바탕이 없는데, 반짝이는 눈과 오뚝한 코와 붉은 입술의 아름다운 미모만으로 인간의 아름다움을 표현할 수는 없다! 형식적으로 드러난 예(禮)보다는 그 예의 본질인 인(仁)한 마음이 중요하다! 형식으로서의 예는 내용[본질]을 담보한 다음에 의미가 살아난다.

모든 일이 이와 마찬가지다. 일을 추구하는 과정에서 인간의 자세가, 학업을 진행해 나가는 학자의 태도와 동일하기에, 일을 마주하는 마음은 정말, 진지할 필요가 있다. 그것이 교육철학에 투영되어야 한다면 더욱 그러하다. 노동절에, 일에 관한 본질이 그립다.

3. 인심 좋은 곳

2021. 5. 2. 일. 9:41

사람이 어떤 지역에 산다고 할 때, 그 지역은 그곳에 거주하는 사람의 인생관과 관련이 있다. 상당수의 사람은 나름대로 자신이 지향하는 삶에 의미를 담으며, 살아갈 공간을 모색하기 때문이다.

나도 마찬가지다. 80년대 초, 서울에 처음 왔을 때, 도심(都心)의 생활이 너무나 낯설었다. 그래서 시골에서 살 때와 유사한 거주(居住) 공간을 찾아 현재 지역에 정착했다. 기본적으로 집 근처에 산이 있고 물이 있는 곳이어야 했다. 가까운 곳에 논밭이 있고, 흙 내음을 맡을 수 있는 자연산수를 찾았다. 어릴 적 산촌(山村)에서 살아서 그런지, 아파트 생활을 청산하고, 조용한 전원주택으로 이사를 할까 생각한 적도 많았다. 그러나 최소한 현 직장에서 은퇴할 때까지는 지금 집에서 머무를 것이다. 조용하고, 풍광 좋고, 아늑하고, 내 가족의 삶이 가득 담겨 있어서다.

그런데 이 거주 공간과 주변 지역의 인심(人心)에 대해서는 호오(好惡)를 판단하기가 쉽지 않다. 옛날처럼 마을 단위의 공동체로 뭉쳐진 공간이라면 어느 정도 파악할 수는 있다. 하지만 나 자신이 아침에 출근했다 저녁에 들어오는 직장인이어서 그럴 수도 있고, 아파트가 지닌 개별적 특성 때문일 수도 있겠지만, 요즘은 쉽게 인심을 가늠할 만한 공간이나 시대가 아닌 것 같다. 이 지역에 20여 년을 살았으나 몇몇 사람들과 인사를 나누며 그럭저럭 지낼 뿐이다. 인심과 관련하여 후한 지역인지 어떤지 잘 모르겠다.

풍수지리를 지나치게 따지는 것은 아니다. 하지만, 거주 공간과 관련한 나의 의식은, '내가 살고 싶은 마을이나 거주 공간을 가려야 한다!'는 것이다. 공자나 맹자를 비롯한 수많은 선현들도 그랬다. 조선 8도의 서민들이 지닌 인심에 대해, 청담(清潭) 이중환(李重煥, 1690~1752)의 『택리지』에 다음과 같은 언급이 있다.

'평안도는 인심이 후(厚)하기가 첫째다. 그 다음은 경상도로 풍속이 진실하다. 함경도는 지역이 오랑캐 땅과 맞닿아 있어 사람들의 성질이 굳세고 사납다. 황해도는 산수가 험한 까닭에 사람이 사납고 모질다. 강원도는 산골 사람들이어서 상당히 어리석다. 전라도는 오로지 간사함을 숭상하여 나쁜 일에 쉽게 움직인다. 경기도는 도성 밖의 들판에 사람들이 살기에 재물이 보잘 것 없다. 충청도는 오로지 형세와 이익을 좇는다 …… 지식인[士]이 없는 지역을 가려서, 문을 닫고 교제를 끊고, 홀로 자신을 착하게 하면, 보통사람[서민: 農工商]이 되더라도 즐거움이 그 가운데 있다. 이와 같으면, 인심의 좋고 좋지 못함도 논할 것이 못 된다.'

많은 사람들이 '부동산 투기'로 난리다. '어디에 사느냐'가 아니라, '투자(?)'와 '돈'이 문제인 모양이다. 살고 싶은 지역이 아니라, 아파트 값이 많이 오르는 지역이 중요한 삶의 구심이다. 생각해보니, 나는 그런 사태에 너무 무지하다. 청담 선생에 의하면, 나는 '풍속이 진실한' 지역 출신인데, 어떤 가늠자로 현실을 견주어야 할까? 부동산과 거주 공간 문제도 교육을 통해 논의해야 하는가? 아니면 자신이 깨달아야 하는가? 서민들에게 거주 공간 문제가 인생 최대의 난제가 된 지도 오래된 듯하다. 거주 공간 문제에서 현실은 참으로 냉혹(冷酷)하다. 엄혹(嚴酷)하다.

엊그제 날씨와 달리, 아침 햇살에 비친 집 앞 산수가 너무나 푸르고 맑다. 깨끗하다. 선명하다. 고요하다. 먼지 하나 없는 듯 투명하다. 홀로, 거주공간을 되새겨보며, 은둔(隱遁; 隱芚)의 새 모형을 그리며, 몇 자 적어 보았다.

4. 학자의 일

2021. 5. 3. 월. 3:58

5월 첫째 주 월요일 새벽 4시가 가까워 오는 시간이다. 잠이 오지 않아 옛날 학자들의 공부 자세를 훑어보았다. 무섭다. 철저하다. 개척 정신으로 똘똘 뭉쳤다. 부지런하다. 읽고 쓰기의 습관화를 몸소 보인다.

중국 북송 때의 사마광(司馬光, 1019~1086)은 19년여에 걸쳐 『자치통감』을 완성했다. 20년 가까이 온몸을 바친 역작(力作)을 남겼다. 정사(正史) 이외에 참고한 자료만 해도 200여 종에 달했다. 초벌 원고가 서재의 두 방에 가득했다. 추위와 더위를 가리지 않고 온 정력을 쏟아부었다. 「진서표(進書表)」에서 스스로 밝혔듯이, 글을 읽고 쓰다 보니, '뼈가 드러날 만큼 여위고, 눈은 침침해 졌으며, 정신은 쇠약해졌다!'

온 마음을 다해 글을 쓰느라 생활은 간소했다. 집안에는 책을 담아두는 궤짝 외에, 간단한 일용품이 생활 도구의 대부분이었다. 글을 쓰다 피곤하면 잠깐 눈을 붙일, 나무토막 베개 하나가 놓여있을 뿐이었다. 나무토막이 바닥으로 구르면 소리가 났다. 그 소리에 깜짝 놀라 깨면, 다시 글쓰기를 계속했다. 게으름을 경계한 것이다. 그래서 베개 이름도 '경침(警枕)'이라 했다.

학자의 일이 이렇게 엄중하다. 글을 읽고, 갈무리하고, 베끼고, 쓰는 작업이 일상의 대부분이다. 나도 이럴 수 있을까? 같은 인간인데, 학자의 길을 가고 있는데, 누구는 그러하고 누구는 그러하지 못하다면, 그것은 게으름의 차이로 볼 수밖에 없다. '경침'을 마련하자! 아니,

이미 마련되어 있으나 상황에 맞게 베지 않았다!

5월을 시작하면서, 푸름을 더해가는 저 녹음처럼, 글 읽기와 쓰기도 짙은 색이 더해지기를 소망한다. 그것은 읽고 쓰기의 독서생활, 그 일상의 게으름을 어떻게 타파하느냐의 문제다.

5. 필요에 의한 탐구

2021. 5. 3. 월. 11:56

인간은 개인적이건 사회적이건 다양한 측면에서 삶의 도구가 필요하다. 도구를 어떻게 인식하고 사용하느냐에 따라 목표와 목적의 성취 수준이 달라질 수 있다. 학자의 도구도 마찬가지다. 그것은 필요성에 대한 탐구이자 인식이며 학문적 동기부여와 연관된다. 강의 10분 전, 가만히 생각해 본다. 강의에 필요한 도구는 강의 내용에 관한 철저한 연구다. 교육의 필수조건! 탐구와 연구!

인간의 일에, 또는 삶에서 요청되는, 필요성에 대한 인식, 또는 필요성에 대한 탐구는 인간이 성장을 거듭할수록 커진다. 인간은 감각기관과 온몸의 움직임인 몸짓의 도움을 받아, 나름대로 탐구를 계속하면서 인식의 지적 형태를 드러낸다. '이게 뭐지?' '왜 이런 거야?' '무엇 때문에?' 등등, 의심과 의문의 뒤에서 끊임없이 질문한다. 그리고 상당 부분 인식의 지평을 확장했을 때, 텍스트를 읽고 쓰며, 자연과 인간, 사회에 대한 탐구에 적극적 관심을 보인다. 교육의 필요성에 의한 연구란 그런 것이다.

6. 변화의 양태

2021. 5. 3. 월. 20:34

폴 코헨(Paul A. Cohen)의 『학문의 제국주의(Discovering History in China)』를 읽다 보니, 재미있는 표현이 있어, 몇 자 적어 본다.

세상은 변하게 마련이다. 변화의 양태(shape)가 서로 다른 역사를 창출한다. 변화의 양태란 비유적 표현이다. 역사의 변화는 관찰자로부터 분리된 별개의 세계에서 발생하는 사안이 아니다. 변화는 단순한 과거의 다양한 사건들이 아니다. '과거의 다양한 사건들' 가운데, 자신이 탐구한 사안에 근거하여, 학자들이 양태를 결정한다.

카아(E. H. Carr, 1892~1982)는 『역사란 무엇인가』에서 다음과 같이 언급했다. '사실이란 광대하다. 때로는 가까이 가기 어려운, 거대한 바다 속에서 돌아다니는 물고기와도 같다. '학자가 무엇을 잡을 수 있는가?'라는 것은 주로 '어떤 장소를 골라 어떤 도구를 쓸 것인가?'라는 선택에 달려 있다. 그리고 장소와 도구의 선택은 학자가 '어떤 고기를 잡고 싶은가?'라는 열망에 의해 결정된다.'

변화의 양태! 무엇을 잡을 것인가? 그 최대의 혼돈은 '혁명'을 거치며 정돈된다. 학문에서는 학자의 자기 혁명이 아닐까? 교육에서는 학생의 자기 혁명이 아닐까? 혁명은 후퇴와 전진, 낡은 요소와 새로운 요소가 복잡하게 얽히는 과정이다. 결코 복고(復古)가 아니다. 인간의 유대(紐帶)를 되살린다. 인간이 살아가는 데 가장 근본적인 문제를 이해하고 해결하기 위한 새로운 기회를 제공한다. 전통은, 한편으로는 혁명에 대한 장애로 나타난다. 다른 한편으로는 혁명을 촉진한다. 혁명에 활력을 부여한다. 혁명을 정통화하기 위한 재료의 저장고 역할로 기능한다.

7. 물질문명과 자본주의

2021. 5. 4. 화. 23:00

오래전에 읽었던, 페르낭 브로델의 『물질문명과 자본주의』 서론에 적힌 다음과 같은 의미심장한 구절이 나의 사고를 흔든 적이 있다. 아직도, 문명과 문화의 경계를 색다른 개념으로 규정하는 이 물질문명의 처리 과정이 낯설기만 하다.

'인간 생활의 전체를 제한하고 포괄하는 다소 넓은 경계, 도달하기가 늘 어려우며 넘어서기란 더욱 어려운 한계, 말하자면 일종의 천장 같은 것이 있지 않을까? 현 시대를 포함하여 각 시대마다 가능과 불가능 사이에, 다시 설명하면, 노력이 안 드는 것은 아니지만, 그래도 도달할 수 있는 것과 인간에게 아예 거부된 채 남아 있는 것 사이에 한계가 그어져 있었다. 과거에는 식량이 불충분했다. 가용(可用) 자원에 비해 인구가 너무 적었거나 너무 많았다. 인간의 노동 생산성이 낮았다. 또 자연에 대한 정복이 겨우 시작된 단계였다. 이런 이유가 불가능의 영역을 존재하게 만들었다.'

그렇다면, 첨단과학 기술문명 사회는 이러한 영역을 해소하고, 구현하였는가? 가능하게는 만들었다. 그러나 또 다른 불가능은 없을까? 특히, 교육을 바탕으로 해결을 모색했으나 해소하지 못하는 영역은 없는가?

8. 진리는 어느 편에 있는가?

2021. 5. 6. 목. 18:24

러셀(Bertrand Arthur William Russell, 1872~1970)이 88세에 출간한 『서양의 지혜』는 위대한 저술이다. 철학사상과 교육철학을 풍부하게 담고 있다. 몇 번에 걸쳐, 『서양의 지혜』 가운데 교육과 관련한 부분을 독해해 본다.

철학적 논쟁의 무대는 끊임없이 변한다! 때문에 진리가 과연 어느 편에 있는지를 알아내기란 곤란하다. 일하는 사람이 시간 여유가 없어 하지 못하는 일이 하나 있다고 하자. 그것은 미결정의 문제로 남게 된다. 단순히 활동을 위해 일을 수행하는 사람에게 이런 미결정의 문제는 일종의 저주이다. 서양 사상의 원류 급에 속하는 고대 그리스 사회에서, 이는 소피스트들이 전반적으로 처해 있던 곤경이었다.

철학자들은 사유의 차이만큼이나 서로 충돌하는 이론을 제기한다. 이런 철학적 논쟁 상황에서는 보편적 지식을 얻을 수 없다. 그런 희망은 사치다. 다양한 종족과 민족, 다른 국민들 사이에 교류가 넓어짐에 따라, 다양한 풍습 사이에는 넘을 수 없는 고랑이 자리한다. 문화적 다양성 말이다.

소피스트들은 공통적이고 보편적인 지식을 가질 수 없다고 느꼈다. 그런 사유를 더해갈수록 지식은 시시한 것이라고 선언했다. 중요한 것은 쓸모 있는 의견이었다. 이런 생각에는 그에 부합하는 어떤 진리가 있게 마련이다. 실제 문제를 처리할 때, 우선적으로 고려할 사안은 무엇일까? 그것은 성공이나 성취다. 하지만 소크라테스는 의견을 달리했다. 소피스트의 견해를 반박했다. 소피스트들은 '견실한 습관'에 관심을 가졌다. 반면, 소크라테스는 그것만으로는 충분치 못하다고 보았다. '자기성찰(自己省察: Introspection)'이 없는 인생은 살 가치가 없다!

자기성찰! 이것이 진리를 창출하는 기준이나 근거로 부각된다. 철학자 소크라테스, 교육자 소크라테스의 실천의 뿌리가 다름 아닌 '자기성찰'이다.

9. 교육자 소피스트와 3학4과

2021. 5. 7. 금. 10:09

고대 그리스 시대의 소피스트들에 대해, 호평을 하건 악평을 하건 관계없이, 그들은 서구 교육의 역사에 등장하는 초기 교사의 전형이다. 오늘날과 같은 체계적 교육이 없던 시절, 소피스트들은 교육에 해당하는 활동을 거의 전담했다. 그들은 직업적으로 강의를 하는 순회 교사였다. 특강을 일삼았던 교육자였던 것이다.

하지만 소크라테스는 그들을 못마땅하게 여겼다. '보수를 받고 교육한다'는 것이 이유였다. 아니, 왜, 강의를 하고 보수를 받는 것이 잘못 되었는가! 동서고금을 막론하고, 어떤 사람이건 직업 활동을 통해 생계를 유지해야 하지 않는가? 당시의 분위기가, 학자가 철학이나 교육적 활동을 하는 경우, 무보수로 봉사하는 것이 관례였는지는 모르겠다. 그렇다고 무조건 무료 봉사를 해야 하는 건가? 이런 점에서는 소크라테스가 조금 지나쳤다!

제 아무리 공론가라고 할지라도 먹고사는 기본 생존의 문제는 해결하면서 활동해야 한다. 굶어 죽으면서 강의를 할 수는 없지 않은가! 교육자에게 물질적 문제를 걱정하지 않고, 교육에 전념할 수 있도록, 고용의 대가로 봉급을 지급하는 것이 대학의 전통이다. 그렇다고 학자가 물질적 보수를 지나치게 요구하거나 금전만을 밝혀서는 곤란하다. 검약하는 문화생활 정도의 정당하고 적절한 보수는 필요하지만, 그것 이상의 요구는 학문에 대한 모욕이자 인격적 수치다.

소피스트들은 교육에서 다양한 문제를 강조했다. 이 대목이 매우 중요하다.

첫 번째로 강조한 것은 '문법(文法: Grammar)'이다. 그리스 원어로는 그라마티케(ραμματική: Grammatikê)다. 그 뜻은 '문자를 쓰는 기술'이다. 이 문법이 의미가 확장되어, 다른 말로 바꾸면, 문학(文學)이 된다. 문학은 문학과 역사와 철학, 나아가 과학 등을 전반적으로 포괄하는, 인간이 가꾸어온 문화를, 파악하는 작업이다. 문화는 삶의 양식으로서 인간의 보편적 생활 지침이다. 그것은 한 사회의 결을 비춰보는 거울이다.

두 번째는 '수사학(修辭學: Rhetoric)'이다. 수사학은 사람을 설득하고 영향력을 미치기 위한 언어 기법을 연구한다. '수사(修辭)'란 '언사(言辭)의 수식(修飾)'이란 뜻이다. 한자 그대로, 말과 글을 아름답게 꾸미는 데 의의가 있다. 전통적으로는 문장을 장식하는 수단으로 생각되었다. 요즘은 정확한 전달과 설득을 위한 모든 수단을 고찰하는 기능으로 인정된다. 고대 그리스에 민주정치가 구현되면서, 그것을 직접적이고 실제적으로 인식하고 실천하는 당면 과제가 등장했다. 사람들을 설득하고 이해시키고, 선도하는, '연설(演說)' 능력이 필요하게 되었다. 지성인들은 사람들 앞에서, 민주정치와 관련한 자기의 주의나 주장을 명확하게 진술해야만 했다. 집회에서 어떤 문제를 다루는 방법을 구체적으로 가르쳐야 했다.

세 번째는 '논리학(論理學: Logic)'이다. 논리학은 달리 말하면, '변증론(Dialectic)'이다. 민주주의가 발전하는 과정에서, 불리한 주장을 유리하게 보이도록 하는 논쟁술이 필요했다. 이 기술은 수많은 법정에서 피고가 자기를 변호하는 상황에서 큰 도움이 되었다. 논쟁을 통해, 사람들은 논점을 왜곡하는 방법을 알았고, 역설하는 방식을 익혔다. 하지만 논쟁술은 논의를 활발하게 만드는 전투적 성향에 치중했다. 그것은 변증법을 요청한다. 때문에 논쟁술과 변증법은 분명하게 구별해야 한다. '논쟁'이냐 '변증'이냐를 구체적으로 판별하고 구현하는 능력은 매우 중요하다. 논쟁을 일삼는 사람은 이기기 위해 온갖 힘을 쓴다. 논쟁에서 이기기만 하면 되기 때문이다. 하지만, 변증법은 다르다. 변증을 하는 사람은 진리를 발견하려고 애쓴다. 진지하게 대화를 이어가며 토론에 임한다. 상대방의 의견을 경청하고 존중하면서, 반박하고 수용하며, 올바름을 고민한다. 이런 점에서 논쟁과 토론의 차이는, 교육적으로 매우 엄격하다.

이 '문법'과 '수사'와 '논리'가 서양 고대 학문과 교육의 기초를 형성했다. 이른바 '3학(三學)', '트리비움(Trivium)'으로 불리는 교육과정을 탄생시켰다. 그것은 이후에 중시된 '4과(四科)'와 더불어 '7자유교양(Seven Liberal Arts)'을 이루었다. 4과는 '산술(算術: Arithmetic), 기하(幾何: Geometry), 음악(音樂: Music), 천문(天文: Astronomy)'으로, '쿼드리비움(Quadrivium)'이라고 한다. 이 3학4과(자유7교양)는 중세 이래 대학교육에서 교양필수로 자리매김했다. 물론, 시대가 달라진 만큼 현재 대학의 교양교육은 이와 다른 면모를 보인다. 그 간극을 시대정신에 비추어 보면, 대학의 교양교육에서 고민할 부분이 많다. 소피스트들의 의견을 모두 따를 필요는 없지만, 그들이 현실에 부활하여 교육한다면, 어떤 충고를 할까?

10. 교육철학적 사고

2021. 5. 7. 금. 19:19

러셀이 고민한 '철학적 사고'를 '교육철학적 사고'로 전환하면 어떤 모습을 보일까? 엄격하면서도 두려운 사고의 층계가 세상을 노려본다.

교육에서 철학적 사고는 교육의 방향을 암시한다. 교육철학적 사고를 하지 않는 사람은 교육에 대해 어떤 생각을 할까? 사고를 하지 않는 만큼 생각이 없다. 개념이 형성되지 않는다. 그것은 일관성 없는, 분별없는, 멍청한 교육을 양산한다.

온화하고 너그러운 교육자를 대하는 태도는 다양하다. 교육에 대해 따지지 않고 해를 끼치지 않는 바보로 취급하기도 하고, 신중하게 고려해야 할 사안에 대해 특별한 관심을 가지지 않는 특이한 사람으로 매도하기도 한다. 그것은 교육철학적 사고의 깊이와 넓이에 의해, 다른 시선을 유도한다.

교육철학적 사고는 기존의 교육적 관습에 심각한 영향을 미칠 수 있다. 낡은 교육적 인습을 타파한다. 많은 사람들이 그럴만한 가치가 있다고 생각하는 습관과 견해에 무조건 동의하지 않는다. 적절한 타협보다는 냉혹하리만큼 공정한 비타협을 감행한다. 소중하게 품고 있는 교육적 신념이 의심을 받으면, 불안을 느낀다. 심한 경우, 증오와 적의를 갖고 반발한다.

11. 플라톤의 아카데미

2021. 5. 8. 토. 10:00

고대 그리스 아테네 철학의 상징인 플라톤(Plato, B.C.427~B.C.347)은 서양철학의 부모 격에 속한다. 영국의 철학자이자 수학자인 화이트헤드(Alfred North Whitehead, 1861~1947)가 서양철학을 '플라톤의 각주(脚註: footnote)'라고 할 정도니까 말이다. 플라톤은 우리가 잘 아는 '아카데미아(academia)'라는 학원의 기반을 닦았다. 그것은 중세 대학의 시초가 되었다.

플라톤은 페리클레스가 사망한 지 1년 뒤인 기원전 427년에 태어났다. 그리고 펠레폰네소스 전쟁 시기에 성장했다. 80여 세를 살다가 기원전 347년에 세상을 떠난 것으로 알려져 있다. 플라톤은 귀족이었다. 부유했다. 교육환경도 그러했다. 플라톤의 아버지와 그 조상은 고대 아테네의 왕족이었다. 어머니는 아테네의 유명 정치계 집안 출신이었다. 아버지 아리스톤은 플라톤이 어렸을 때 사망했다. 이후, 어머니 페리크티오네는 페리클레스의 친구였던 그녀의 삼촌과 재혼했다. 어린 시절의 가정 상황으로 보아, 플라톤은 의붓아버지 집에서 생활했을 것으로 추측된다. 이 모든 환경은 플라톤의 성장에 영향을 미쳤으리라.

플라톤은 소크라테스를 완벽하게 대변하는 최고의 제자다. 소크라테스는 플라톤의 집안과 오랜 친구였다. 때문에 플라톤은 어린 시절부터 소크라테스를 알고 있었다. 잘 알려져 있지는 않지만, 소크라테스가 처형된 후, 플라톤은 방황의 시기를 보낸 듯하다. 몇 년 동안을 이탈리아, 이집트 등 먼 지역에 이르기까지 여행을 하며 시간을 보냈다고 한다.

방황의 시기를 마친 후, 플라톤은 기원전 387년에 아테네로 돌아왔다. 그리고 학원의 기반을 닦았다. 아테네 서북쪽의 숲속에 아카데미아를 지었다. 아카데미아는 서기 529년에 유스티니아누스 황제가 폐쇄할 때까지, 학교로서 900년 이상 유지되었다. 아카데미아의 교육과정은 피타고라스학파의 전통 교과와 비슷했다. 나중에 4과(Quadrivium)로 정착하는 '수학, 기하학, 천문학, 화성학'이 기본 교과였다. 이 가운데 '수학'이 아주 강조 되었다고 한다. 아카데미아 입구에 걸린 글귀가 인상적이다. '이 과목이 싫은 사람은 누구나 입학을 삼가라!'

아카데미아의 교육과정은 의미심장한 목적을 지향했다. 사람들의 사고를 경험 세계의 현상에서 배후에 가로 놓인 불변의 틀로 향하게 인도했다. 플라톤의 표현을 빌리면, '생성(生成)에서 존재(存在)로 향하도록' 하는 교육철학적 작업이다. 이 교과과정은, 어느 하나도 제멋대로 선택해서 연구하는 자율적인 것은 없다. 중요한 사실은 3학(Trivium)의 핵심인 '변증법과 규범'이 기본 바탕처럼 포함되어 있다. 이들 규범은, 교육을 교육 이외의 사안과 구별하는, 진정한 학문의 특징으로 자리매김 하였다. 현재까지도 변증법과 규범은 참교육의 대상이다.

특히, 아카데미아에서 비롯된, 대학의 기능을 예의 주시할 필요가 있다. 대학(고등)교육은, 학생의 머리에 주입할 수 있는 데까지 객관적 지식이나 사실을 최대한 주입하는 일이 아니다! 올바른 과제는 학생에게 비판적으로 검토하는 습관을 들이도록 하여, 모든 문제와 관련된 규범과 기준을 이해시키는 작업이다!

고등학술연구소와 유사했을 것으로 추정되는 아카데미아! 주지하다시피 초기 아카데미아가 배출한 학생 가운데 가장 유명한 인물이 바로 아리스토텔레스다. 아리스토텔레스는 플라톤이 사망할 때까지 약 20년 동안 아카데미아에서 연구했다. 아리스토텔레스는 스승 플라톤을 이렇게 회상한다.

'선생께서는 노트를 준비하지 않고 강의를 했다. 세미나나 토론 그룹에서는 학생이 스스로 풀도록 문제만을 제시했다. 한 번도 교과서를 쓰지 않았다. 언제나 자기철학을 하나의 체계로 규정하는 것을 거부했다. 세계는 너무 복잡하기 때문에, 이것을 미리 생각한 학문적 틀에 짜 맞추어 끼워 넣을 수 없다고 생각했다.'

나는 대학 교수가 된 이후, 플라톤의 이런 방식을 교육에 적용하는 경우가 많다. 플라톤과 아리스토텔레스를 읽은 후, 이 위대한 사상가로부터 배운 것인지는 잘 모르겠다. 암묵적으로 받은 영향은 분명히 있으리라.

12. 가정의 달 성찰

2021. 5. 8. 토. 11:05

5월은 '가정의 달'이라고 한다. 5.5 어린이날(자식), 5.8 어버이날(부모), 5.21 부부의 날 등, 가정에서 부부, 부모, 자녀를 중심으로 하는 기념일이 가득해서 그런 모양이다. 나는 예전부터 이런 기념일을 마땅치 않게 여겼다. 특별히 기념하는 것 자체가 웃긴다고 생각했다. 아이들이 자라면서, 사회 분위기상 할 수 없이 선물을 사주며 기념하기는 했지만, 아직도 썩 마음에 내키지 않는다. 평소, 일상이, 늘 어린이를 위하고 어버이를 위하고, 부부를 위해야 하는 것 아닌가!

1948년 대한민국정부 수립 이전에는 특별한 날을 기념일로 정해서 행사하는 경우가 드물었다. 다양한 기념일은, 1950년대 이후, 농경을 중심으로 하는 전통사회가 서서히 붕괴되고, 도시화, 핵가족화가 진행되면서 나타난 현대적 개념이다. 경로의식(敬老意識)의 쇠퇴, 부모봉양(父母奉養) 정신의 퇴색 등등, 시대에 따라 바뀌는 현상을 안타까워하며, 국민의 정신을 재무장하려는 범국민적 의도에서 인위적으로 만든 것이다. 어버이날의 경우, 1956년 5월 8일을 '어머니 날'로 지정하여 경로효친(敬老孝親)의 행사를 진행했고, 그 과정에서 '아버지의 날'도 거론되어 1973년 '각종 기념일 등에 관한 규정'을 제정 공포하면서, '어버이 날'로 변경했다. 가정과 정부에서 진행하는 행사는 거창하게 진행되었다. 가정에서는 자녀들이 부모님께 카네이션을 달아드리고 감사의 선물을 전했다. 융숭한 식사 대접과 효도 관광을 모시기도 했다. 관공서 기념식장에서는 전국의 시나 군, 구에서 효자(孝子)나 효부

(孝婦)로 선발된 사람에게 각종 포상을 하고, 여러 가지 특전을 주기도 했다.

나는, 이런 날을 정해, '이날 하루만' 어린이를 생각하거나 부모나 부부를 생각하는데 대해서는 절대 반대다. 어떤 사람은 그럴 것이다. 이 바쁜 세상에 이런 기념일이라도 정해서 사람을 위한다는 것이 어디냐? 좋은 일 아니냐! 꽃도 받고, 선물도 받고, 감사 인사도 받고, 크게 보면 꽃장수를 비롯하여 선물 가게가 호황을 누려 경제 활성화에도 기여하고.

그러나 아니다. 결코 아니다! 그렇다고 그런 생각이 틀렸다는 뜻은 더욱 아니다. 특정 기념일보다 일상을 중요하기 때문이다. 일상에서 가족이나 이웃과 더불어 하지 않는다면, 아무리 특별한 기념일을 만들어 행사를 성대하게 베푼들, 무슨 의미가 있겠는가? 평소에 자식을 위하고, 부모를 위하고, 부부를 위하고, 이웃을 위해야 한다. 그것이 내 교육철학의 기초다. 이제는, 자식 이외에, 일상에서 물리적으로 직접 모실 부모도 부부도 없다. 단지, 내 마음에 담아 아침저녁으로 생각하며 모실 뿐이다. 그래도 할머니와 엄마의 사랑을 가슴에 품고 성장해 가는 두 딸을 보면 흐뭇하다.

13. 교육철학자

2021. 5. 9. 일. 19:53

일반적으로, 철학(Philosophy)은 '지혜에 대한 사랑'이라고 한다. '필로소피'라는 문자를 의미 그대로 풀이한 것이다. 따라서 철학자는 '지혜를 사랑하는 사람'이다. 지혜는 지식과 직결되고, 지식은 인식이나 앎이라는 말과 동일하게 쓰인다. 그렇다고 지식을 터득하는 사람을, 무조건 철학자라고 할 수 있을까? 단순하게 무언가를 알고 싶어 하는 사람들이 모두 철학자인 것만은 아니다.

여기에서 교육철학자란 어떤 존재인지 유추할 수 있다. 문자 그대로 이해하면, '교육적 지혜를 사랑하는 사람'이다. 교육적 지혜는 교육에 담긴 지식이나 인식이다. 또는 교육을 통해 창출할 수 있는 지혜이기도 하다. 교육철학자는 '교육적 지혜'로 상정할 수 있는, 교육을 둘러싸고 펼쳐지는 진리의 모습을, 심사숙고하며, 사랑하는 사람이다.

무엇보다도 교육에서 우러나오는 아름다움, 교육의 미학적 차원을 사랑한다. 이때 아름다움은 무엇일까? 꾸밈으로 점철되는, 포장되어 가려진, '거짓'과는 거리를 둔다. '메이크 업(make-up)'보다는 '셀프 소(self-so)'다. '스스로 그러함!' 있는 그대로, 그 사실을 미학적 차원으로 끌어올려 '진실'로 소화해낸다. 그 아름다움은 타인에게는 잘 알려지지 않는다. 하지만 자신은 늘 들여다보고 있다.

자기의 아름다움을 사랑하는 사람은 꿈을 꾼다. 아름다움을 사랑하는 사람은 가치를 지향한다. 아름다움을 사랑하는 사람은 늘 깨어 있다. 그 아름다움이 진정한 지식으로 전환된다. 자기의 철학으로 강화된다. 교육이 추구하는 궁극적 지점이, 자기 철학의 강화이자, 자기 삶을 미학적 차원으로 고양하는 작업이다.

5월의 녹음에 앉아, 교육철학자의 모습을 그려보니, 그런 생각이 들었다. 앞산 내 산책길 한쪽에는, 이제 아카시아가 피려고 얼굴을 내밀고 있다.

14. 교육의 본질과 대학교육

2021. 5. 10. 월. 11:32

학문 탐구의 성공 여부는 교육의 진지성에서 판가름 난다. 학교에서건, 사회에서건, 어떤 곳에서건, 가르치는 사람과 배우는 사람은 밀접하게 협력해야 한다. 글을 읽을 수 있는 사람은 누구나 도서관에 가서 지식을 모을 수 있다. 마찬가지로 정보를 다룰 수 있는 사람은 누구나 컴퓨터 인터넷과 같은 도구를 이용하여 지식을 산출할 수 있다. 간략한 인프라(infrastructure)만 구축되면, 지식 확보의 방법은 매우 개방적이다. 교사가 단순하게 지식만을 부여해야 할 필요성은 점점 적어진다. 그렇다면, 참다운 지식은 어떻게 파악되는가?

교사의 역할은 학생이 자신의 시선으로 사물을 바라볼 수 있도록 이끌어주는 일이다. 그러나 자신의 눈으로, 스스로 생각할 수 있는 방법을 배울 수 있는 능력이 누구에게나 갖추어진 것은 아니다. 능력은 개인의 노력과 이 노력에 방향을 제시하는 훌륭한 지도자의 도움으로 배양해 나가야 한다. 그것이 학생과 지도교수의 유기체적 기능이다. 대학에서 학생들이 교수의 지도를 받으면서 학문을 연구하는 방법이기도 하다.

대학교육은 학생에게 독립적인 정신 습관을 길러 주어야 한다. 시대의 편견이나 선입견에 빠지지 않는, 객관적이고 비판적인 탐구정신을 함양해 주어야 한다. 독립정신과 탐구정신! 이것을 어느 정도 갖추고 있느냐에 따라, 그 올바른 기능을 얼마만큼 수행할 수 있는지 판가름 난다. 대학이 이런 교육을 수행하지 못하면, 단순하게 학문 내용을 주입하는 강의의 공간에 그치고 만다. 주입식이나 단순 지식 전달식 학문은 대학교육의 실패다. 이런 교육적 실패는 심각한 결과를 초래한다. 독립적 사고방식이 사라진 곳은 흑색선전과 권위주의의 독버섯이 끊임없이 퍼진다. 비판을 억누르는 경우, 많은 사람들이 실감하는 것보다 훨씬 심각하게 추락한다. 사회 통합이나 공공 목적을 성취하기는커녕, 공동체는 허물어지고 깨지기 쉬운 획일성을 강요한다. 권력을 지닌 자나 책임져야 할 자리에 있는 인간들은 이런 상황을 알아차리지도 못한다.

요컨대, 교육이란 교수의 인도를 받으면서, 학생이 스스로의 힘으로 생각하는 작업이다. 교육철학이란 단순히 개인이 파악한 교육적 지혜를 사랑하는 일이 아니다. 교수와 같은 친구가 장악한, 교육적 지혜를 사랑하는 학문 행위다.

15. 나그네의 밤

2021. 5. 10. 월. 21:57

아파트 저녁 산책을 하다 들어오면서, 갑자기 고려 말 충신인 포은 정몽주(圃隱 鄭夢周, 1337~1392) 선생의 시(詩)가 생각났다. 너무 오래전에 읽은 지라, '경사객야'라는 시 제목만 생각나고 노랫말은 어렴풋했다. '한시집(漢詩集)'을 펼쳐 보았다.

경사객야(京師客夜)! '경사'는 대중들이 사는 곳이기도 하고, 임금의 궁궐이 있는 성이기도 하다. 그러므로 '경사객야'는 '서울에 사는 한 나그네의 밤 노래' 정도로 해석할 수 있겠다.

경사객야 – 서울 나그네의 밤

나그네 밤의 이 심정, 누가 묻는가!
나지막이 읊조리며 밤이 깊으려 하네.
시는 베개 위에서 얻고,
등불은 벽에 걸린 채 밝다.
잠자코 지난 일 생각하며,
멀리 갈 길을 헤아려 본다.
깜박 잠들었다 깨어나니,
아이는 첫닭 운다 알린다.

포은 선생의 시구를 받아 시 아닌 시를 읊어본다.

헤아리는 길

갈 길이 멀다.
별빛 가득한 하늘에 닿아야 할 거리다.
아직은 그렇게만 느껴진다.
길을 가는 나그네는
그저 길을 갈 뿐이다.
학문 하는 나그네는
그저 학문을 할 뿐이다.
새벽 첫 닭이 울 때 쯤, 다시 깨어
저 그윽한 길을 헤아려볼 뿐이다.

16. 올바른 교육, 자기이해

2021. 5. 12. 수. 22:16

나는 1980년대 초반, 대학시절 읽었던 책을 가끔 꺼내 보곤 한다. 20세기, 내면의 소리를 전달하는 위대한 사상가 가운데 한 사람으로 평가받는 크리슈나무르티(Jiddu Krishnamurti, 1895~1986)가 쓴 『교육과 인생의 의미』도 그 가운데 하나다. 그는 올바른 교육에 대해 다음과 같이 강조한다.

무식한 사람은 배우지 못한 사람이 아니다. 자기 자신을 모르는 사람이다. 배운 사람일지라도, 자신을 이해하기 위해, 책이나 지식, 그리고 명성을 날리는 대가에 의존할 때는 어리석은 사람이 된다. 이해는 인간의 전체적 심리 과정에 대한 인식인, '자각(自覺)'을 통해서만이 가능하다. 그런 만큼, 진정한 의미의 교육은 자기 자신을 이해하는 작업이다. 존재의 전부가 모이는 곳이 우리 각자의 내부이기 때문이다.

우리가 지금 교육이라 일컫는 것은 책으로부터 지식과 정보를 수집하는 일이다. 이는 글을 아는 사람이면 누구나 가능하다. 그런 교육은 우리를 자신으로부터 교묘하게 도피하도록 만든다. 모든 도피들처럼, 그런 교육은 비참을 빚어낼 뿐이다. 비참함의 소용돌이에 자리하는 갈등과 혼란은 우리 자신과 인간, 사물, 그리고 이념과의 잘못된 관계로부터 생기는 결과다. 우리가 그 관계를 잘 이해하여 어떤 변화를 일으킬 때까지, 단순한 배움, 즉 사실의 축적과 여러 기술의 획득은, 우리를 혼돈과 파괴 속으로 끌어당긴다.

세상의 혼탁한 도가니 가운데, 자기 자신을 이해하는 작업은 지난(至難)하다! 그만큼 올바른 부류의 교육으로 인도하는 작업이 쉽지 않다!

17. 상기(想起), 변증법, 학습의 과정

2021. 5. 13. 목. 8:48

플라톤의 『메논』을 보면, 학습에 관한 재미난 기록이 있다. 학습의 과정은 이전 세상에서 외우고 있다가 나중에 이를 잊어버린 뒤, 다시 이를 생각해 내는 작업이다. 간단하게 말하면, '상기(想起)'다. '회상(回想)'이다. 이를 '상기설' 또는 '회상설'이라고 말해 왔다.

특히, 아남네시스(anamnesis)의 관념은, 영혼이 육체에 싸여 있는 상태와 육체를 벗어난 상태를 번갈아 경험한다는 견해에 근거한다. 피타고라스가 품었던 윤회의 이론과 연관되어 있는 듯하다. 육체를 이탈한 영혼은 잠들어 있는 것과 같다. 때문에 그것이 눈을 뜨고 있는 상태, 즉 육체에 싸여 있는 상태로 있을 때는 전생에서 배운 것도 기억나게 된다.

이를 증명하기 위해, 소크라테스는 '메논'의 한 노예 소년에게 질문을 한다. 소년은 그리스어 지식 이외에 아는 게 거의 없다. 그러나 소크라테스는 간단한 물음을 통해, 그리스어 지식 이외의 다른 지식을 파악할 수 있게 만드는 데 성공한다. 이런 점에서 참다운 학습은, 상기를 바탕으로 하면서도, 교사와 학생의 상호작용을 통해 생산된다. 위대한 창조다. 학생과 교사의 상호작용이라는 점에서, 학습은 하나의 변증법적 과정이다.

이 학습의 중심에 언어가 자리한다. 일반적으로 언어는 과거로부터 내려온 단편적인 철학적 사고가 고인 곳이다. 그 언어를 매개로 교육은 기억 작용을 가르친다. 정신분석적 요법이 과거의 기억을 생각나게 하는 이러한 관념에 바탕을 두고 있다. 기억 작용을 통해 상기하고 회상하는 차원에서, 넓은 의미에서 이해하면, 교육은 '영혼의 치료'다.

이 영혼의 작용은 영혼 자체와 대화하는 일이다. 영혼의 대화 과정에서, 한 문제가 결론에 이를 때, 우리는 판단이 내려졌다고 한다. 이 지점에서 영혼의 판단이, 지식의 참다운 판단이라고 정의해도 좋은지 검토해야 한다. 판단이 영혼의 활동이라면, 올바르게 판단할 수 있으리라! 이 영혼, 달리 말하면, 정신이란, '기억의 인상'이기 때문이다.

18. 지식에 이르는 과정

2021. 5. 13. 목. 16:49

교육은 지식에 이르는 과정이다. 그것은 선(善)을 지향하는 도정(道程)이기도 하다. 인간의 자유로운 삶이 교육을 통한 지식이나 통찰력으로 얻어진다면, 무지(無知)는 자유로운 삶을 방해하는 교육의 적이다. 지식은 올바름을 지향하지만, 오류(誤謬)의 문제에서 자유로울 수는 없다. 때문에 지식과 오류의 문제는 동일한 질문에서 생기는 양면이다. 어느 쪽도 현재 논의하는 문제 상황에서 해결되지는 않는다. 그만큼 새로운 출발이 요청된다.

지식(知識)은 어떤 가정(假定: hypothesis)이나 가설(假說)에서 시작한다. 가정이나 가설, 이 두 단어는 사실상 동일한 의미다. '무언가를 아래에 놓다'라는 뜻이다. 우리가 '논증을 세울 수 있는 기초를 닦아야 한다'는 것이 요점이다. 지식의 터득 과정에서 우리는 가설에서 나오는 결과를 연역하여, 이것이 사실과 일치하는지의 여부를 조사한다.

가설은 '현상을 만족하게 설명하다'라는 의미다. 가설의 결과가 사실을 공평하게 다루고 있으면, 하나의 가설은 현상, 즉 우리 주위에 있는 사물 그대로의 모습을 올바르게 설명해 준다. 사실이 가설의 결과와 일치하지 않는다면, 그 가설은 타파된다. 그러므로 무엇인가 다른 가설을 시도해야 한다. 논증을 할 때 확신은 아니더라도, 논증을 위해서는, 참가자 모두가 인정하는 무엇인가에서 시작해야 한다. 이후, 가설을 증명한다는 것은 전혀 다른 문제다. 문제의 가설이 결과로 보일지도 모르는, 보다 높은 지점에서 출발해야 한다. 이것이 변증법의 과제다.

변증법의 목표는 최고의 출발점인 '선(善)의 형상'에 이른다. 변증법의 기능은 이들 형상 또는 최고의 부류 가운데, 어느 것이 결합되고 어느 것이 결합되지 않는지를 연구한다. 운동과 정지는 서로 결합되지 않는다. 그 각각은 존재와 결합된다. 그래서 저마다 존재한다. 운동은 그 자체와는 같지만 정지와는 다르다. '같다'라는 동일성과 '다르다'라는 차이성은 존재와 같이 모든 것에 해당된다. 하나하나는 그 자신과 같고, 다른 모든 것과는 다르기 때문이다.

19. 탐구와 오류

2021. 5. 14. 금. 11:12

버트란트 러셀은 『서양의 지혜』 '맺음말'에서 진지하게 주문한다. 1960년, 88세에 이른 철학자의 학문 인생을 녹여 넣은 큰 울림이다.

세계는 탐구의 대상이다. 이 세계는 인간이 만든 것이 아니다. 인간은 자기의 잘못과 착각을 스스로 만들어 낸다. 때로는 자신이 오류를 범하고 있다는 사실을 발견하지 못한다. 그러다 어느 순간, 그것을 깨닫는다.

어떤 신념이 옳다고 해도, 이 신념은 한 사람에게 쾌락이나 위안을 주지 않는다. 어떤 사람은 자신이 무한한 재능이나 자원을 지녔다고 생각한다. 이렇게라도 하는 것이 자신을 만족스럽게 만들기 때문이다. 하지만 세상에는 이와 정반대의 생각을 가진 사람도 많다.

다시 탐구의 문제를 고려하자. 탐구를 통해 발견한 사안들이 때로는 오류일 수 있다. 그렇다고 해서 이 발견들이 무조건 주관적이라고 말할 수는 없다. 탐구의 대상에, 이미 인간의 시선이 투영됐다. 탐구의 대상 가운데 '자연 자체'는 오류를 범할 수 없다. 자연은 아무런 진술을 하지 않기 때문이다. 『논어』「양화」에서 공자도 말했지 않은가! '자연이 무슨 말을 하던가? 사계절이 바뀌고 모든 존재가 살아서 자라지만, 자연이 무슨 말을 하던가?(天何言哉, 四時行焉, 百物生焉, 天何言哉.)'

오류는, 사람들이 말을 할 때, 발생한다. 사람들이 명제를 공식화하면서 오류에 빠진다. 오류가 이것을 범한 그 누군가와 결부되어 있다는 뜻에서 주관적이라고 한다면, 또 오류를 저지르지 않는다는 아무런 보증도 없다고 한다면, 우리는 언제나 자기 주관적 의견에 둘러싸인다. 이것이 잘못이다. '오류가 언제나 스며들 수 있다!'라고 말하는 것과 '옳지 않다!'라고 주장하는 것은 전혀 별개의 문제다.

내가 잘못 되어 있다면, 내가 잘못 되어 있다는 자체도, 세계에 대한 하나의 사실이다. 이 지점에서 무엇을 강조해야 하는가? 어떤 차원의 공부가 의미 있을까? 객관적 성격에 관한 공정한 탐구다. 그리고 이 탐구가 추구하는 진리의 독자적 본성이다.

교육이 추구하는 탐구는 이렇게 학문하는 자세를 신중하게 본받을 필요가 있다! 그것이 교육철학을 형성하는 포인트다.

20. 사회적 동물, 그들의 발견과 행동

2021. 5. 15. 토. 12:40

인간은 사회적 동물(社會的 動物: social animal)이다. 사회적 동물로서 인간은 세계에 대한 발견(發見)에만 관심을 갖는 것이 아니다. 인간이 수행하는 또 하나의 과제는 세계 안에서 행동(行動)하는 일이다. 발견과 행동! 이 두 수레바퀴를 끌고 가는 인간은 과학적 측면의 수단과 행위를 끌어안고 나가는 목적으로 삶을 고심한다. 이 과정에서 인간은, 사회적 본성으로 인해, 반드시 '윤리 문제(倫理 問題)'에 부딪히게 마련이다. 문명 생활을 만드는 대부분의 유용한 원리는 윤리적 성격을 띠기 때문이다.

문명을 가꾸어 나가는 인간, 이 탐구자는 이중적 과제에 직면한다. 한편에서는 자기 연구의 독립된 대상을 될 수 있는 대로 추구한다. 자기가 발견한 것이 마음을 안정시켜주건 혼란을 주건 상관하지 않고 탐구해야 한다. 윤리적 원리에 인간이 관여하지 않는 것처럼, 탐구의 결과는 인간의 감정에 관여해서는 안 된다. 다른 한편에서는, 윤리적 의미에서 발견을 활용한다는 문제가 있다. 이 과정에서 '진리의 추구가 좋은 일이라는, 이 윤리적 원리를, 우리가 어떻게 취하는가?'라는 문제가 남는다.

이중적 과제를 해결하는 노력 가운데, 관용(寬容)은 탐구가 왕성하게 진행되는 사회에서는 하나의 전제 조건이다. 이런 사상의 정돈 끝에, 러셀은 『서양의 지혜』 마지막 문장을 다음과 같이 언표 한다.

'인간에게, 성찰하지 않는 삶은, 정말로 살만한 가치가 없다!'

21. 신데믹(Syndemic)시대의 인생과 교육

2021. 5. 15. 토. 19:30

봄비가 내린다. 아니, 입하(立夏) 절기이니, 초여름 비인가? 오랜만에 시원함을 느껴본다. 5월 15일, 스승의 날이라고, 여러 제자들이 감사의 안부를 전해온다. 교육자로서 사제(師弟) 관계를 즐길 수 있다는 자체가 참 행복하다. 무엇보다도 건강을 기원하고, 연찬을 본받으려 하고, 가르침에 대한 배려, 은혜에 대한 생각들을 나누니, 고마울 따름이다. '후생가외(後生可畏)'라고 했지 않은가! 제자들의 학문적 시선이 더욱 두려워지는 시기다. 검약하게 열정을 갖고, 학문을 정치(精緻)하게 마주해야겠다.

빗속을 걸으며 흙 내음이나 맡아볼까 하다가, 거실에서 커피 한잔을 두고 텔레비전을 시청했다. 마침 '미세 플라스틱'의 위험을 다룬 시사프로그램이 방송되었다. '미세 먼지'가 아니라, '미세 플라스틱'이다. '미세 플라스틱'은 일상에서 사용하는 플라스틱 병을 비롯하여 섬유, 각종 산업용품에서 발생한다. 보이지 않는 플라스틱 부스러기가 먼지처럼 세상에 자리 잡는다. 공기 중에 떠다니며 호흡을 통해 몸 안으로 들어온다. 뿐만 아니라, 땅 속으로 들어갔다가 식물의 뿌리를 통해 잎과 열매까지, 마술처럼 스며든다. 사과나 당근 같은 과일이나 채소 속에도 많이 들어 있단다. 최근에 실험을 통해 발견되었다. 이제 세상은 온통 오염물질로 가득할 뿐인가! 아니, 세상 자체가 그런 것인가! 코로나 바이러스 팬데믹(Pandemic) 사태에, 이 무슨 새로운 오염물질의 출현인가? 참 어렵다.

이제 세상은 단일한 전염병원에 의한, 팬데믹 불안에 휩싸이는 것이 아닌가 보다. 수많은 전염병원이 동시에 존재하는 '신데믹(Syndemic)' 상황이다. '신데믹'은 두 종류 이상의 전염병이 동시에, 또는 잇달아 집단적으로 나타나는 현상이다. 다양한 전염병이 서로 상승작용을 일으킨다. 그만큼 사태는 악화된다. 신데믹은 '동시에'라는 의미의 접두어 '신(Syn-)'과 '유행병(epidemic)'을 의미하는 '데믹(-demic)'의 합성어다.

동시다발적이고, 다양한 존재가, 복잡한 양상으로 세상을 형성하고 있다! 엄밀하게 따지면, 세상을 인식하는 이런 방식은, 오래 되었다. 하지만 코로나 바이러스 팬데믹 시대를 극복하기도 쉽지 않는 마당에, 미세 플라스틱과 같은 오염원이 새롭게 규명되니, 팬데믹이 아니라 신데믹 상황이 걱정스럽다.

신데믹 상황을, 전통적으로 생각했던 '단순한 문제 상황'으로 제시하기도 힘들 듯하다. 18세기 산업혁명 이후, 21세기 우주첨단 과학기술 문명사회에 이르기까지 세상은 급변해 왔다. 급변 상황은, 보다 강렬한 속도를 동반하며 현재 진행형이다. 이제는 사회를 인식하는 방식을 아주 새롭게 고민해 봐야겠다. 그것은 삶의 양식이나 교육의 방향 전환을 예고한다. 인생철학이나 교육철학의 지향이 이전 세상과는 달리 해야 한다는 의미다. 신데믹 시대의 인생의 의미는? 교육이념과 목적과 목표, 그리고 방법은? 현재 진행 중인 세상의 어느 지점에서 시작해야 할까? 학문으로 규명되는 이론이 학문을 바꾸고, 바뀐 이론이 새로운 교육을 부른다.

중국에서 유학 온 나의 제자 린자바오가 스승의 날에 부채 글씨를 보내왔다. 글씨의 내용은 '*辛丑年 教育 右書甲骨文教育二字, 時在立夏*

前一日, 學生家寶敬書之.'이다. 갑골문에 나오는 '교육(敎育)' 두 글자를 쓴 것이다.

22. 내 생각이 어디에 있는가

2021. 5. 16. 일. 11:36

오늘도 비가 많이 내린다. 차지 않은 늦봄, 또는 초여름 비라 그런지, 그 소리와 촉촉함마저 즐겁다. 10여 년 전, '길 위의 인문학' 기획위원으로 활동하면서, 도산서원(陶山書院)을 다녀온 적이 있었다. '길 위의 인문학' 최초의 1박 2일 문화답사 기행이었다. 내가 퇴계 사상 특강과 전체 인솔을 맡았고, 『객주』를 쓴 소설가 김주영 선생과 드라마 '형사 콜롬보'의 성우로 유명한 배한성 선생과 동행했다. 서울 국립중앙도서관에서 안동 도산서원으로 내려가는 동안, 배한성 선생과 나란히 앉아 이런저런 애환어린 삶을 나누었다. 안동에 도착에서는 김주영 선생과 밤새도록 술 마시며 얘기를 나누었던 기억이 선하다.

당시 인문학 기행을 위해 내가 퇴계 선생의 시 몇 편을 한글로 다듬었고, 배한성 선생이 낭송했다. 아래 노래도 그때 대중들에게 알려준 시다. 공부와 학문에 관한 시들 가운데 몇 편이 있는데, 이 시는 옛날의 시를 모방하여 지은 의고시(擬古詩)다. 예전에 다른 사람이 '의고'라는 제목으로 지은 시에 운을 맞춰 지은 노래다. 요즘 내 생각을 대변하는 것 같아, 한번 읊어 보았다.

내 생각이 어디 있는가

내 생각이 어디 있는가	我思在何許(아사재하허)
바위틈 꽃피는 곳에 피어 있네	巖花開處開(암화개처개)

고향 동산이 어찌 좋지 않으랴마는 故園非不好(고원비불호)
봄빛은 모두 흥취를 돋구지 못하네 春色摠心灰(춘색총심회)

내 생각이 어디 있는가 我思在何許(아사재하허)
바위틈 샘물이 우는 곳에 울고 있네 巖泉鳴處鳴(암천명처명)
고향 수풀이 어찌 좋지 않으랴마는 故林非不好(고림비불호)
찬 여울의 물소리 절로 시름겹네 寒瀨自愁聲(한뢰자수성)

내 생각이 어디 있는가 我思在何許(아사재하허)
소나무 언덕 가을 달이 둥근 곳에 있네 松岡秋月圓(송강추월원)
고향의 시냇가 맑은 밤경치에 故溪清夜景(고계청야경)
고운 이슬이 처량하네 怊悵露華鮮(초창로화선)

내 생각이 어디 있는가 我思在何許(아사재하허)
종남산의 봄빛 푸른 곳에 있네 終南春色青(종남춘색청)
고향 산은 부질없이 푸르러 가는데 故山虛翠積(고산허취적)
지팡이에 의지하여 외롭게 바라보네 倚杖望竛竮(의장망령병)

23. 『천주실의』 서문 첫마디

2021. 5. 16. 일. 20:23

대학원 시절에 번역을 시도했던, 마테오 리치(Matteo Ricci, 1552~1610)의 『천주실의』를 다시 펼쳐 보았다. 서문의 첫 구절이 간결하다. 예전에도 그랬지만, 지금 보아도 인상적이다.

'평치용리(平治庸理), 유경어일(惟竟於一)!' — '세상을 평화롭게 만들고 나라를 다스리는, 이 마음 씀씀이의 도리, 그것은 마침내 하나로 함에 있을 뿐!'

말씀이 쉽지 않다. 아니, 초학자가 파악하기는 어렵다. 『대학』의 '치국평천하(治國平天下)'를 앞에 배치하고, 『중용』의 도리를 뒤에 자리매김하여, 하나를 강조하는 이 모습. 이게 무언가? 유학의 핵심과 기독교 유일신 하나님을 접합하려는 강력한 의지를 투영한 것인가?

동서사상의 교섭 과정에서, 천주(天主)의 실상을 증명하려는 사유의 전개가 엄중하다. 나라도 한 사람의 주인인 군주(君主)에게 통섭되는데, 천지를 창조하고 생성한 유일한 주인이 없겠는가?

24. 현대인의 뇌, 석기시대의 마음

2021. 5. 17. 월. 14:28

교육은 인간의 두뇌 활동과 직접적으로 연관된다. 그런데 사회 물리학의 세계에서는 '석기시대의 마음이 현대인의 뇌 속에 서식한다!' 라고 이해한다. 마크 뷰캐넌(Mark Buchanan, 1961~)은 『사회적 원자(The Social Atom)』에서 인간의 뇌 기능을 이렇게 분석해 놓았다.

'수백만년의 진화를 겪으면서 형성된 뇌는 그 구조와 기능 속에 모든 역사를 품고 있다. 뇌는 수학 문제를 풀거나 자동차를 운전하거나 위험한 재정 투자를 평가하도록 진화하지 않았다. 뇌는, 분명히, 통계적 추론의 복잡한 숲을 꿰뚫어 보도록 진화하지 않았다는 의미다. 우리의 뇌는 인류의 조상들이 현재와 아주 다른 세계에 살면서 마주쳤던 문제를 풀도록 진화했다. 사회적 원자를 이해하는 문제에 마주쳤을 때, 가장 중요한 사실은, 인간 역사의 99% 기간 동안, 인류의 조상들은 소규모 집단으로 방랑하면서 수렵과 채집으로 살았다는 것이다. 집단의 크기는 대개 수십 명 정도였다. 인류학자 존 투비(John Tooby)가 말하듯이, 그들은 평생 동안 지속되는 캠핑여행을 다녔다! 식물을 채집하거나 동물을 사냥하면서 살았다. 자연 선택에 따라 뇌는 인류의 조상들이 매일 긴급하게 풀어야 했던 문제를 풀도록 점진적으로 진화했다. 예컨대, 사냥, 짝짓기, 육아, 누가 믿을 만하고 누가 그렇지 않은지 알아보는 등의 일과 같이 말이다.'

인류의 두뇌가 진화한다면, 그 과정에서 교육은 무엇일까? 점진적 진화를 돕는 작용일까? 아니, 현명한 두뇌가 낳은 문명을 아둔한 두뇌로 이입시키는 작업인가? 매일, 긴급하게 풀어야 할 문제는, 정말 그날그날 출현하는가?

25. 패턴(pattern)

2021. 5. 17. 월. 23:55

마크 뷰캐넌은 '패턴(pattern)'을 강조한다. 갑작스러운 민족주의의 폭발, 산아(産兒) 제한과 여성교육 사이의 이상한 관계, 지속되는 인종 분리, 그 밖의 수많은 중요한 사건이나 평범하고 흥미로운 사회 현상들, 예컨대, 금융시장, 정치, 패션 등에서 일어나는 일들 말이다. 이런 것들을 이해하려면, 사람이 아니라, '패턴'을 보아야 한다!

기존의 낡은 사고방식에 따르면, 사회가 복잡한 것은 사람이 복잡하기 때문이다. 그래서 상당수의 사람들은 인간의 세상을 물리학이나 화학처럼 정밀하게 볼 수 없다고 생각했다. 원자는 단순하고 사람은 그렇지 않다. 이걸로 얘기는 끝이다. 사람이 복잡하다? 뷰커넨은 자신있게 말한다. 이런 사고방식은 잘못되었다! 사람들은 때때로 복잡하고 이해하기 어렵다. 하지만 그것은 결코 문제가 아니다.

20세기 이후, 물리학자들이 추구하는 목표는 많은 원자들이 서로 영향을 주고받을 때, 어떤 일이 일어나는지를 이해하는 작업이다. 현대물리학은 지시한다. 원자의 종류에 따라, 원자들이 뒤얽히는 패턴에 따라, 액체와 고체, 전기가 통하는 도체인 금속과 전기가 통하지 않는 부도체인 고무, 반도체와 초전도체와 액정과 자석이 생긴다. 중요한 것은 물질을 이루는 부분들의 성질이 아니다. 그것들의 '조직'과 '패턴'과 '형태'다.

과학자들과 기술자들은 말 그대로 수천가지 상황에서 자기 조직화를 찾아냈다. 호랑이의 등이나 나비의 날개에 생기는 줄무늬에 작용하는 생화학에서, 또는 대양의 파도에서, 사막의 모래더미에서, 나아가 거대한 태풍의 '패턴'을 통해서다. 자기 조직화의 핵심은, 어떤 패턴이 저절로 생겨나는데, 이 패턴은 그것을 만드는 부분의 세부적 성질과 거의 연관성이 없다는 것이다.

사람은 어떨까? 사람도 동일하게 집단적 조직화 과정의 지배를 받는다. 이는 명백하거나, 명백해야 한다. 사회를 이루는 기본 구성요소로, 사람을 원자라고 한다면, 이 사회적 원자가 이루는 거시적 패턴은 사람들 개개인의 성격과 별 관계가 없다. 그렇게 기대할 수 있다. 어쩌면 공동체, 정부기관, 시장, 사회계급들도 돌무더기와 비슷하다. 그 누구도 의도하지 않았지만, 우리가 아직 이해하지 못하는 어떤 불가피한 법칙에 따라, 이런 사안들이 저절로 조직되는 것은 아닐까?

사회과학자들은 어떤 공동체가 다른 공동체보다 응집력이 크다고 주장한다. 따라서 도전에 보다 잘 대응한다고 말한다. 경영이론가들은 어떤 회사들은 다른 회사들보다 적응력이 있고 유연하다고 주장한다. 여기에는 우수한 직원보다 조직이 더 중요하다. 자유주의 경제학자들은 자기 조직화를 거치는 시장의 마법에 대해 말했다. 아담 스미스(A. Smith, 1723~1790)의 '마법의 손', 프리드리히 하이에크(F. A. Hayek, 1899~1992)의 '자발적 질서'가 그것이다. '마법의 손'은 흔히 '보이지 않는 손(invisible hand)'이라 하고, 자발적 질서는 '자생적 질서(catallaxy)' 또는 '창발적 질서'라고도 한다. 둘 다 자유 시장경제를 지칭하는 표현이다. 개인들이 자신의 이익을 위해 행동하다보면, 슈퍼마켓의 선반은 대다수의 사람들이 필요로 하는 물건들로 가득 찬다. 여기에 어떤 하향식 통제나 중앙 집중적 계획이 필요하지 않다.

자기 조직화의 핵심은 '되먹임 상황'으로 진행된다. 어떤 사물 또는 과정 A가 다른 과정 B를 일으킨다. 이는 다시 A를 보다 많이 일으키고, 더 많은 B가 발생한다. 이렇게 하여 나선형으로 증가되어 나간다. 교육도 그러할까?

26. 부처님이 오셨나요?

2021. 5. 19. 수. 10:35

부처님 오신 날, 석가탄신일(釋家誕辰日) 아침이다. 부처님은 인간의 세계에, 왜 오셨을까? 정말 오셨는가? 오셨다면, 만족스러울 만큼 중생(衆生)을 구제하셨는가? 아니, 이 모든 것조차도, 그냥 '깨달음'으로, 각성(覺醒)으로, 존재 자체 그대로, 관조(觀照)하고 계실 뿐인가!

매년, '부처님 오신 날'마다 자비(慈悲)의 뜻을 기리느라 사찰(寺刹)은 떠들썩하다. 나는 생각해 본다. 그 '야단법석(野壇法席; 惹端法席)'만큼, 오히려 세상이 고독하고 고요해져야, 부처님의 뜻이 이루어지는 건 아닐까?

2500여 년 전, 히말라야 남쪽 기슭에 샤카족(Śākya)을 중심으로 하는 조그마한 왕국이 있었다. 고대 인도의 북부, 현재 네팔의 타라이 지방에 있던 '카필라(kapila) 성'이다. 부처님은 이의 성주(城主) 아들로 태어났다.

고타마 싯다르타(Gotama Siddhartha)! 부처님의 다른 이름이다. '싯다르타'는 '모든 일이 다 이루어지라!'는 뜻이다. 귀하신 몸인 만큼 그에 맞는 염원을 이름에 담았으리라. 아버지는 성주였던 슛도다나(Śuddhodāna)이고, 어머니는 콜리야(Koliya)족 선각왕(善覺王)의 딸인 마야(Māyā)다. 그러나 마야 부인은 싯다르타를 낳은 지 7일 만에 세상을 떠났다. 카필라의 풍습에 따라, 슛도다나는 마야의 여동생인 마하프라자파티(mahāprajāpatī)와 재혼했다. 싯다르타의 이모다. 이모는 새엄마가 되어 싯다르타를 길렀다. 싯다르타가 성장해가자, 슛도다나왕[정반왕:

淨飯王]은 이름난 점성가를 불러 태자(太子: 싯다르타)의 장래를 알아보고 싶었다. 태자를 본 사람들은 놀라면서 한결같이 얘기했다.

'왕위에 오르면, 무력을 쓰지 않고 온 세상을 다스리는 전륜성왕(轉輪聖王)이 될 것입니다. 출가하여 수행하면 반드시 부처님이 되어 모든 중생을 구제해 줄 것입니다!'

그들의 예언은 적중했을까? 싯다르타가 왕위에 올랐다면, 진정으로 전륜성왕이 되었을까? 왕위에 오르지 않아, 세상에 무력이 횡행하는 걸까? 출가를 했으니, 모든 중생을 구제한 건가? 그런데 중생들이 왜 저렇게 괴로움에 떨고 있는가!

고타마 싯다르타는 출가하기 얼마 전, 숲 속 명상에서 돌아오는 길에, 아들이 탄생했다는 소식을 들었다. 기쁨이 몰려오기보다는 괴로움이 급습했다. 싯다르타는 신음에 가까운 탄식을 던졌다. '오, 라훌라(羅睺羅, Rahula)!' 라훌라는 '장애(障碍)'라는 의미다. '자기의 길을 막는 존재'라는 뜻이다. 자신을 얽어 맬 또 하나의 세속적 인정! 싯다르타의 탄식이 기쁨의 함성으로 들렸는지, '라훌라'는 그대로 아들의 이름이 되어 버렸다. 이 아들의 존재는 괴로움의 시작이기도 했으나 또 다른 기회였다. 당시 인도의 풍습은 대를 이를 후계자가 있으면, 정식 출가가 가능했기 때문이다.

출가 결심이 서자, 싯다르타는 그의 심경을 이렇게 술회했다. '나는 아직 젊은 청년이다. 머리는 검고, 청춘의 즐거움이 가득하다. 내 앞에는 영화로운 왕좌가 기다리고 있었다. 그러나 나는 영원한 진리를 찾아 부모와 아내(야쇼다라)가 눈물로 만류하는 것을 뿌리치고 인생의 봄을 등졌다. 왕궁을 빠져나와 성문을 나설 때, 나는 맹세했다. 생사(生死) 문제를 해결하기 전에는 다시 이 문으로 들어오지

않으리라!'

한참을 간 후, 아누피아 마을을 지나면서 굽이치던 아노마강에 이르렀다. 강변에서 새벽 맑은 바람을 맞으며, 싯다르타는 얼굴을 씻고 치렁치렁한 머리를 손수 깎았다. 몸에 지녔던 패물은 마지막으로 동행했던 시종 찬다카에게 내주며 부탁했다. '부왕과 이모, 아내에게 전해 주라.' 지나가던 사냥꾼에게 왕자의 화려한 옷을 벗어 주고, 사냥꾼의 허름한 옷을 얻어 입었다. 마지막으로 타고 온 백마를 쓰다듬으면서 이별을 고했다. '그동안 나를 위해 수고 많았다. 잘 가거라!'

싯다르타는 이렇게 스스로 머리를 깎았다! 다 해진 옷을 걸쳤다. 출가 사문의 길을 떠났다! 극도로 외로운 길이다. 혼자서 가는 고독한 길! 이 무엇인고?

이것이 부처님이 우리에게 오실 때, 태초의 장면이다. 지금, 우리에게 무엇이 있는가? 생사 문제가 해결되었는가? 괴로움에 허덕이는 중생이 구제되었는가? 깨달음이 구현되었는가?

오늘은 '즐거운 고독'을 구가하며, 집 근처, 광릉수목원 부근에 있는 봉선사(奉先寺) 산책이나 해 보련다. 문득, 오래 전에 읽었던, 헤르만 헤세(Hermann Hesse, 1877~1962)의 『싯다르타(Siddhartha: Eine indische Dichtung)』가 떠오른다.

27. 봉선사 산책

2021. 5. 19. 수. 15:28

봉선사(奉先寺)는 조계종(曹溪宗) 25교구 본사(本寺)다. 자주 오는 곳이지만, 코비드-19 시대 '부처님 오신 날' 풍경은 어떨까 해서 산책 겸 둘러봤다. 집에서 빨리 걸어오면 30분, 주변 산천의 나무와 풀, 새 소리, 흐르는 물 등을 음미하면서 걸어오면 1시간 거리다. 4~5킬로미터 정도 될까? 천변(川邊)을 따라 둘레 길을 만들어 놓아, 산책하기 꽤 괜찮다.

문제는 사람이다. 둘레 길에는 운동하는 사람이 상당히 많다. 자전거를 타는 사람들과 엉키기도 한다. 남녀노소가 뒤섞이다보니, 소음이 심한 경우도 있다. 내가 그 길을 갈 때는, 숲 속에서 사찰까지 그냥 조용히 걷고 싶다. 그러나 사람이 많아지다 보면, 원하던 산책의 질서가 일그러지기도 한다. 이럴 때마다 생각을 유보한다. 마음이 돌아가도록 청정심(清淨心)을 요청한다. 그것이 상책이다.

오늘도 그러하다. 부처님 오신 날인만큼, 구복(救福)의 기도(祈禱) 소리가 끊이지 않는다. 건강, 사업, 결혼, 취업, 입시합격 등 다양한 염원(念願)을 부처님 앞에서 애원(哀願)한다. 연등(燃燈)도 많다. '큰 법당'(봉선사는 다른 사찰처럼 한자로 大雄殿이라 하지 않고 큰 법당이란 현판이 걸려 있다) 앞마당은 물론, 사찰 입구에서 등(燈)이 줄지어 늘어섰다. 등(燈)을 올린 모든 사람이 등 하나하나에 소원의 글귀를 담았으리라. 어쩌면 모든 인간의 심성(心性)이 이러한지도 모른다. 정성스런 기도만큼 복이 내릴 것이라는 기대 가운데, 마음의 위로와 평안이 다가서기도 한다. 신앙까지는 아닐지라도, 종교성(宗敎性)으로 부를만한, 인류를 구제할 정도의 성인(聖人) 앞에서, 그에 의존(依存)하려는 의식은 나도 마찬가지다.

물론, 현실적으로, 교육의 시선으로 보면, 기도에만 머무는 단순한 희망이, 조금은 안타깝기도 하다. 아무리 부처님 오신 날이지만, 부처님께 올리는 기도에만 의지하여 인간의 소원이 성취된다면, 누구나 그런 기도에 전념할 것이다. 그래도 정성을 담은 기도는 필요하고 중요하다. 그 기도 가운데, 진정어린 '자기노력(自己努力)'이 녹아들면, 소원 성취에 한발 더 다가설 수 있을 것이다.

생각이 잠시 멈추었다. 사찰 입구에 있는, 부도(浮圖)와 공덕비(功德碑) 등을 보면서, 다시 생각이 일어났다. 저 구도(求道)의 길을 지시하는 것이 불교의 교육이 아닐까? 구법(求法)의 양식을 깨우쳐 주신 분이 부처님이 아닐까? 되돌아 내려오는 산책로는 조용했다. 고요가 청정심을 일깨운다.

28. 더 파더, 인생은 그저 그러할 뿐!

2021. 5. 19. 수. 18:59

내가 좋아하는 배우 안소니 홉킨스((Anthony Hopkins, 1937~)가 주연한 '더 파더(The Father)'라는 영화를 보았다. 여러 영화를 봐 왔지만, 상당한 수작(秀作)이다.

영화의 마지막 부분에 대사 하나가 인상 깊다.

'내 잎사귀가 모두 지는 것 같다!'

85세 아버지에게서 감지되는 인생이란, 그저 그러할 뿐이다. 무성한 숲에서, 바람에 일렁이는 푸른 나무의 가지와 잎사귀들! 그 사이에 창공이 보인다. 역동적 생명의 기세(氣勢)일까? 고요한 바람의 기운(氣運)일까? 녹음(綠陰)이 펄럭이는 가운데, 영화는 마무리 된다.

29. 부부의 날? 조단호부부(造端乎夫婦)!

2021. 5. 21. 금. 11:35

갑자기 휴대폰에 문자가 날아들었다. 오늘이 '부부의 날'이란다. 지금까지 한 번도 생각해보거나 기념한 적이 없던 '생소한 날'이다. 정말 낯설다! '이게 뭔가?'하고, 인터넷에서 사전을 검색해보았다. 다음과 같이 소개되어 있다.

'부부관계의 소중함을 일깨우고 화목한 가정을 일궈 가자는 취지로 제정된 법정기념일. 2003년 12월 18일 민간단체인 '부부의 날 위원회'가 제출한 '부부의 날 국가 기념일 제정을 위한 청원'이 국회 본회의에서 결의되면서 2007년에 법정기념일로 제정되었다. 날짜는 해마다 5월 21일이다. 5월 21일에는, 가정의 달인 '5월에' '둘(2)이 하나(1)가 되다'라는 뜻이 들어 있다. 부부의 날은 1995년 5월 21일 세계 최초로 우리나라 경남 창원에서 권재도 목사 부부에 의해 시작되었다. 기독교를 중심으로 기념일 제정 운동이 전개되었다. 제정 목적은 부부관계의 소중함을 일깨우고, 화목한 가정을 일구는 데 있다. 다시 말해, 부부의 날은 핵가족시대의 가정의 핵심인 부부가 화목해야만 청소년 문제·고령화 문제 등 각종 사회 문제를 해결할 수 있다는 생각에서 출발한 법정기념일이다. 공휴일은 아니다. 부부의 날 위원회에서 지역별 부부 축제, 부부 음악제 등을 열고, 부부 사랑고백 나눔의 시간 등을 갖는다. 그 밖에 영호남 부부, 장수 부부, 남북 부부, 국제 부부 등에 대한 시상 등 다양한 행사가 열린다.'

인간 사회에서 의미를 담아 제정한 기념일들, 그 수많은 날들 가운데 어떤 것이 의미가 없겠는가마는, 나는 잘 모르겠다. 부부의 날이 제정되기 전에 혼인(婚姻)을 해서인지, 특정 기념일을 선호하지 않아서인지, 사전적 의미를 보고 이해할 수는 있으나, 진정, 부부의 날을 왜 제정했는지, 그 의미를 잘 모르겠다. '핵가족의 핵심인 부부의 화목이 청소년 문제나 고령화 문제를 해결할 수 있다!'라는 문구를 보면서, 웃음이 나왔다. 씁쓸했다. 진짜 그런 걸까? 인간 사회를 부정적으로만 바라보는, 일부 사람들의 지나친 교도(教導; 矯導)는 아닐까?

'부부는, 평생이라는 세월의 능선을 따라, 서로를 마음에 품고, 가슴에 안고, 함께 세상을 열어나가는 인생의 새싹이다!'

나는 그렇게 부부의 인연을 맺었고, 삶을 지속해 왔다. 남은 내 생애도 그러할 것이다. 아내가 이 세상을 떠나 긴 여행을 하고 있지만, 다시 만날 날을 기약하며, 내 생애에 부부는 이것으로 충분하다.

『중용』(12장)에는 부부의 의미를 일러주는 의미심장한 표현이 나온다. '군자지도(君子之道), 조단호부부(造端乎夫婦)! 급기지야(及其至也), 찰호천지(察乎天地)!' 문자 그대로 직역하면, '군자의 길은 그 단서가 부부에서 이루어진다! 그러나 그 지극한 경지는 하늘과 땅에서 밝게 나타난다!'는 말이다. 매우 어려운 내용 같지만, 사실은 정말 쉽고 간단한 뜻이다. 『중용』의 저자인 자사(子思)가 중요하다고 생각하고 사람들을 가르치려고 한 구절이 바로 앞에 등장한다. 아주 짧은 시(詩)구 하나다. '연비려천(鳶飛戾天), 어약우연(魚躍于淵)! ―솔개는 하늘에서 날고, 물고기는 연못에서 뛴다!' 이를 줄여서 '연비어약(鳶飛魚躍)!'이라고도 한다. 참으로 당연한 얘기 아닌가! 솔개는 하늘에서 날아다니고, 물고기는 연못에서 뛰놀며, 각자 삶을 영위한다. 그것이 그들의 길이다. 흔히 말하는 '도(道)'다.

'도(道)'는 우주라는 시공간에 내재하는 내재적 질서다. 이는 절대 추상적 이론이 아니다. 너무나 구체적으로, 생생하고 발랄한 삶의 약동을 담고 있을 뿐이다. 그래서 '활발발지(活潑潑地)'라고 한다. 교육의 존재 이유도 본성 그대로를 성숙하게 발현하는 삶의 세계에서 찾아진다.

인생의 생명력, 우주의 도리를 근거로, 부부에게서 시작되는 군자의 길이 제시된다. 군자는 현대적 의미로 '지도급 인사'나 '교양을 갖춘 사람', '지성인' 등으로 이해할 수 있다. 이른바 '교육받은 사람'이다. 그런 인간의 길이 부부에서 발단되고 형성되어 나간다. 부부는 인간의 윤리 가운데 가장 친밀한 사이다. 그 밀접한 사이에서 생명력이 싹트고, 인간의 길이 펼쳐진다. 그 전개의 하이라이트는 위로는 하늘, 아래로는 땅, 전 우주에 충만한 자연과 사회의 유기체 현상으로 드러난다.

'부부의 날'이라고? 그래서 오늘, 기념일에, 부부 사이에 화목하게 지내라고? 솔개는 특정한 날에만 허공을 오르내리고 가로지르며 날아다니지는 않는다. 물고기는 특정한 날에만 연못을 유영하며 노닐지는 않는다. 일상에서 그러할 뿐이다. 인간이 인간으로서 생명력을 지니려면, 일상이 '활발발'이어야 한다. 약동하는 생명의 시공간, 그것만이 교육의 궁극적 지향이다.

30. 데카르트의 난로가 명상 추억

2021. 5. 22. 토. 11:00

'나는 생각한다, 그러므로 나는 존재한다(Cogito, ergo sum)!' 너무나 유명한 데카르트(René Descartes, 1596~1650)의 철학적 언표다. 그가 방법론적 회의(懷疑)의 절정에 도달하여, 철학의 출발점으로 내세운, 철학의 제1원리다.

스무 살 남짓하던 데카르트는 1618년 네덜란드로 가서 '바이에른' 군대에 입대했다. 당시 그는 젊음을 무기 삼아 세상을 인식하는 데 여념이 없었다. 1619년에는 '30년 전쟁'이 본격적으로 시작되었다. 그해 겨울, 그는 독특한 경험을 했다. 어느 날, 평소보다 날씨가 추워졌다. 데카르트는 어느 오두막으로 들어갔다. 타일을 바른 아궁이가 있었고, 그 난로 옆에 앉았다. 적당히 몸이 따뜻해지자, 잠이 오듯, 명상에 사로잡혔다. 그날, 그의 철학 체계를 형성할, 사유의 윤곽을 마음에 떠올렸다.

인간의 이성(理性: reason)을 올바르게 사용하기 위해, 우리는 어떤 계율을 따라야 하는가? 모든 사람이 지닌 이성 자체는 평등하다. '이성을 잘 사용하느냐의 여부'에 따라 달라질 뿐이다. 그러나 이성 발휘의 방법은 실천에 의해 획득된다. '자기의 이성을 어떻게 잘 사용하는가?' 이것이 중요하다.

학문 활동을 진행해 나갈수록, 데카르트는 불확실하고 불안정한 이야기들에 불만을 금치 못했다. 이게 뭐지? 의심과 회의가 휘몰아치자, 탁상공론(卓上空論)처럼 느껴지는 학문을 버리고 여행(旅行)을 시작했다. 하지만, 각 지역의 문화 풍습이 철학자의 의견만큼이나 서로 다름을 깨달았다. 어떻게 할 것인가? 자기(自己)를 통찰(洞察)하여 진리를 찾아내야 한다! 이것만이 최선이다. 앞서 언급한, 군대 시절 어느 추운 날, '난롯가의 추억'이 떠오른다.

이제까지 강요당한 모든 학문을 거부하자! 대신, 논리학과 기하학과 대수학만은 인정한다. 이들 학문에서 찾아낸 네 가지 법칙이 있다.

첫째, 분명하고 명백한 관념만 받아들인다. 그 외에는 어떤 것도 절대 받아들이지 않는다. 둘째, 하나하나의 문제를 두고, 그것을 해결하는 데 필요한 만큼의 부분으로 나눈다. 셋째, 사고는 단순한 것에서 복잡한 것에 이르는 질서를 따른다. 질서가 없을 경우, 질서를 가정해야 한다. 넷째, 빠뜨린 일이 하나도 없다는 것을 확인하기 위해, 언제나 철저하게 대조한다.

하지만, 인간의 삶을 지시하는 윤리학에서, 인간은 진퇴양난(進退兩難)에 빠져 있다. 딜레마(dilemma) 상태에서 헤맨다. 그런 만큼 우리는 삶에서 신중하면서도, 행위를 유도하는 결단을 바로 내려야 한다. 실용적 기준에서 가장 좋은 생활 조건이 될 만한, 잠정적 행동양식을 채택해야 한다. 이런 사유는 데카르트를 철학에 전념하는 계기로 작용한다. 그 의지는 다음과 같은 결심으로 드러난다.

'자기 나라의 법률이나 관습을 지키고 자신의 종교를 믿자! 어떤 행동을 하려고 결정하면 결단과 인내를 가지고 행동하자! 운명에 도전하기보다는 오히려 자기를 억제하자! 자기 희망에 사물의 질서를 맞추기보다 오히려 자신이 사물의 질서에 맞추자!'

오감(五感)의 증언은 불확실하다! 때문에 그에 상응하는 이의를 제기해야 한다. 이 과정에서 신(神)은 인간을 일관되게 헤매게 만드는지도 모른다. 결국, 의심하는 자가 인정하는 사안도 자기는 의심하고 있다! 이것이 데카르트 철학의 기본 양식인 '나는 생각한다, 그러므로 나는 존재한다!'의 바탕이다.

모든 존재에 대해 의심할 수 있다. 일체가 허위라고 생각할 수 있다. 그렇다 하더라도 이와 같이 의심하고 생각하는 인간을 의심할 수는 없다. 생각하는 나의, 자기 확실성을 표현한 언표다 '나는 생각한다!'라는 말에 바로 호응하여 '나는 존재한다!'라는 말이 '직관적(直觀的)'으로 파악된다. 이는 삼단논법의 논리 구조가 아니다.

인간은 스스로가 하나의 생각하는 존재다. 자연적 실체와는 전혀 관계없다. 마찬가지로 육체와도 관계없다! 절대적 존재인 신(神: God)만이 진리다. 때문에 인간은 자신의 분명한 관념에 대해, 신을 속일 수 없다. 우리에게 물체의 관념, 또는 연장의 관념이 있는 이상, 물체는 존재한다. 이런 기계적 이론은 동물을 영혼이 없는 자동기계로 본다. 동물은 말을 하지 않기 때문에 분명히 이성이 없다. 이는 인간의 영혼이 육체와 관계없다는 견해를 강화시킨다. 영혼은 별도의 파괴력이 하나도 없으므로 불멸한다.

이 학설에서 중요한 것이 '비판적 회의'의 방법이다. 회의의 결론은 명석한 관념에 의해 면하게 된다. 이 관념은 자기의 정신적 활동에서 발견한다. 외연과 운동이라는, 오관(五官)과 관계없는 일반관념은 타고난 관념이다. 순수지식(純粹知識)은 근본적으로 이런 성질을 띤다. 감관지각(感官知覺)은 색채, 미각, 촉각과 같은 2차적 성질을 의미한다. 이는 사물에 있는 것이 아니다.

이 지점에서 사고는 의심할 여지가 없는 출발점으로 강조된다. 사고 작용은 자의식(自意識) 과정이다. 이 숨은 전제조건을 인정할 때, 데

카르트의 사고와 존재, 그 직관성을 비로소 수긍할 수 있다. 교육과 학습의 여정에서, '사고 작용'이 핵심 요소라면, 이에 대한 심각한 성찰이 요청된다.

31. 진화와 삶의 희망

2021. 5. 24. 월. 10:35

지난 주말에는 제자들과 즐거운 시간을 보냈다. 금요일에는 진상훈 대표와 실학박물관 수변공원(水邊公園)을 걸으며 인생 얘기를 나누었다. 주변 카페에서 심심한 커피 한 잔, 그리고 집 앞 순대국 집에서 막걸리 한잔을 곁들였다. 토요일에는 김세희, 백미화, 김광석, 그리고 중국인 제자 린자바오와 봉선사(奉先寺)의 풍광과 광릉 숲의 녹음을 즐겼다. 늦은 시간까지 온갖 얘기로 정담을 나눴다. 인도식 빵인 난(naan)과 막걸리에 포도주까지, 횡설수설(?)하며 마신 것 같으나, 오랜만에 인간 냄새 나는, 행복한 시간이었다.

한참 전에 읽었던, 카네기멜론 대학의 겸임교수인 칩 월터(Chip Walter)의 『사람의 아버지(Last Ape Standing)』라는 책이 있다. 상당히 재미있다. 교육에서 깊이 새겨볼 대목들이 여기저기 눈에 띈다. 인간의 종 가운데, '가장 약한 자가 최후의 승자가 된', 진화의 역설!

그 책의 8장 「내 머릿속의 목소리」에는 다음과 같은 기술이 보인다. 전전두엽 피질은 타인을 충분히 상징화(象徵化: symbolization) 했다. 뿐만 아니라 인간을 다른 모든 영장류 및 인간종과 근본적으로 차별화하는 결정적 능력인, 인간 자신을 상징화하는 경지에 도달하게 만들었다. 이제 모든 것이 근본적으로 바뀌었다. 인간이 자신을 충분히 상징화 하면서, 상징적 자아를 주위의 다른 모든 상징들 틈에 포함시킬 수 있기 때문이다.

인간은 어떤 일을 하기 전에, 앞으로 벌어질 일을 전적으로 머릿속에서 상상해 본다. 자신의 행동을 지휘하거나 적어도 그러는 상상을 한다. '자기 자신'이란 상징을 창조함으로써, 인간은 '자의식(自意識)'을 갖는다. 자신의 행동을 의도적으로 기획한다. 다시 말하면, '인간은 상상(想像: imagination)을 할 수 있게 된 것이다!'

'상상하는 능력'은 그 자체로도 엄청난 비약이다. 나아가 다른 비약까지도 만들어 낸다. 인간이 의식적으로 상상했던 시나리오에 맞추어 행동한다면, 그것은 자신의 행동을 통제한다는 의미다. 인간은 의식적으로 선택을 하고, 그 결과에 따라 행동한다. '상징적 나'를 발명하면서 의도를 지니게 되었다. '자유의지(自由意志: free will)'가 탄생한 것이다. 적어도 그러하리라는 강력한 환영(幻影: vision)이다.

그렇다면, 인간이 인간에게 말하고 있는 것은 '머릿속 목소리'일까? 그렇다! 하지만 그 말을 듣는 것은, 엄밀히 말해 '인간'이 아니다. 인간이 창조해낸 '상징'이다. 그것은 인간에 관한 이미지다. 내면적 정신이랄까? 인간이 말을 거는 '나 자신'은 일종의 시뮬레이션(simulation)이다. 이렇게 본다면, 우리의 '자아(自我: self)'는, 말 그대로, 우리 '상상(想像)'의 일부다. 궁극적 '환영(幻影)'이다. 이는 자신의 운명에 통제력을 제공한다. 적어도 다른 모든 생물에 비해 보다 많은 통제력을 부여한다! 이런 차원에서 대단히 '유용한 환영'이다.

인간은 아직 살아보지 않은 삶을 탐사(探査)할 수 있다! 스스로 바라는 미래를 꿈꿀 수 있다! 그런 꿈을 부여잡고 현실로 만들 수도 있다! 어떤 계획이나 목표도 없는 자연의 무작위적이고 혼란스런 사건의 연속적 흐름에서 벗어나, 인간은 계획적으로 목표를 설정한 뒤, 꿈을 키워가는 역동적 생명체다. 인간은 살아 숨쉬는 '상상'의 유기체다. 어떤 존재보다도 강력한, 생존의 유기체다.

<에필로그>에는 '다음에 올 인간'이란 부제가 붙어 있다. 현재를 이어, 현재를 넘어 다가올 인간은 어떠할까? 마지막 단락은 이런 희망을 피력한다. 현재의 우리는, 과연, 다음에 올 인간이 될 수 있을까? 나는 우리 안의 아이, 빈둥거리며 놀기 좋아하고, 가망 없는 일에 도전하며, 불가능한 일을 꿈꾸고, 그런 이유를 캐묻는 우리의 특성이 우리를 구원할 것이라고 믿는다. 이는 우리가 인간의 진화 과정에서 결코 잃어버려서는 안 되는, 보물 같은 유산(遺産)이다. 비실용적으로 보이지만, 매우 융통성 있는 자산(資産)이다.

실수를 저지르면서도 유연하고 창의적으로 극복하는 인간! 유연성(柔軟性)에서 창의력(創意力)을 발휘하는 특성이 우리를 자유롭게 만든다. 자유(自由)! 이것이야말로 인간을 현재까지 존속시킨, 삶의 원동력이다. 아마, 다음에 올 인간도 또한 그러할 것이다!

몇몇 단어들이 스치듯 지나가면서 강력하게 머릿속을 비춘다. 진화, 상징, 상상, 계획, 기획, 자유의지, 환영, 시뮬레이션, 자아, 상상력, 창의력, 융통성, 실수, 유연성 등등. 사실, 이 복합적 개념들이, 교육의 세계에 서성이며 떠돌고 있다. 값진 유산이 아니라, 머릿속을 맴돌기만 하는, 암기의 유령이 되어, 나대기만 한다. 보다 자유로워지기 위한 교육의 과정, 그 삶의 여정은, 간단하다. 상상력에서 유연성을 거쳐 창의력을 구현하는 단계로 진입하면 된다.

32. 직접 대면의 유용성

2021. 5. 26. 수. 8:16

'카더라' 통신이라는 말이 있다. 익명(匿名)이나 유령(幽靈)처럼 존재하는 어떤 사람의 말을 빌어, '~라고 하더라'는 표현의 속어다. 그것은 자신이 직접 듣거나 사실을 확인하지 않은 사안이다. 그만큼 거짓이거나 가짜일 가능성이 높다. 지어낸 허구(虛構)일 수 있다. 아니, 직접 검증하지 않은 내용이라면, '거짓'일 뿐이다. 요즘은, 무수히 많은 매체가, '가짜'뉴스를 홍수처럼 토해낸다. 이것도 시대정신이고, 문화현상일까? 그렇게 보기에는 너무나 슬픈 현실이다.

버트란트 러셀은 『철학의 문제들(The Problems of Philosophy)』에서 '진리와 거짓'을 심각하게 지적한다. 진리에 관한 인간의 인식은 사물에 관한 인식과는 다르다. 진리를 진지하게 고심하는 가운데, 진리에 반대가 되는, '오류'가 얼굴을 내민다. 사물과 관련하여, 나는 그것을 인식할 수도 있고 인식하지 못할 수도 있다. 하지만, 내가 직접 대면하여 인식하는 한, 사물에 대한 잘못된 인식을 기술할 수는 없다. 실제로 그런 정신 상태는 존재하지 않는다.

내가 직접 대면하는 것은 무엇이든지 어떤 사물임에는 틀림없다. 직접 대면으로부터 잘못된 추리를 이끌어 낼 수도 있다. 그러나 직접 대면 그 자체는 결코 속임수가 될 수 없다. 그런 만큼 직접 대면에 관한 한, 어떠한 이중성(二重性)이나 이원성(二元性)이 존재할 수 없다. 하지만 진리에 관한 담론은 이중성이나 이원성이 존재한다.

나는 참된 것을 신뢰하지만, 마찬가지로, 거짓된 것을 믿을 수도 있다. 나는 서로 다른 사람들이 많은 주제들에 관해, 서로 다르고 양립할 수 없는 견해를 주장하는 장면을 자주 본다. 다른 견해의 제시는, '어떤, 일부의 믿음들은 오류를 범한 것이 분명하다'라는 사실을 보여준다. 이 잘못된 믿음들은 참된 믿음들과 마찬가지로 매우 강하게 주장된다. '가짜'뉴스가 '사실'보다도 강력하게 작용할 수도 있다는 의미다.

그렇다면, '잘못된 믿음들로부터 참된 믿음들을 어떻게 구별할 수 있을까?' 이 물음은 정말 어려운 문제다. 충분하게 만족스러운 해답을 내리기가 쉽지 않다! 문제 가운데 문제다. 그러나 이보다 훨씬 어려운 본질적 물음이 인간 앞에 놓여 있다. '진리와 거짓이 의미하는 것은 무엇인가?'

교육이 이 문제를 해결하거나 해소할 수 있을까? 진리와 거짓의 의미를 추적하여 분별할 수 있을까? 혼란(混亂)과 환란(患亂)이 가중되는 시대에는, 차라리 모든 것을 한꺼번에 용융(鎔融)하는 용광로가 필요한 건 아닐까?

입하(立夏)도 지나고, 햇볕이 풍부하고 만물이 성장하여 가득 차는 소만(小滿)의 절기에, 아침 햇살이 따갑도록 눈부시다.

33. 난초의 무진기행

2021. 5. 26. 수. 8:30

작년에 피었던 난초 셋이 다시 꽃봉오리를 내민다. 버려진 것을 내가 다시 심은 후, 두 번째 꽃이 핀다. 추측컨대, 내가 다시 심기 전에 한두 번 꽃이 피었다면, 이번이 최소한 세 번째 아니면, 네 번째 피는 것이리라.

여러 번 피어서 그런지, 내가 영양 보충을 제대로 해 주지 않아서인지, 작년에는 꽃이 20개 정도가 보였으나 이번에는 5개 내외다. 내가 기르는 데 소홀했다면, 그래서 영양이 부족했다면, 정말 미안하다. 아니면, 이제는 늙어 꽃 피울 기력이 없으신가! 그것이 자연이라면, 운명이라면, 따를 수밖에. 삶이 그러하지 않은가!

싹이 나고, 자라고, 꽃피우고, 지고. 다시 잎이 돋고, 또 자라고, 또 꽃피우고, 또 지고. 그렇게 순환하며, 성장과 성숙을 거듭하는 무진기행!

34. 속세에서 세속을 피하다

2021. 5. 27. 목. 8:06

사마천(司馬遷)의 『사기』「골계열전」에 동방삭(東方朔, 기원전 154~기원전 93)에 관한 기록이 등장한다. 동방삭은 현재 중국 산동성 릉(陵)현 출신이다. 한나라 무제(武帝) 때의 인물로 사마천과 동시대를 살았다. 궁정(宮廷)의 어릿광대처럼 행세했으나 당대의 기린아(麒麟兒: an able boy)였다. 풍자(諷刺)와 해학(諧謔), 상상을 초월하는 유머로 시대를 꿰뚫어 보았던 현인이었다. 지금부터 2,100여 년 전, 당시로서는 세계에서 가장 번화했던 장안(長安: 현재 서안)에 살면서, 은둔(隱遁)의 백미(白眉)를 보여주었다.

'피세어조정간(避世於朝廷間), 피세어심산중(乃避世於深山中)! ―궁정 안에서 속세를 피하는 존재인가, 깊은 산 속에서 세상을 피하는 존재인가!'

동방삭은 당당하게 말한다. '나 같은 사람은 궁정 안에서 세상을 피하는 사람이다! 옛날 사람들은 깊은 산속에서 세상을 피했지만.' 그는 세상을 피하지 않았다. 아니, 자신이 살아가야 할 사회를 끌어안았다. 당대의 모순과 문제점을 들춰보면서, 처세(處世)를 고심했다. 아들에게 보낸 편지에 그런 사유가 깊이 묻어난다.

현명한 사람의 처세는 중도(中道)에 부합하는 일보다 귀한 것이 없다! 차분하면서도 자유롭게 생활하라. 그러면 자연스럽게 중도에 부합한다. 옛날 백이(伯夷)·숙제(叔齊)는 맑고 고고한 자세를 견지했다. 그러나 그들의 옹고집으로 일관한 삶은, 처세에 서툴렀다. 반면, 유하혜(柳下惠)는 정직하면서서도 자신의 일을 존중했다. 혼란하건 안정되었건, 시대 상황에 흔들리지 않았다. 한결같은 삶의 태도를 유지했다. 이분이야말로 처세의 최고봉이다!

물질적으로 풍족하면 느긋하게 공무원 생활을 하고, 은퇴 후에는 쉬엄쉬엄 농사와 같이 하고 싶은 일을 하면서 지내라. 중앙 정부의 관리로 재직하고 있더라도 조용하고 겸손하게 자신의 의견을 제시하라! 은둔자처럼 유유자적(悠悠自適)하면 시세(時勢)에 영합하지는 못하더라도 화(禍)를 입지는 않는다. 그 이치가 무엇일까? 진지하고 신중하게 생각해 보라. 날카롭게 행동하며 자신을 드러내면 위험을 당하기 마련이다. 뛰어난 명성(名聲)이나 영화(榮華)는 꾸미거나 만들어진 경우가 많다. 여러 사람으로부터 명망(名望)을 얻으면 평생 동안 바쁘다. 고고함을 자처하면 주변 사람들과 잘 어울리지 못한다. 일을 마주할 때는 반드시 여지를 남겨두라. 끝까지 다 처리해서 바닥을 보이거나 시작하기도 어려울 정도로 모자라서는 안 된다. 완벽하게 일을 수행하려고 너무 고민하다 보면 생각이 미치지 못하고 사고력도 약해진다.

때문에 현명한 사람들은 처세의 이치를 심각하게 고려한다. 세상에, '나아가고 물러서고' '움직이고 멈추는' 시기를 적절하게 조절한다. 때로는 휘황찬란하게 만들어 절묘하게 드러내고, 때로는 말없이 엎드려 깊은 속내를 헤아릴 수 없게 만든다. 세상의 존재와 더불어 상황의 변화, 이른바 '시대정신'에 따라 가장 적절한 처세법을 운용한다. 그것은 고정불변의 일이 아니다. 꽉 막혀 통하지 않는 행동이 절대 아니다. 유연성(柔軟性)과 변화(變化)의 철학이다. 복잡한 '사회 속에서 은둔'하는, '차분함의 미학(美學)'이다.

35. '비보호'의 정당성

2021. 5. 28. 금. 9:25

이번 주에는 비[雨]가 꽤 많이 온다. 어제에 이어 오늘 아침에는 빗방울이 제법 굵다. 비가 오는 날이면 종종 생각나는, 아주 즐겁고 유쾌한 추억이 있다. 아침 출근길에 '비보호' 교통 표지판을 보다가, 또 그 장면이 갑자기 떠올랐다.

독일에서 공부하고 있는 큰딸이 아주 어릴 때였다. 어느 날 자동차를 타고 가다가 뜬금없이 물었다.

'엄마, 아빠, 비를 왜 보호해요?'

아내가 답한다. '비도 안 오는데, 무슨 소리야?'

나도 한참을 생각했다. '뭔 소리?'

그런데 이게 뜬금없는 물음이 아니었다. 딸의 말은 정확했다. 사실 그대로일 뿐이었다. 확실히 정당한 발언이었다. 멍청한 건 어른들이었다! 아내와 나는 동시에 앞을 보았다. 녹색 교통 표지판에 '비보호'라는 흰 글자가 선명하게 보였다.

딸이 세상에 태어나, 조금씩 말을 익혀가면서, 글을 배우던 시기, 어린 딸에게, '비보호'는 '비'를 '보호하다'라는 개념으로 다가왔음에 분명하다. 그게 당연하다. 지극히 정상이다. 한글도 아직 잘 모르는데, 한자(漢字)인 '비(非)'가 '아니다'라는 의미를 담고 있다는 사실을 어찌 알겠는가? 말과 글을 배우는 단계부터 그것을 인지하고 있었다면, 큰딸은 공자(孔子)가 말하는 '생이지지(生而知之)', 즉 '태어나면서부터 아는 존재'다. 최고의 성인으로 추앙받는 공자조차도 스스로 '생이지지자(生

而知之者)가 아니다'라고 하는데, 보통 사람이 배우지 않고 어찌 알 수 있는가!

아내가 차근차근 설명해 주었다. '아, 저거는 비를 보호(保護)한다는 말이 아니란다. 차가 도로를 지나갈 때, 우리 차를 보호해 주지 않는다는 말이야. 횡단보도에 사람이 지나가지 않거나 또 다른 차가 도로에 다니지 않는다면, 자신이 알아서 운전해 가라는 뜻이야! 비가 오는 것 하고는 상관이 없어. '비(非)'자는 한자로 '아니다'라는 말이야.'

'아~아!'하고, 딸이 고개를 끄덕인다. 그러면서도 고개를 갸우뚱한다. '끄덕임'과 '갸우뚱' 가운데 진실이 담긴다. 대화의 깊이가 새겨진다. 그리고는 그 절묘한 언어게임에 우리 부부는 '허허허!'하고 웃었다.

이 장면을 떠올릴 때마다, 나는 늘 배움의 정당성과 확실성을 넘나든다. 배움에 관한 엉터리 인식들, 언어게임의 심오한 의미도 깨치지 못하는, 당연한 사실조차도 간과해 버리는 세상이 무식할 따름이다.

며칠 전, 큰딸과 통화를 했다. 독일에서도 코로나 바이러스 백신을 접종한다고. 그냥 한마디 던졌다. '그 나라 상황을 보고, 잘 접종해라!' 어린 시절, 심각한 호기심으로 '비보호'라는 말을 이해했듯이, 지금까지 그래왔듯이, 나는 믿는다. 우리 두 딸이 코비드-19 팬데믹에서도 삶의 기지(機智)를 충분히 발휘하리라고.

그러면서, 다시, 큰딸의 진지한 물음, '비보호'를 떠올린다! 생각할수록, 명대사(名臺詞)다. 함부로 만들어 내기 힘든, 유아기(幼兒期)의 언어에 내재해 있는, 그대로의 사실이자 진실이자 현실이다.

'엄마, 아빠, 왜 비를 보호해야 하나요?'

이제, 긴 생각의 끝에서, 내가, 다시 대답한다. '비는 생명수(生命水)

다. 그런 만큼 철저히 보호되어야 한다!' 때에 맞추어 내리는, 적절하게 내리는 비! 그것을 '때 비', 한자로는 '시우(時雨)'라고 한다. 시우는 만물을 살려나가는 원천(源泉)이다. 우리 교육에도 시우가 많이 내리면 좋겠다.

이 글을 보고, 제자 린자바오(林家寶)가 댓글을 보내왔다. '好雨知時節, 當春乃發生. 隨風潛入夜, 潤物細無聲.' 내가 다시 댓글을 달았다. '중국 당나라 때 두보(杜甫, 712~770)의 시다. 761년 봄, 50세에 쓴 「춘야희우(春夜喜雨)」라는 작품이 앞부분이다. 「춘야희우」는 직역하면, '봄밤의 기쁜 비'다. 봄비예찬이라고나 할까?

호우지시절(好雨知時節) 좋은 비 때를 알아
당춘내발생(當春乃發生) 봄 맞아 생기를 불어넣네
수풍잠입야(隨風潛入夜) 바람따라 슬며시 밤에 찾아들어
윤물세무성(潤物細無聲) 가느다랗게 소리 없이 만물을 적셔주네
……

생명의 숨결같은 비는, 바람을 타고 조용히 다가와, 지친 내 몸에 활력을 불어넣고 사라질 뿐이라네.'

조금 있다. 독일에 있는 큰딸이 자기 이야기라서 그런지, 간단한 댓글을 보내왔다.

'<비보호=Rain보호법>으로 지정합시다!'

재미있는 블로그 소통이다.

36. 나무가 차지하는 비중

2021. 5. 29. 토. 11:45

어떤 뉴스를 보니, 산(山)이 벌거숭이가 되었다고 난리다. 태양열, 탈 원전, 탄소 중립 등 환경이나 기후 문제, 인류의 지속 가능한 삶과 관련한 사안인 듯하다. 인간에게 나무가 무엇이던가? 내 어린 시절, 연탄도, 전기도 없던 산골에서, 땔감으로 나무를 구해왔던 기억이 오버랩 되며, 생각이 복잡해진다.

지금부터 600년쯤 전, 종교개혁의 선봉장으로 잘 알려져 있는 마틴 루터(Martin Luther, 1483~1546)는 '나무가 사람에게 보내는 상징'을 진지하게 설명했다. 인류의 삶에서 상당 부분을 차지하는 나무의 비중을 명쾌하게 짚어 냈다. 나는 이 언표를 볼 때마다, 내 어릴 때 친구와 같았던 수많은 나무들이 신성(神聖)하게 느껴진다. '나무는 집을 짓는 데 사용된다. 가구와 수레도 만든다. 땔감으로도 쓸 수 있다. 집의 거실을 꾸미는 데 유용하다. 농기구와 각종 생활도구의 주요 재료다. 이 헤아릴 수 없는 나무의 쓰임새를, 누가 다 설명할 수 있겠는가? 나무야말로 인간에게 없어서는 안 될, 가장 중요하고 필요한 물질이다.'

조물주(造物主)는 태초부터 문화(文化)를 형성하는 데 필요한 나무를 인간에게 주었다. 이 자체가 축복이다. 천연 물질로서 나무는 인간과 함께 호흡해 왔다. 이런 상황 자체를 주시하라! 그것뿐이다.

1980년대 초반, 독일의 시사주간지 「슈피겔(Spiegl)」에 이런 구호가 등장했다. '숲이 죽으면, 그 다음엔 사람이 죽어간다!' 섬뜩하다. 숲을 이루는 핵심은 나무다. 이는 나무를 둘러싼 파토스, 나무를 향한 정열적 반응이다. 인간의 깨달음일까? 깨우침일까? 기후변화와 에너지 위기의 사회 상황 속에서, 자연보호와 환경문제를 건드리는 생태운동이 무엇을 의미할까? 경제적 관점의 효율성과 문학적 시선의 감수성 사이에서, 나무 또는 숲은 우리에게 무엇인가?

『구약성서』「욥기」(14:7-10)에는 이렇게 묘사한다. '나무는 희망이 있다. 찍힐지라도 다시 변하여 어린 가지가 끊이지 않는다. 그 뿌리가 땅 속에서 야위고 줄기가 티끌이 되어 죽을지라도, 나무는 다시 물 기운에 푸른 생기를 되찾고 성장하여 새로 심은 것과 같다. 그러나 한 사람이 숨이 끊어지고 사라지면, 그가 있을 곳은 어디인가?'

나는 이 구절을 떠올리며, 나의 하나뿐인 아내 내무군주를 나무 곁으로 여행 보냈다. 뿌리 가까이서 물 기운이 되어 나무로 다시 탄생하는, 그 새로운 모습에서, 부부의 인생을 재차 그려본다.

위의 『구약성서』 구절을 염두에 두었는지는 모르겠으나, 1842년, 칼 마르크스는 「도벌법을 둘러싼 논란」에서 다음과 같이 분노한다. '탈취한 나무. 그것은 허물을 벗은 뱀처럼, 유기적 연관 속에 살아 있는 나무와는 관계가 없다. 자연 자체가 유기체적 생명과 분리된 채, 가난한 자와 부유한 자가 극단적 대조를 이루는 것처럼, 잘려진 앙상한 잔가지와 튼튼한 뿌리를 내려 수분을 흠뻑 머금은 나무가 서로 상반된 모습을 보인다. 사람들이 겪는 궁핍함도 이와 유사하다. 이런 감정에서 소유권이 생긴 것이다. 그러나 입법자들은 죽은 나무를 줍는 것조차, 처벌하고 있다!'

살아 있는 나무가 사라질 때, 죽어가는 나무조차도 살려내지 못할 때, 인간은 무엇을 할 수 있을까? 특히, 교육학자는 교육이론을 담보할 수 있을까? 최근, 석·박사 학위논문 심사를 하면서, 고민이 더욱 깊어진다.

37. 사과나무 격언과 무시간의 자유인

2021. 5. 30. 일. 10:18

어제 나무에 관한 이야기를 적은 후, 오늘 문득 생각이 났다. 나무에 관한 유명한 격언. 청소년 시절, 미래를 지향하며 꿈을 속삭이던 시절에 되뇌이던 이야기. '내일 지구의 종말이 온다 해도 나는 오늘 한그루의 사과나무를 심겠다!'

이 금언(金言)은 일반적으로 네덜란드의 철학자 스피노자(Benedict de Spinoza, 1632~1677)의 말이라고 생각한다. 하지만, 실제로는 그 출처를 확인하기 힘든 언표다. 이 말은 현재 큰딸이 거주하고 있는 독일 헤센 주에서 활동했던 어느 목사의 기고문에서 시작되었다고 한다. 우리 가족은 2019년 12월 하순에서 2020년 1월 초순까지 독일 여행을 했다. 그때 헤센 주 박물관을 관람한 적이 있다. 선사시대부터 현대에 이르는 수많은 유물과 역사 해설 가운데 단연 기독교와 관련한 내용이 대부분을 차지하였다. 사진으로 담아오긴 했으나, 아주 오래된 초기의 『바이블』, 독특한 기독교 성화(聖畵), 예수상, 성모마리아상 등, 처음으로 경험한 유물에, 나는 상당히 놀라며 감탄했다.

어떤 사람에 의하면, 사과나무 격언은 1944년 10월 5일 독일 헤센 주의 목회자들만을 대상으로 한 비밀 신문에 처음 등장한단다. 당시 '고백교회(告白教會: Confessing Church)'의 일원이었던 칼 로츠(Karl Lotz) 목사의 기고문에서다. 고백교회는 히틀러에 부역할 것을 거부하고 나치즘에 저항적인 목회자들이 결성한 신앙 연대다. 로츠 목사는 동지들에게 용기를 잃지 말자며 다음과 같이 글을 썼다. '우리 민족은 지금 매우 급박한 상황 가운데 처해 있습니다. 루터의 말을 명심하시기 바랍니다. 내일 지구의 종말이 온다 해도 나는 오늘 한 그루의 사과나무를 심겠다!'

이렇게 본다면, 사과나무 격언은 종교개혁가 루터의 말이 된다. 사실인지 아닌지는 모르겠으나, 500여 년 이상 지속된 독일 전통의 격언으로 말이다. 루터가 갖은 핍박 속에서 『바이블』을 번역하고 종교개혁을 실천한 것처럼, 로츠 목사는 당시 히틀러의 지배 하에서, '내일 나치의 탄압을 받아 죽을지라도 오늘 신의 뜻에 따라 살자!'라는 의미로 여러 목회자의 용기를 북돋았다.

스피노자는 유대인 사회의 근거지인 네덜란드 암스테르담에서 교육받았다. 『구약성서』에 영향을 받은 것처럼 느껴지지만, 『윤리학』이라는 걸작에서 보여주는 그의 사상은, 젊은 시절 내 사유에 충격을 던졌다. '인간이 가진 날날의 지성은 신의 일부다!' '허위는 지각이 결여될 때 생긴다. 이는 부적절한, 즉 알맹이 없고 혼란스런 관념에 따른 것이다!' '정신의 본성은 어떤 무시간(無時間)의 관점에서 사물을 지각한다!'

특히, '무시간의 관점!' 그는 이 유명한 언표를 직접 만들었다. '무시간?' 언표 자체로만 보면, 불교의 '공(空)'과 같은 냄새를 풍기기도 하고, 도교나 유학의 '무극(無極)'과 같은 영원을 상징하는 듯하다. 이 개념은 무엇일까? '자유'일까? '무념무상'일까? '영원한 형상 아래' 세상을 투시하는 일? 젊은 시절, 스피노자의 이런 사유는, 내가 이해하기에는 상당히 버거운 존재였다. 정말 난해했다. 철학적으로 혼란에 빠트렸다. 그의 사유 체계가, 버트란트 러셀의 평가처럼, '서양 철학에서 아주 돋보이는 기념비 가운데 하나'여서, 내가 제대로 이해하지 못한 것인지도 모른다.

스피노자의 『윤리학』 후반부에는 인간에 관한 진지한 언급이 돋보인다. 인간은 외부의 영향이나 원인에 좌우되는 한, '노예 상태'에 있다. 유한한 모든 것이 실제로 이에 해당한다. 그러나 그렇지 않은 존재가 자리매김 된다. 신(神)과 인간(人間)의 일치다. 신과 일치되는 한, 인간은 이런 영향을 받지 않는다. 왜냐? 전체로서의 우주는 어떤 조건도 붙지 않기 때문이다. 인간은 전체에 더욱 순응해 가면서, 그에 알맞은 '자유'를 얻는다. 동일한 사유는 아니지만, 동양의 '천인합일(天人合一)'이 떠오른다. 자유란 다름 아닌, '독립(獨立 independence)' 또는 '자기결정(自己決定: self-determination)'이다. 신(神)에만 해당되는 이것을 인간이 따를 때, 사람은 자신의 몸에서 공포를 없앨 수 있다.

스피노자는 소크라테스나 플라톤처럼, 무지(無知)를 모든 악(惡)의 가장 큰 원인으로 생각했다. 지식은 우주의 보다 큰 이해다. 이런 차원에서, 지식은 현명하고 적절한 행동에 이바지하는 유일한 조건이다. 그런데, 스피노자는 소크라테스와 달랐다. '죽음'에 대해 생각하지 않는다. 삶에 무시간이 개입한 것일까? 자유의 영원성이 투영된 것일까?

자유인(自由人: freeman)은 죽음에 대해 생각하지 않는다. 자유인의 지혜는 죽음에 대한 명상이 아니다. 삶에 대한 명상이다! 악(惡)은 부정적 사안이다. 결점이 전혀 없는 총체적 존재인 신이나 자연은 악(惡)일 수가 없다. 모든 것은 유일한, 이 세상의 가장 좋은 것을 위해 존재한다. 유한한 존재로서의 인간은, 될 수 있는 한, 많은 우주와의 접촉을 위해, 자기를 보존하도록 행동할 의무가 있다.

38. 나무 심는 노인

2021. 5. 30. 일. 12:26

『탈무드』에 '나무를 심는 노인'에 관한 의미 있는 이야기가 기술되어 있다. 앞에서 얘기했던, 『구약성서』나 '사과나무 격언', 마르크스가 나무를 대하는, 생명력 부여 행위와 상통한다고 할까?

한 노인이 자기 집 마당에 과일나무를 심고 있었다. 지나가던 나그네가 그 모습을 보고 노인에게 말을 걸었다.

'어르신, 그 나무는 언제 열매를 맺을까요?'

노인이 웃으면서 말했다.

'나무가 잘 자라 열매를 맺으려면 아마 30년은 걸리겠지요?'

나그네는 이상한 생각이 들었다. '30년이나 걸린다고? 그렇다면, 저 어르신이 그때까지 살아계실까?' 나그네는 다시 말을 건넸다.

'어르신께서 그때까지 살아서 활동하고 계시겠습니까?'

노인이 껄껄 웃으며 말했다.

'글쎄요. 아무리 오래 산다 해도, 그때까지 살기는 쉽지 않겠지요?'

나그네는 더욱 이상한 생각에 사로 잡혔다. '아니, 자신이 먹지도 못할 걸, 과일나무를 왜 심지?' 나그네는 또 다시 어르신에게 물었다.

'그러면, 왜 어르신이 직접 먹지도 못할 텐데, 지금 과일나무를 심고 계십니까?'

노인은 나그네를 물끄러미 바라보았다. 그리고 한참 있다가 이렇게 대답했다.

'내가 어렸을 때, 우리 집 마당에 나무가 많았어요. 과일나무에는 과일이 많이 열렸습니다. 내가 태어나기 훨씬 전, 아주 오래전부터 할아버지와 아버지께서 나무를 심으셨기 때문이지요. 지금 나는 그분들이 평소 했던 일을 따라, 내 삶에 충실할 뿐입니다.'

삶의 인식이란, 이런 것이 아닐까? 나도 그럴 뿐이다. 아버지와 엄마가 좋아하던 책과 글들, 나무와 꽃들을 추억하고, 아내가 즐겼던 평소의 기록 활동, 아주 작지만 소중한 것에 대한 관심을, 그저 내 마음의 나무삼아, 기리고 가꾸며 따라할 뿐이다. 아버지가 남겨준 조그만 '연적(硯滴)' 하나, 어머니의 손때 묻은 '『성경-바이블』', 아내가 유학시절 직접 구운 '도자기 몇 점(평소 연필꽂이와 화병, 향 피우는 받침대로 잘 활용한다)'은 내 영혼의 보물(寶物)이다. 이런 영향을 융합한 탓인지, 학문에 종사한 이후, 나는 의식적으로 연구하거나 교육한다고 생각해 본 적이 거의 없다. 그냥 그렇게, 할아버지·할머니로부터 내려오는 전통, 아버지·어머니, 아내가 보여준 대로, 내 삶의 양식을 마음에 담고 따라할 뿐이다.

내 마음에 심어진 나무를, 잘 가꾸고, 필요하면 또 심고. 그렇게 삶을 푸르게 만들고, 계절에 따라 열매가 익으면 맛있게 먹고, 다시 거름 주고 가꾸어 갈 뿐이다. 그것이 삶의 즐거움이다.

나는 존중하고 존경한다. 저 나무 심는 노인이야말로, 삶의 의미심장(意味深長)을 완미(玩味)하게 만드는 진정한 어른이다. 교훈(敎訓)을 주는 교육철학자다.

39. 생각하는 갈대, 우주를 포용한다

2021. 5. 31. 월. 9:10

나의 아내 내무군주가 우주여행을 떠난 지 꼭 100일째다. 옛날 말에 백(百)은 '온'이라고 했다. '온'은 '모두' '전부'를 뜻한다. 100이 꽉 찬 숫자이기는 하나, 완성을 의미하는 시간 단위는 아니다.

사람은 태어난 후 삼칠일(3·7일: 21일)을 거치면서 생물학적 목숨을 확인한다. 석 달 열흘인 100일이 되면 100일 잔치를 베풀며 성장의 가능성을 예측한다. 그렇게 무사히 한 해를 지나면서 첫돌을 맞아 성대한 잔치를 벌인다. 100일 잔치를 할 때, 이 100일이 뭘까? 아기가 100일 동안 큰 문제없이 자란 것을 축복한다. 그것은 인간으로 성장해 나가는 시발점으로 인식된다.

사람이 별세(別世)한 경우에도 유사하다. 사상이나 종교에 따라 차이가 있으나, 삼우제(三虞祭), 49재(四十九齋), 1년상(期年喪), 3년상(三年喪) 등등 탈상(脫喪)의 계기를 마련한다. 나는 사실, 초등학교 시절에 돌아가신 할머니를 비롯하여, 대학 입학 무렵에 돌아가신 아버지와 지난해 엄마와의 이별에 이르기까지, 이 생(生)에서 혈육과의 이별을 경험하면서, 이런 상례(喪禮)를 제대로 지키지 않았다. 한마디로 예의(禮義)가 없는 녀석이다. 그것도 유교(儒敎)를 연구했다는 녀석이. 참 불효자다. 그러나 나는 그런 형식에 얽매이기를 싫어한다. 대신, 일상(日常)의 행복을 생각한다. 할머니와 아버지와 엄마, 그리고 학문의 부모님이신 스승님, 이 모든 분들은 실제로 이 세상을 하직했다. 그러나 현실적으로 내 마음에 함께 살고 있다. 때문에 내가 죽는 날까지는 그분들을 떠나보낼 수 없다. 그분들은 최소한 내 의식 가운데 지금 함께 지내고 계신다. 그래서 나는 형식에 얽매인 제례(祭禮)와 상례(喪禮)를 아주 좋아하지 않는다. 오히려 일상에서 그리움을 간직하며 삶의 동력으로 삼는 것이 예의(禮義)에 가깝다고 생각한다! 그것은 인간의 이성과 감성의 교차가 만들어 낸다.

인간에게 '사고(思考)' 작용이 존재하는 한, 탈상(脫喪)은 불가능하다. 마음은, 때때로 영원하다고 할 정도로, 삶의 추억을 끌어당기기 때문이다. 나의 아내 내무군주의 100일째 여행 날, 인간이 탄생의 기쁨 뒤에 성장을 기약하듯, 내 삶은 다시 시작이다. 나는 내무군주의 탈상을 하지 않는다. 내 '사고'가 존재하는 한, 내 마음에 품을 뿐, 탈상이라는 단어는 의미가 없다. 그 사고에 관한 빛은, 파스칼(Blaise Pascal, 1623~1662)에서 온 것이다. 불과 40년이라는 짧은 생애를 병약한 몸으로 이 땅 위에 머물다간 천재 사상가 파스칼! 그는 내 젊은 시절의 한 때, 빛이 되어준 '사고'의 천사였다.

파스칼은 그의 유고(遺稿) 명상록(瞑想錄) 『팡세(Pensées)』에서, 간략하지만 강력하면서도 진한 감동을 던진다.

사고는 인간의 위대성을 만든다. 인간은 하나의 갈대에 지나지 않는다. 자연 가운데서 가장 약한 존재다. 그러나 그것은 '생각하는 갈대'다. 인간을 짓눌러 버리는데 전 우주가 무장할 필요가 없다. 한 줄기의 증기나 한 방울 물로도 인간을 죽이는 데 충분하다. 그러나 우주가 인간을 짓눌러 버릴지라도, 인간은 자신을 죽이는 우주보다 한층 고귀할 것이다. 왜냐? 인간은 자기가 죽는 것과 우주가 자기보다 우월하다는 것을 알고 있지만, 우주는 그것을 전혀 모르기 때문이다.

그렇다면, 인간의 모든 존엄은 사고에 기인한다. 인간이 스스로를 높여야 하는 이유가 여기에 있다. 인간이 채울 수 없는 공간이나 시간 때문이 아니다. 그러므로 '잘 생각하도록 힘을 다하자!' 이것이 바로 '도덕의 본원'이다.

내가 존엄성을 구해야 하는 것은 공간에서가 아니다. 내 '사고의 규제'에서다. 아무리 내가 몇몇 영토를 소유하더라도, 내 이상의 것은 소유할 수 없다. 우주는 공간에 의해 나를 포용하고, 하나의 점으로 보고 나를 삼킨다. 하지만 나는 사고에 의해 우주를 포용한다! 그런 만큼 인간의 덕이 지닌 힘은 그 노력에 의해서가 아니라 그 '일상'에 의해 측정되어야 한다!

'생각의 힘'이란 이런 것이다. 인간의 사고는 우주의 그 무엇보다 위대하다. 생각하지 못하는 우주는 이런 점에서 바보다! 내무군주는 우주의 어디쯤에서 100일째 여행을 즐기시는가?

Summer (1906)

Charles Courtney Curran (American, 1861-1942)

6월

1. 산수(山水)

2021. 6. 1. 화. 23:18

인간이 살아가야 할 거처(居處)를 정하는 작업은 신중해야 한다. 어떤 때는 전원주택(田園住宅)에서 조용히 살고 싶은 생각도 있었고, 어떤 때는 내 어릴 적 고향 집처럼 한적한 산골에 들어가 살고 싶기도 했다. 그러나 직장 상황과 여러 가지 생활의 정황이 쉽게 그런 지역에 거처를 정하도록 허락하지 않는다. 거처와 관련하여 어떤 곳이 적절한지, 이중환의 『택리지』「복거총론」의 말미에 의미 있는 언급이 보인다.

'산수(山水)는 정신을 즐겁게 한다. 감정을 화창하게 만든다. 살고 있는 곳에 산수가 없으면, 사람이 촌스럽게 보인다. 그러나 산수가 좋은 지역은 먹고 살 양식이나 재물이 적은 곳이 많다. 사람이 자라처럼 모래 속에 살지 못하고, 지렁이처럼 흙을 먹지 못하는데, 산수에만 심취해서 삶을 영위할 수는 없다. 그러므로 기름진 땅과 넓은 들에, 지세가 아름다운 곳을 가려 집을 짓고 사는 것이 좋다. 그리고 10리 밖, 또는 반나절 길쯤 되는 거리에, 경치가 아름다운 산수가 있어, 생각날 때마다 그곳에 가서 시름을 풀고, 또는 유숙한 다음 돌아올 수 있는 곳을 마련해 둔다면, 참으로 좋다.'

시대가 바뀌었다! 이제 농경(農耕)을 위한 기름진 땅이나 넓은 들은 바라지 않는다. 대신, 가까운 곳에 현대생활을 즐길 수 있는 편의시설(便宜施設)이 잘 갖추어져 있고, 주변에 산수가 있다면 꽤 만족할만하다.

내가 사는 아파트도, 이런 복(福)을 가져다주는 곳일까? 복을 짓는 거처에 속할까? 걸어서 10분 이내의 거리에 대형마트와 병원이 있다. 집 바로 앞에는 벌안산 능선을 따라 왕숙천 벼락소에 물이 가득하다. 집 뒤편 30분 거리에는 원시림이 가득한 국립수목원 광릉숲이 자리하고 있다. 여기에서만 벌써 30여 년을 살고 있으니, 길지(吉地)를 선택한 것이 맞을까?

심심하면, 대형마트 주변의 순댓국 집을 기웃거리고, 벼락소 다리를 건너 벌안산 능선과 광릉숲으로 산책을 나간다. 홀로 즐기는 이 산수가, 복된 일상을 가져다준다.

2. 명제 소멸, 모순과 동어반복

2021. 6. 3. 목. 9:36

아침에 눈을 뜨자마자, '100여 년 전쯤, 1차 세계대전의 전장(戰場)에서는 어떤 철학적 사유가 맴돌고 있었을까?'라는 생각이 머리를 가로질렀다. 비트겐슈타인(Ludwig Josef Johann Wittgenstein, 1889~1951)의 『철학일기-노트(Notebooks) 1914-1917』를 펼쳐 보았다. 1915년 6월 3일자에는 다음과 같이 기록하고 있다. 다른 날의 짧은 언급에 비해 말이 좀 길다.

'명제는 가장 많이 따르는 것으로부터 가장 많이 말한다고 확실히 말할 수 있다.' 명제에 관한 첫 문장 자체가 아주 까다롭다. 쉽지 않다. 그리고 비트겐슈타인은 말을 이어간다. '서로 독립적인 명제들이 무엇에서 가장 많이 뒤따르는지 말할 수 있을까? 동어반복(同語反覆: tautology)으로부터는 아무것도 따라 나오지 않는다. 하지만 동어반복은 모든 명제들로부터 나온다. 유사한 것은 그것의 반대 경우에도 유효하다. 모순들로부터 모든 명제가 따라 나오고, 정작 그것들은 어떤 명제로부터도 따라 나오지 않는 걸까? 하지만 나는 모순으로부터 아무 것도 추론할 수 없다. 왜냐하면 바로 그것이 하나의 모순이기 때문이다! 그러나 모순이 모든 명제의 집합이라면, 동어반복은 공유하지 않는 명제들의 모든 집합의 공통점이 되며 완전히 사라진다. 그러므로 'P∨~P'는 겉보기에 단지 하나의 기호인 것 같다. 하지만 현실에서는 명제의 소멸이다. 동어반복은 모든 명제 안에서 사라지고, 모순은 모든 명제의 밖에서 사라진다. 모순은 명제들의 외적 한계이다. 어떤 명제도 모순을 긍정하지 않는다. 동어반복은 모순의 실체 없는 중심점이다. 원의 중심점은 그것의 내적 한계로서 파악될 수 있다. 여기서 이른바 논리적 곱과 논리적 합을 서로 혼동하기가 아주 쉽다. 어떠한 명제에 의해 긍정될 수 있기 위해 두 명제가 어떤 공통점을 가져야 한다는 것은 외견상 주목할 만한 결과이다.'

이렇게 사유를 전개해 놓고, 비트겐슈타인은 고백한다. '여기서 내 이론에는 여전히 결정적이고 단호한 모호함이 놓여 있다. 이런 이유로 불만족스러운 감정이 생겨난다!'

우리가 사용하는 언어들, 특히, 교육적 개념들의 상당수는, 엄밀하게 분석해 보면, 그것이 명제로 정립되고 있는 한, 동어반복이거나 모순을 만들어내는 작업이 아닐까? 동어반복은 모순을 수용하지 않지만, 분석과 분절의 혼용 과정에서 모순을 야기한다. 모순은 지속적인 모순의 동어반복을 통해 모순을 증폭시키지만, 서로 분리되면서 동어반복을 지향한다. 명제로 표현되는 말의 진실은, 결국, 생활 상황에서 사용되는 언어, 즉 일상언어(日常言語: ordinary language)의 미묘한 게임을 통해, 해소될 수밖에 없다. 그래서 교육적 언어는, 복잡한 교육의 논리를 독해하고 적용하려는 의지, 교육철학을 창출하는 과정에서, 이해를 도모할 수밖에 없다.

3. 언어의 유희

2021. 6. 3. 목. 19:45

하루 종일 비가 내린다. 지난 2주간 우중충한 날이 하루걸러 지속된다. 장마철도 아닌데, 이 또한 이상 기후인가? 창밖의 비를 노려보며, 아침에 들춰 보았던 비트겐슈타인의 사유를 다시 만져 보았다.

흔히, 비트겐슈타인의 철학을 전기와 후기로 나누어 설명한다. 대학과 대학원 시절, 그의 사유를 따라가며 독해해 보려고 몸부림쳤으나, 아주 괴로웠다. 솔직히 말하면, 제대로 이해하지 못한 부분이 많았다. 아니, 이해를 못했다고 말하는 것이 옳겠다. 몇 년 전부터, 비트겐슈타인의 사유를 교육적 시선으로 생각하기 시작하면서, 새로운 느낌으로 다가왔다.

1921년, 비트겐슈타인이 생전에 출간한 유일한 책인 『논리철학논고(論理哲學論考: Logisch-philosophische Abhandlung)』는 그의 전반부 철학을 대변한다. 전반부 철학은, '논리의 차원에서, 모든 진리는 동어반복이다!'로 표현할 수 있다. 동어반복(同語反覆)은 자기모순(自己矛盾)과 동일한 명제이다. 이런 점에서 동어반복은 대략적으로 '분석'이라는 말을 요청한다.

그러나 그의 후반부 철학은 전반부와 상당히 색다른 느낌으로 다가온다. 전반부의 관심이 논리학이었다면, 후반부는 언어분석(言語分析: linguistic analysis)의 영역으로 나아갔다. 비트겐슈타인의 후반부 철학이 담겨 있는 『철학적 탐구(哲學的 探究: Philosophical Investigations)』는 사후에 출간되었다. 문체 자체도 독특할 뿐만 아니라 내용도 난해하다. 후반부 사유는 '한 단어의 뜻은 그 단어를 사용하는 방법이다!'라는 점을 주조음으로 한다. '단어를 사용하는 방법'은 '언어유희(言語遊戲)' 또는 '언어게임(language game)'으로 비유된다. 현실에서 사용하는 어떤 언어는 그 용법이 하나의 유희, 예를 들면, '장기(將棋) 놀이'와 같다. 이때 유희를 즐기는 사람은 지켜야 하는 '규칙'이 있다. 또한 허용되는 수에도 제한이 있다.

이 후반부의 사유는 전반부에서 논의했던 논리철학과 상당히 다른 차원이다. 전반부의 철학은 '모든 진술은 더 이상 쪼갤 수 없는 단순한 궁극적 구성 요소로 분해할 수 있다!' 이른바 '논리적 원자론(論理的原子論: logical atomism)'으로 불린다. 그것은 단순한 근본 원리, 즉 완전한 언어를 수립하려는 모든 시도의 바탕이다. 완전한 언어는 모든 것을 극도로 정확하게 말한다. 그러나 후반부의 철학은 그것을 완전히 부정한다. 완전한 언어는 구성할 수 없다! 어떤 노력을 하더라도, 언어 자체가 지닌 혼란을 완전히 없앨 수 없다!

이 지점에서, 비트겐슈타인은 '언어의 유희'를 제기한다. 언어를 사용하는 가운데 말의 의미를 터득한다. 글의 양식으로서 문법이나 말의 질서인 논리를 배운다. 언어유희의 과정에서 형이상학은 숨을 죽일 수밖에 없다. 언어유희에서 형이상학의 문제를 제기한다는 것은 문법이나 논리를 불완전하게 파악한 결과이기 때문이다. 언어의 규칙을 이해하게 되면, 이와 같은 의문을 제기하고 싶은 마음은 사라진다. 언어의 유희, 즉 언어를 사용하는 방법은 이러한 철학적 욕구를 해결하기에 충분하다.

몇 년 전부터 비트겐슈타인을 읽으면서 의문이 생기기 시작했다. 과연, 그의 전기 철학과 후기 철학이 완전히 다른 양상인가? 형식적으로는 그러하다. '논리적 원자론'과 '언어유희의 이론'으로만 볼 때, 다른 철학이 되어 버린다. 그러나 논리적 원자론에서 언어유희로 발전된 사유로 볼 수는 없는가? 교육철학적 의미의 언어 분석과 사용의 차원에서 이해한다면, 새로운 관점이 가능하다. 교육적 언어를 단순하게 궁극적 구성 요소로 분해하고, 그것을 바탕으로 교육적 언어를 현실적으로 사용하는 게임으로 나아간다면 말이다.

4. 연구하는 삶의 목적

2021. 6. 4. 금. 9:10

1차 세계대전에 참전한 비트겐슈타인은 인생에 대해 상당히 혼란스러워 했던 모양이다. 자원입대(自願入隊)이긴 했으나 전쟁 경험 자체가 아주 괴로운 것 같은 인상을 보여준다. 1916년 5월과 6월, 그의 철학일기는 며칠의 기록밖에 없다. 5월에는 5일(6, 7, 9, 11, 16), 6월에는 단 하루(6월 11일)의 심정이 남아 있다. 몇 가지를 옮기며 독해해 본다.

1916년 5월 7일의 기록: '고요한 밤이다. 천만다행이다. 나는 가련한 자이다.' 이 짧은 세 줄 사이로 전장(戰場)의 기운이 감돈다.

1916년 5월 9일: '연구를 위한 충분한 시간과 평온을 가질 수 있다면 …… 내 연구는 부동자세다. 꿈쩍도 안 하고 있다. 내 연구주제는 나 자신과 너무도 멀리 떨어져 있다. 죽음은 비로소 삶에 의지를 부여한다.' 전장의 일상은 시간의 개념을 사라지게 만들고 평온한 일상을 무너뜨린다. 전장은 인간의 철학적 사유와 일상생활을 비상사태로 빠트린다. '전장=죽음'이라는 인식은 삶을 위한 새로운 의지로 다가온다. 이런 독해로 그의 사유에 다가가 본다.

1916년 5월 16일: '세 번째 장소이다. 언제나 그랬던 것처럼 매우 고통스럽다. 고난이 겹친다. 하지만 큰 은총도 머문다. 나는 언제나처럼 병약하다. 연구할 수 없다. 오늘은 보병진지에서 잠을 잘 것이다. 아마도 초토화될 것이다. 신(神)이 나와 함께하길! 영원히 아멘! 나는 약한 인간이지만 신은 지금까지 나를 지켜주었다. 신은 영원을 약속했다. 아멘! 나는 나의 영혼을 그에게 맡긴다.' 전장이라는 우주는 살얼음을 밟는 것과도 같다. 깊이 푹 밟으면 빠지고, 조심스럽게 살살 밟아야, 얼음과 물의 상황을 가늠할 수 있다. 비트겐슈타인은 신의 은총을 믿으며 고난을 대비한다. 전투로 초토화 당할 보병진지를 예상하며, 죽음의 그림자 앞에서 신을 요청한다. 두 번이나 등장하는 '아멘!'이라는 기도 소리. 두려움과 고난에 휩싸인, 인간의 한계를 절실히 보여준다. 비트겐슈타인은 자신의 영혼을 신에게 맡기면서, 어떤 기도를 올렸을까? '연구할 수 없다!' 이 연구를 향한 역설 가운데, 그 열정이 절망 속으로 떨어지는 순간, 신과의 합일을 갈구한다. 그것이 전부다. '아멘!'

1916년 6월 11일: '신과 삶의 목적에 대해 나는 무엇을 알고 있는가? 나는 이 세계가 존재한다는 것을 안다. 내 눈이 내 눈의 시야 속에 있듯이 나는 세계가 있다는 것을. 우리가 세계의 의미라 명명하는 무언가는 세계에서 문제적이라는 의미가 세계 안이 아니고 세계 밖에 있다는 것을. 삶이 세계라는 것을. 나의 의지가 세계를 뚫고 나가는 것을. 나의 의지는 선하거나 악하다는 것을. 선과 악은 세계의 뜻과 함께 어떻게든 연결되어 있다는 것을. 삶의 의미를, 즉 세계의 의미를 우리는 신이라 명명할 수 있다. 그리고 우리는 아버지로서 신에 대한 비유를 연결시킬 수 있다. 기도는 삶의 의미에 대한 생각이다. 나는 세계의 사건들을 내 의지로 조종할 수 없으며, 완전히 무력하다. 나는 세계로부터 스스로 독립적일 수 있다.—그리고 사건들에 개입을 포기함으로써 세계를 확실한 의미에서 지배할 수 있다.'

1916년 5월과 6월에 걸쳐 기록한 여섯 번의 글 가운데 가장 길다. 하지만 글의 술어를 만들지 않고, 시를 쓰듯, 마침표를 찍었다. 할 말이 많지만, 술어로 마무리 하지 못하는 심경이 절실히 드러난다. 5월 16일과 6월 11일 사이에, 그 20여 일의 전장 상황이 어떠했는지, 비트겐슈타인은 상당히 현실로 회귀한 것 같다. '신과 함께하길' 기도하던 시공간에서 '나의 의지, 세계의 의미, 삶의 의미에 대한 생각' 등으로, 기도에 의미를 부여하는 시공간으로 돌아왔다. 그것은 인간과 현실에 대한 인식이자 새로운 의식이다. 깨우침과 깨달음은, 그 다음에 등장하는 7월 5일의 기록을 통해, 철학적 실천으로 나아간다. '세계는 나의 의지로부터 독립적이다!'

5. 추억 • 보리 베기에서 반딧불까지

2021. 6. 5. 토. 9:29

달력을 보니, 오늘이 올해 아홉 번째 절기인 망종(芒種)이다. 시골에서 농사를 지었다면, 보리를 베고 모내기를 하기에 알맞은 때다. 집 부근에 있는 논을 보니, 모내기는 이미 끝난 듯하다. 요즘은 보리농사에 종사하는 농부를 찾아보기 힘들다. 보리 베는 광경도 목격하기 어렵다. 어릴 적 이맘때는 보리 베기와 타작으로 눈코 뜰 새 없이 바빴던 기억이 선하다.

집 마당 한쪽에 유성(流星)에서 떨어졌다는 큰 별똥별 돌이 있었다. 그 돌은 숫돌로 만들어져 도끼도 갈고, 보리타작을 하는 타작대로도 썼다. 지금은 없어진 고향집터 어딘가에, 아직도 묻혀있을까?

까칠한 보리 이삭을 따서, 등 속 옷 안으로 집어넣으며, 장난 끼를 발동하던 시간도 참 재미있었다. 먹고 사는 문제를 제대로 해결하지 못하고, 보리 수확으로 겨우 끼니를 채우던, 대한민국이 잘 살지 못하던 시절의 이야기다. 그것을 몸소 겪은 내 몸은 이런 사실을 뚜렷이 기억하고 있다. 그러나 현재라는 시간은 그것을 추억으로만 기억하게 만든다. 요즘도 가끔씩 학교 앞 보리밥집에 들러 보리밥을 즐기곤 하지만, 빈곤의 상징처럼 느껴지던 보리밥이, 이제는 웰빙(well-being) 식품으로 자리 잡았다. 세월의 능선에서 보니, 시간의 골짜기와 언덕의 교차지점이 한가하게 자리하고 앉았다.

이때쯤부터 더위가 점점 수위를 더해간다. 좀 더운 날이면, 마당에 멍석을 깔고, 형님 누나와 함께 가만히 누워 밤하늘을 보았다. 반짝이는 별과 별자리 사이로, 반딧불이 조금씩 나타나기 시작한다. 때로는 몇 마리 잡아 병속에 넣어 두고, 오묘한 불빛을 관찰하기도 했다. 그 반딧불 본 지 오래다.

6. 소망과 욕망

2021. 6. 6. 일. 9:28

인간은 무언가를 '바라는' 동물이다. 왜? 정상적인 인간이라면, 기대하고 기다린다. 우러러 보고 멀리 내다본다. 자신이 하고 싶은 것을 지향한다. 소망(所望)이나 욕망(欲望)에서 '망(望)'이 그러한 의미를 담보한다.

그런데 사람이 정말 그럴까? 때로는, 바라지도 기대하지도 기다리지도 우러러보지도 내다보지도 않는, 하고 싶은 것이 없는, 아무 생각이나 개념을 가지지 않는, 멍 때리기 식의 생활을 자처하지는 않는가! 비정상적 인간 사회로 진입할수록, 그런 현상은 강렬해진다! 자신의 의지와 상관없이, 인간으로서 일반적이고 상식적이고 정상적인 인식과 실천이 힘든 상황이 되면, 포기(暴棄) 당하는 인생이 오기도 한다. 『맹자(孟子)』「이루(離婁)」의 언급처럼, '자포자기(自暴自棄)'하는 경우에는 어쩔 수 없다.

맹자는 말한다, 스스로 자신을 해치는 인간과는 함께 윤리도덕에 대해 말할 수 없다. 스스로 자신을 버리는 인간과는 함께 훌륭한 삶을 도모할 수 없다. 사람의 도리나 예의에 대해 비난하고 부정하는 것을 '스스로 자기를 해친다.'라 하고, 자신은 사람을 사랑할 줄 모르고 올바른 사람의 도리를 따를 수 없다고 하는 것을 '스스로 자신을 버린다.'라고 한다. 사람을 사랑하는 열린 마음은, 모든 사람이 협동하며 편안하게 잘 살 수 있는 보금자리이고, 올바른 사람의 도리는 모든 사람이 따라가야 할 바른 길이다. 이런 상황과 정반대의 모습이 횡행하자, 맹자는 탄식한다. 사람들이 편안한 보금자리를 비워두고 거처하지 않는다. 바른 길을 버려두고 따르지 않는다. 이게 도대체 인간 사회냐?

맹자가 탄식하며 경계한, 이런 인생은 볼 것도 없다. 그러나 간절한 소망과 욕망이 개입된 인생에서, '망(望)'이 박탈당하거나 제한된다면, 아쉬움과 안타까움과 서글픔에, 허망(虛妄; 虛望)함이 삶을 지배한다. 때문에 인간의 특성 가운데, 소망(所望: wish)'과 '욕망(欲望: desire)'을 깊이 이해하고 판단하는 작업이 상당히 중요하다.

'욕망(desire)'은 삶에서 충족 가능한 생물학적 '욕구(need)'나 '요구(demand)'가 아니다. '충족될 수 없는' 사회적 구성물이다. 사람들 사이의 상호관계 가운데, 사람들과 어떤 연관을 갖느냐에 따라 그 양상은 달라진다. 선천적 측면에서 이해하면, '본능(本能: instinct)이라 할 수도 있다. 욕망? 이 충족될 수 없는, 영원히 미끄럼을 타고 있는, 이게 뭐지?

욕망을 설명하는 방식도 학자마다 다르다. 실험심리학의 원조인 분트(Wilhelm Max Wundt, 1832~1920)는 식욕이나 성욕, 호기심, 모방, 투쟁 등 몇몇 사안을 인간이 선천적으로 지닌 욕망으로 간주했다. 마르크스(Karl Marx, 1818~1883)는 먹고 사는 문제인 식욕(食慾)을 근원적 욕망으로 보았다. 니체(Friedrich Wilhelm Nietzsche, 1844~1900)는 권세욕(權勢慾)을, 프로이트(Sigmund Freud, 1856~1939)는 성욕(性慾)으로 제시했다. 이런 인식을 바탕으로, 그 정당성 여부는 뒤로 하더라도, 인간의 세 가지 기본 욕망을 '식욕-성욕-수면욕'으로 내세우기도 한다.

20세기 들어서서 욕망은 새로운 인식으로 나아간다. 라캉(Jacques Lacan, 1901~1981)은 그것을 더욱 정교하게 분석한다. '욕망(désir: desire)'은 프로이트의 용어인 '소망(Wunsch: wish)'에 해당한다. 이 욕망이 인간의 본질이다! 이때 욕망은 '의식적'인 것이 아니다. 항상 '무의식적'인 동시에, 완벽하게 '성적'이다. 이 지점이 인간을 다시 생각하게 만든다. 인간의 본질, 그 욕망이, 항상 무의식인 성적 욕망이라고?

라캉은 비판한다. 기존의 분석가들은 '욕망'을 '요구'나 '욕구'와 혼동하고 있다고. 복잡한 것 같으면서도, 단순하고 분명한 이 언급을 눈여겨 볼 필요가 있다. 이 개념은 라캉의 「세미나 4: 대상관계와 프로이트의 구조들(1956-1957)」에 등장한다. 엄마를 향한 아기의 울부짖음을 논할 때다. 아기의 울음은 즉각적 신호다. 동시에 상징체계에 구성된 울음의 공시적 세계에 기입되어 있다. 아기가 조금 더 자라서 인지가능한 말로 발화할 수 있기 훨씬 전부터 언어구조 안에 아기의 울부짖음이 만들어져 있다는 것. 울부짖음의 상징적 성격은 라캉이 말하는 '요구' 개념의 핵심이다. 아기는 배고픔을 호소할 때처럼, 생물학적 '욕구'를 충족하기 위해 특정한 행동을 한다. 음성의 형태로 말하면서 요구한다. 이때 타자인 엄마는 음식을 준다.

욕구는 순전히 생물학적 충동이다. 생리적 요구에 따라 등장했다가 충족되면 일시적으로 완전히 약해진다. 무기력 상태에서 태어난 아기는 스스로 욕구를 충족할 수 없다. 엄마와 같은 타자의 도움을 필요로 한다. 이 도움을 얻기 위해 아기는 그의 욕구를 소리 내어 표현한다. 이때 욕구는 요구로 분절되어야 한다. 하지만 아기의 요구는 분절 되지 않은 비명소리에 불과하다. 비명소리를 듣고 온 엄마[타자]는 아기의 욕구를 살핀다. 이 과정에서 욕구의 단순한 충족을 넘어서는 타자의 사랑에 대한 상징화가 구축된다. '요구'는 '욕구의 분절'이자 '사랑의 요구'라는 두 기능을 동시에 수행한다. 그러나 타자는 아기를 만족시키는 욕구의 대상을 줄 수는 있어도 아기가 갈구하는 무조건적 사랑을 줄 수는 없다!

욕망은, 만족에 대한 욕구도, 사랑에 대한 요구도, 아니다. 사랑에 대한 요구에서 만족에 대한 욕구를 덜어낼 때 나오는 '차이(差異)'다. 욕망은 욕구를 분절할 때 만들어지는 잉여(剩餘)다. 욕구는 충족 가능하다. 다른 욕구가 생길 때까지 멈출 수 있다. 하지만 욕망은 결코 충족될 수 없다. 아무리 억누르더라도 지속된다. 영원히. 욕망의 실현은 충족이나 만족에 있지 않다. 욕망 자체의 재생산이 존재할 뿐이다.

이런 점에서 교육의 지향점은 분명해진다. '인간 욕망의 조절'이다. 유학의 표현을 빌리면, '존천리(存天理)'로 상징되는 자연의 질서를 존중하고, 그에 더하여, 알인욕(遏人慾: 인간의 욕망을 억누르다)! 또는 '거인욕(去人慾: 인간의 욕망을 떠나라)!'이다. 현대적 관점에서 놓치지 말아야 할 것은, 과거 사유 전통을 초월하여, 민주 시민사회의 생활양식을 충분히 인지해야 한다는 점이다. 시대정신에 투철한 '욕망의 조절' 문제를 교육철학의 화두로 고려해야 한다.

7. 부지런함과 검소함

2021. 6. 7. 월. 5:56

인간'됨'이나 인간'다움'을 나타낼 때, 적절한 기준이나 지표를 제기할 수 있다. 그 가운데 하나가 '근검(勤儉)'이다. '근'은 부지런함이고, 검은 검소함이다. 『채근담(菜根譚)』에 이 '부지런함'과 '검소함'에 관한 의미심장한 교훈이 전해온다.

勤者, 敏於德義, 而世人借勤以濟其貧.(근자, 민어덕의, 이세인차근이제기빈.)
儉者, 淡於貨利, 而世人假儉以飾其吝.(검자, 담어화리, 이세인가검이식기린.)
君子持身之符, 反爲小人營私之具矣. 惜哉.(군자지신지부, 반위소인영사지구의, 석재.)

의역하면 대체로 다음과 같다. '부지런함은 덕과 의에 재빠르게 반응하는 작업이다. 그러나 세상 사람들은 부지런함을 이용하여 돈을 벌어들이려고만 한다. 검소함은 재화와 이익에 투명하게 맑은 상황을 의미한다. 그러나 세상 사람들은 검소함을 가장하여 아끼는 것처럼 꾸민다. 인간의 몸을 지켜야 하는 덕목이 조무래기들의 사리사욕을 채우는 도구로 악용되니, 참으로 안타깝다!'

이번 학기 종강을 앞두고 있다. 15주 온라인 강의의 마지막 주 월요일 아침이다. 나는 한 학기 동안 부지런했는가? 검소했는가? 강의시간을 비롯한 여러 교육상황에서, 학생들과 소통하는 가운데, 덕(德)과 의(義)에 민첩하게 반응하며 함께했는가? 평소 아내가 말했듯이, '근검

절약(勤儉節約)!' '검약(儉約)'했는가? 성찰을 겸해 『채근담』의 한 구절을 펼쳐 보았다.

8. 매력과 의욕

2021. 6. 7. 월. 21:43

'허용된 일에는 매력이 없고 금지된 일은 욕심을 일으킨다!' 프랑스의 사상가 몽테뉴(Michel Eyquem de Montaigne, 1533~1592)가 『수상록』에서 인용한, 고대 로마의 시인인 오비디우스(Publius Naso Ovidius)의 언표다. 깊이 생각해보면, 인간의 사고는 현실을 비추는 거울이다. 사고에 담긴 현실은 거짓으로 드러나거나 의도하는 것과 반대의 방향으로 나아갈 수도 있다. 그러나 거울 속에 비추는 강도에 비례하듯, 발자국처럼 찍히는 진실의 흔적은 지울 수 없다.

500여 년 전, 프랑스 지성계를 풍미했던 몽테뉴는, 다른 교육사상가들에 비해 상대적으로 우리에게 잘 알려져 있지는 않다. 하지만 그는 엄청난 교육사상가였다. 그런 사실을 인지한 후, 나는 내 '교육철학' 책에서 그의 교육사상에 관한 일부분을 다루었다.

셰익스피어를 비롯하여 루소와 니체 등 수많은 작가들에게 영감을 주었던 몽테뉴의 『수상록』에, 역설(逆說)의 진실을 알려주는 사유가 번뜩인다. '욕망(欲望)은 장애(障礙) 때문에 더욱 강하게 드러난다!' 쾌락으로 인해 무언가를 잃어버릴 근심이 남아있다면, 인생을 즐긴다 해도 진정 재미를 느끼지 못한다. 보배로운 물건을 가졌지만 내 것인지 불확실하여 빼앗길 우려가 있을 때, 인간은 한층 애착을 가지고 더욱 악착스럽게 그것을 움켜쥐며 매달린다. 왜냐? 찬 기운이 있을 때 불이 더 잘 타는 것처럼, 인간의 의지는 반대에 부딪칠 때 더욱 억세어짐을, 우리는 명백히 느끼기 때문이다.

로마 황제 네로의 교사이기도 했던 세네카(Lucius Annaeus Seneca, B.C.4~A.D.65)는 말했다. '모든 사물에서 얻는 쾌락은, 놓쳐버릴 위험이 있기 때문에, 그만큼 더 커진다!' 인생에서 쾌락은, 행복과 불행, 길흉(吉凶)이 갈마 드는 근원적 사태다. 쾌락에 대한 욕망 자체는 고통으로 자극받기를 원한다. 쾌락에 대한 욕망은, 찌르고 쑤실 때, 더욱 달콤하다. 삶의 모든 일이 이렇게 돌아간다. 곤란함은 사물들의 가치를 도리어 높여 주고, 인간의 욕망은 자기 손에 있는 것을 경멸하며 넘겨버린다. 그리고는 자기가 갖지 않은 것을 차지하려고 버둥댄다.

쾌락이건 욕망이건, 그 향락의 흥청거림은 인간에게 동일한 고통을 준다. 그렇다고 인간이 너무 쌀쌀하게 구는 것도 괴롭다. 힘 안들이고 쉽게 넘어가는 것은, 사실, 더욱 괴로운 일이다. 불만(不滿: dissatisfaction)과 분격(憤激: exasperation)은 우리가 욕심내는 사물들을 높이 평가하는 곳에서 조용히 흘러나온다. 때문에 사람들은 그 사물을 더욱 그리워하고, 애타게 갈구한다. 그러나 포만(飽滿: satiety)은 경계하라! 지나치게 충만하여 넘치지 말라! 포만하면 싫증을 느끼게 마련이다. 포만감에 빠지면 정열을 잃는다. 둔해진다. 피로하다. 그리고 삶을 잠들게 만든다.

9. 인생이라는 작품을 위한 판단력과 덕성

2021. 6. 9. 수. 11:16

교육은 난해(難解)한 문제다. 하지만, 아주 간이(簡易)한 사안이기도 하다. 학생이 어떤 교사(敎師)를 만나느냐에 따라 그 성과가 결정된다. 그만큼 교사는 교육의 핵심 구성요소다.

몽테뉴는 강조한다. 교사의 능력이나 역할은 대상에 관한 지식(知識)을 얼마나 확보하고 있느냐가 아니라, 그의 인격(人格)이 어떠한가, 판단력(判斷力)을 어느 정도 갖추었느냐가 중요한 기준이다. 지식이 머리에 가득 찬 사람보다는 지식을 확실하게 처리하는 사람! 지식보다 인격과 사리판단(事理判斷)을 추구하는 데 기여할 수 있는 능력을 갖춘 인간! 교사의 자질에 유의하라.

가장 학식 있는 사람이 반드시 가장 현명한 사람은 아니다! 판단력이 없다면 지식은 어떤 역할도 할 수 없다. 교육도 탐구도 연구도, 자신의 인생 작품을 산출하는 데 기여해야 한다. 인생을 의미 있게 가꾸는, 자기의 판단을 만들기 위해 온몸으로 실천하는 사업이다.

앎의 목적은 판단력과 덕성을 함양시키는 작업이어야 한다. 그것을 함양하는 교육의 내용은 역사(歷史: history)와 철학(哲學: philosophy)이 핵심이다. 특히, 인간의 판단력은 세상과 만나면서, 훨씬 명석한 분별력(分別力)을 확보할 수 있다.

10. 의미심장한 지식

2021. 6. 10. 목. 10:42

오늘, 이번 학기 학위논문(學位論文) 심사가 마무리 된다. 학위(學位)는 말 그대로 '학문의 자리'다. 학문의 품위를 지속할 수 있는 능력을 지닌 학자로서의 지위 부여다. 그래서 엄중하다. 이 학문의 열매에 해당하는 것이 논문이다.

논문은 지식의 핵심을 다룬다. 논문을 심사하다보면, 어떤 논문은 오타(誤打)를 비롯하여 비문(非文)이 많아 읽기가 괴롭다. 또 어떤 논문은 논증(論證)이 너무 간략하여 다루는 주제의 핵심을 놓친다. 때로는 이것저것 섞어 놓아 논증이 없고, 잡다한 지식의 나열에 그치기도 한다.

일반대학원에서 석사박사 학위과정을 이수한다는 것은 논문작성을 위한 숙련의 시간이다. 이 시기에, 논문에 관한 제반 사항을 정확하게 배워야 한다. 그렇지 않으면, 학자로서 의미 있는 논문을 작성하기 어렵다. 논문의 생명은 형식을 갖추고 내용을 논리적으로 구성해야 한다. 논리적 구성은 구체적인 객관적 '논거(論據)'와 그것에 근거한 자기 '주장(主張)'의 명확한 결합이다. 논리적 근거와 논자의 주장! 이 틀이 일그러지면, 논문은 빛을 발하기 어렵다. 논문이 제기하려는 의미심장한 지식을 적확하게 담지 못하고, 논증 없는 죽은 지식을 나열할 뿐이다. 생기(生氣) 없는 글을 엮어놓는 수준에 그친다.

19세기 영국의 지성 허버트 스펜서(Herbert Spencer, 1820~1903)는 '지식(知識)'과 '과학(科學)'교육에 대해 심각하게 문제제기를 한 적이 있었다.

'허세가 판치는 현실 교육현장에서 탁월한 가치를 담고 있는 지식이 관심 밖의 대상으로 밀려나 있다!' '과학은 문명 탄생의 기초임에도 불구하고 교육현장에서 거의 주목받지 못하고 있다!'

21세기 한국의 고등교육, 대학원 교육과 연구의 현실도 이런 현상이 없지 않다. 논문심사를 하다보면, 그런 측면이 보다 분명하게 드러난다. 소수의 학인(學人)들에게 드러나는 현상이라면 그래도 괜찮다. 문제는 다수의 학인에게서 그런 현상이 보인다는 사실이다. 학자의 길을 가는 사람으로서 안타깝고 아쉽고 부끄러울 때가 많다.

논문작성 능력을 비롯한 지식과 과학을 다루는 문제! 이에 대한 해답을 찾기 위한 삶은 의외로 간단하다. '지식습득이나 터득이 괴로움이 아니라 즐거움이어야 한다! 지식에 대한 혐오(嫌惡)가 증대되는 지적 활동은 금물이다. 지적 능력의 확보에 집중하라! 지적 능력의 강화에 열정을 쏟아라! 지적 능력으로 온몸을 장식하라!'

이렇게, 학자의 삶은 극도로 단순해야 한다! 그렇게 지적 활동의 열매를 담아내는 논문이나 저술을 생산하지 않는다면, 학자로 자처하지 말아야 한다! 이뿐이다.

11. 참꽃 같은 당신

2021. 6. 10. 목. 23:16

연세대 고요한 교수가 카톡으로 시(詩) 한편을 보내왔다. 제목이 '참꽃 같은 당신'이다. 가끔씩 시를 보내올 때마다 의미가 새롭지만, 오늘은 양평의 아내에게 다녀오는 길목에, 저녁 6시쯤 비가 조금씩 내릴 무렵에 받아서 그런지, 기록해 놓고 싶었다. 참 고마운 학자 시인이다.

참꽃 같은 당신

고요한 지음

참꽃은 결코
사람 눈길 얻지 못해도
호객하지 않는다
사람 손길 받지 않아도
불평하지 않는다
당신은 그 참꽃 같다
아름다움은 결코
가볍지 않기 때문이다

내가 간략하게 답했다. '시골 고향에서는 진달래를 참꽃이라 했고, 철쭉을 연달래라고 했지요.' 근황에 대해, 몇몇 말을 주고받다가, 7월

셋째 주 이후, 계절학기가 끝날 때쯤, 다시 연락해서 만나기로 했다.

참 열심히 교육하고 연구하며, 해외봉사까지 나가며 헌신하는 동학이자 친구다. 보이지 않는 곳에서 늘 내 학문을 응원해주고, 격려해주는 학문 동지다. 가끔씩 책이 나올 때 서로 주고받으며 존경을 표한다.

척박한 한국의 학문 사회에서 이렇게 함께 할 수 있는 동학이, 학자 시인이 있다는 사실이 내 인생의 행복이다. 코로나 바이러스가 좀 안정되면, 7월에 만나 막걸리 한잔 나눌 날을 기다린다. 오늘은 혼자 와인 한잔 맛보련다.

12. 시위소찬(尸位素餐)의 관료들

2021. 6. 11. 금. 10:58

후한(後漢)의 사상가인 왕충(王充, 27~104)은 세상과 인간에 대해 '사실 그대로'를 논의한 철학자다. 현대의 여러 연구자들은 그를 유물론자(唯物論者)로 평가한다. 공자(孔子)·맹자(孟子)를 중심으로 하는 유학에 비판적이었기에, 불우한 생애를 보냈다. 최근까지도 정당한 평가를 받지 못한 비운의 사상가다. 하지만 나는 그의 사유를 적극적으로 존중한다. 아니, 30여 년이란 긴 세월 동안, 의미심장한 사유를 펼치며 정돈한 그의 학문을 옹호하며 존경한다. 그의 『논형(論衡)』「양지(量知)」에는 '고위 관료'와 '학자'의 차이를 비교한 명쾌한 해설이 있다. 한국과 중국 일본판으로 된 훌륭한 번역서가 있지만, 시간이 허락하면, 『논형』을 교육철학적 시선으로 번안해 놓으려 한다.

현대적으로 이해하면, '고위 관료'는 정부의 장·차관을 비롯하여 국회의원, 지방정부의 기관장, 각종 국가기관의 고위급 공무원에 준하는 관리들이다. 옛날에는 이들을 '문리(文吏)'라고 했다. 이른바 '학자 관리'다. '학자'는 대학의 교수나 박사급에 준하는 학문을 연구하는 사람이다. 옛날에 이들은 유학을 중심으로 학문을 수련하였기에, '유생(儒生)'이라 했다. 유생도 문리와 마찬가지로 정부에 속하는 관리지만, 좀 선명하게 구별하기 위해 대비해 본다면, 문리는 '재조(在朝; 조정에서 벼슬을 살고 있는)의 관료'이고, 유생[학자]은 '사림(士林)'이나 '유림(儒林)'을 형성하는 '재야(在野)의 학자'로 자리매김하여 이해할 수 있다. 나는 내 존재의 특성상, 세상 사람들이 어떻게 인식하건 관계없이, '재야의 학자'를 자처한다.

왕충은 진지하게 설명한다. 유생은 나날이 탐구하고 연구하여 학문을 심화한다. 자신의 본성을 정련(精練)하여 재능을 조탁(彫琢)하는 점에서 문리보다 뛰어나다. 학문을 통해 본성을 다스려 정욕(情欲)을 극복한다. 재능을 갈고 닦으며 덕행을 높인다. 재능을 갈고 닦으며 덕행을 완성시키기 때문에 문리에 비해 조탁 정도가 훨씬 뛰어나다. 유생은 문리에 비해 재능과 학문이 탁월하다. 경서(經書)를 연구하는 유생의 학문은 비단을 짜서 수를 놓은 여공의 재능과도 같다.

유생은 봉록(俸祿)을 받으면 그에 상응하는 세상의 도리를 밝히며 보답할 수 있다. 하지만 문리는 덕행과 학문이 부족하여 봉록을 받아도 어떻게 보답할지 모른다. 아니, 보답할 방법이 없다. 이를 '시위소찬(尸位素餐)'이라 한다. '봉록 도둑!' '봉급만 받아먹고 할 일을 제대로 하지 못하는 존재'라는 뜻이다. '시위소찬(尸位素餐)'에서 '소(素)'는 '공(空)'과 같다. '텅 비었다'는 뜻이다. 관료들, 즉 정치지도자나 공무원들, 이 녀석들은 텅 빈 머리로 헛소리나 지껄인다. 덕망도 없다. 봉록만 축낸다. 때문에 '소찬(素餐)'이라 부른다. 도덕(道德)이나 기예(技藝)가 부족하고 정치에 밝지 못해, 나라를 위한 어떤 정책이나 의견도 제시할 수 없다. 아무런 쓸모가 없는 도둑놈들! 거의 시체와 다를 바 없다! 그래서 '시위(尸位)'라고 부른다. 직책을 다하지 못하면서 자리만 차지하고 봉록만 받아먹는 녀석들이다.

문리는 높은 관직에 앉아 풍족한 생활을 누리면서도 윗사람에게 잘 보이기 위해 아첨(阿諂)한다. 아부(阿附)만 할 뿐, 득실(得失)에 대한 의견을 제대로 제시할 수 없다. 왜냐? 이유가 정말 간단하다. 첫 번째는 옳고 그름을 분별할 줄 아는, 시비(是非)를 밝힐 능력이 없기 때문이고, 두 번째는 벌 받는 것을 두려워하여 결코 직언(直言)을 못하기 때문이다. 전형적으로 교육받지 못한 조무래기들이다.

지금 대한민국은 이런 '시위소찬'이 득실거리지 않는가? '시위소찬'이 우글거리는 소굴처럼 느껴질 때가 한두 번이 아니다. 특히, 교육계에 그런 녀석들이 있다면, 우리 교육에서 무엇을 기대할 것인가! 절망이 앞에서 어른거린다. 일상에서 익숙한 다음과 같은 언표의 구현! 그것만이 '시위소찬'을 없애는 교육철학이다.

'본분충실(本分忠實), 아부절제(阿附節制), 시비판단(是非判斷), 직언진언(直言進言)!'

• 자신에게 맡겨진 업무, 그 사명을 목숨처럼 여기며, 알찬 열매가 맺도록 힘써라!

• 남에게 잘 보이려고 비위에 맞춰 알랑거리지 말고, 그런 상황이 생기더라도 정도를 넘지 않도록 알맞게 조절하며, 가능한 한 아첨을 제한하라!

• 옳고 그름에 관한 상식과 보편적 기준을 확인하고, 그에 맞는 삶을 분명하게 실천하라!

• 상황을 고려하여 그에 적합한 바른 말을 명확하게 정리정돈하고, 확실하게 전달하라!

13. 건강법

2021. 6. 12. 토. 22:11

하루 종일, 그동안 밀린 글 2편을 쓰다 보니, 밤이 되어 버렸다. 좀 피곤하다. 쉬려고 소파에 앉으려는데, 바로 앞 책꽂이에 『식경(食經)』이 나를 노려본다. 예전에 읽다가 책갈피를 꽂아둔 곳이 눈에 띄었다. 펼쳐보니, '한 평생의 건강법'이라는 제목이 보인다. 건강법? 그렇지 않아도 요즘 피곤을 좀 느끼는데, 관심이 쏠렸다. 몇 구절만 옮겨본다.

'음식물을 먹을 때 주의하라. 아침에는 배[위]를 비우지 않도록 하고, 저녁에는 배를 너무 채우면 안 된다. 면은 물러터질 정도로 푹 삶고, 고기는 연하게 삶아라. 술은 적게 마시고, 숙식은 홀로 해결한다. 평소 생활, 일상에서 몸을 보양하라. 노인이 되어 생명을 보호하려고 한다면 아무 소용이 없다. 아주 더울 때 찬물로 얼굴을 씻으면 안 된다. 눈에 질병이 생긴다. 썩은 나무나 커다란 나무 밑에 오래 앉아 있으면 안 된다. 음습한 땅의 기운이 오래 동안 누적되어 있기 때문에 음습한 기운이 사람에게 침투할까 두렵다.'

아주 구체적인, 육체의 행동 요령이 제시되어 있다. 몸을 어디에 어떻게 두어야 하는지의 문제다. 다시 보니 상당한 의미가 느껴진다. 저녁에 너무 배불리 먹지 않아야 한다는 말에 적극적으로 동감한다. 푹 삶은 면을 먹어야 한다는 말도 마찬가지다. 건강은 젊을 때, 건강할 때 지켜야 한다는 언급도 그러하다. 찬물로 얼굴을 씻지 말고, 습기가 많은 곳에 오래 머물지 말라는 충고도 맞는 말이다. 그런데 많은 사람들은 이와 반대 지점에서 생활한다. 이 상식을 인간은 왜 잘 안 지키는 걸까?

아래에서는 몇몇 정신의 행동 요령도 제시된다. 마음을 어디에 어떻게 두어야 하는지의 문제다. '항상 침묵하라. 그러면 원기를 상하지 않는다.(常默, 元氣不傷! ㅡ 상묵, 원기불상!)' '젊은 생각으로 건설적으로 사고하면 지혜의 촛불이 안으로부터 빛난다.(少思, 慧燭內光! ㅡ 소사, 혜촉내광!)' '화를 내지 않으면 온 정신이 편안해진다.(不怒, 百神安暢! ㅡ 불노, 백신안창!)' '고뇌하지 말라. 마음이 맑고 시원해진다.(不惱, 心地淸凉!-불뇌, 심지청량!)' '즐거움은 최고조에 이르지 않게 하라. 욕심은 제멋대로 내지 말라.(樂不可極! 慾不可縱! ㅡ 락불가극! 욕불가종!)'

이외에도 몇 구절이 있다. 평소의 침묵(沈默)과 묵언수행(默言修行), 건설적 사고, 성내지 않기, 괴로움 줄이기, 즐겁게 살기, 욕망 조절하기 등등, 어쨌건, 일상의 삶을 이렇게 하면, 건강해진단다.

14. 다시, 건강법

2021. 6. 13. 일. 19:14

이번 주에 처리해야 할 원고를 모두 마무리했다. 담당자에게 메일로 보냈다. 며칠 동안 글에 몰두해서 그런지 기운을 좀 뺏긴 듯하다. 『식경』을 펼쳐보며, 건강법을 다시 고려해 본다.

'약(藥)을 복용하는 것은 몸을 건강하게 지키는 것만 못하다. 몸을 건강하게 지키지 못하는 것은 약을 잘 복용하는 것만 못하다!'(善服藥者, 不若善保養. 不善保養, 不若善服藥! — 선복약자, 불약선보양. 불선보양, 불약선복약!)

건강(健康)이냐? 약(藥)이냐? 질병(疾病)이냐? '건강-약-질병'이 순환하는 몸에서, 평소 무엇이 나를 감싸고 있어야 할까? 다섯 가지 원리를 간추려 보며 몸을 다시 돌아본다.

첫째, 우주 자연, 이 세상의 이치에 따라 삶의 균형을 잡아라. 먹고 마시는 일을 절도 있게 하라. 일상생활을 규칙적으로 하여 함부로 몸을 놀리지 말라. 이렇게 해야 장수(長壽)를 누릴 수 있다! 상당수의 사람들은 기거동작(起居動作)이 불규칙적이다. 먹고 마실 것 가운데 피해야 할 것을 알지 못한다. 삼가고 절제할 줄 모른다. 즐기고 욕심내는 것이 많다. 맛있는 음식만을 자꾸 먹는다. 생활에서 검약(儉約)을 실천하지 못한다. 만족할 줄 모른다. 이렇게 하지 말라. 인생의 중반에 이미 쇠약해지는 사람이 많다!

둘째, 몸을 건강하게 유지해야 인생의 안락(安樂)을 누린다. 건강은 중용(中庸)의 도리를 지킬 때 가장 잘 유지된다. 중용의 도리를 지키면 지나치거나 미치지 못하는 행동에서 오는 질병이 없다.

셋째, 삶을 잘 가꾸는 사람의 태도를 본받으라. 맛좋은 음식을 탐하지 않는다. 불필요한 생각을 없앤다. 즐기고 욕심내는 일을 절제한다. 지나치게 기뻐하고 성내는 일을 경계한다. 기본 힘을 아낀다. 말이나 대화를 간단히 한다. 얻고 잃는 것을 가벼이 여긴다. 근심하고 답답한 사안을 깨트려 없앤다. 망령된 생각을 없애 버린다. 좋아하고 미워하는 것을 멀리한다. 보고 듣는 것을 거두어들인다. 내면으로 굳게 하는 일을 부지런히 한다. 정신이나 육체를 피로하지 않게 한다.

넷째, 심신(心身)을 잘 기르는 사람의 자세를 본받으라. 배가 고프기 전에 먹는다. 먹을 때 배부르게 먹지 않는다. 목마르기 전에 마신다. 마실 때 지나치게 마시지 않는다. 자주 먹되 조금씩 먹는다. 한 끼에 많이 먹지 않는다.

다섯째, 너무 배부르게 먹지 마시라. 배가 너무 부르면 폐나 호흡기 계통이 상할 수 있다. 굶주리면 기운이 상한다. 너무 배부르게 먹으면 편안하지 않다. 누워만 있으면 온갖 병이 생겨난다. 부디, 조심하시라!

15. 자기 찾기에서 세계 누리기로

2021. 6. 14. 월. 9:22

유학(儒學)의 핵심을 하나의 용어로 압축하면, '수기치인(修己治人)'이다. 다른 표현으로는 '내성외왕(內聖外王)' 또는 '성기성물(成己成物)'이라고도 한다. 의미상 내용은 유사하다. 문자 그대로 옮기면, '수기치인'은 '자신을 닦고 타인을 다스린다'는 말이다. '내성외왕'은 '안으로는 성스러운 사람으로 자라나고 밖으로는 왕도를 펼치는 덕망을 갖춘 인간이다'라는 뜻이다. '성기성물'은 '자신을 이루고 다른 사람도 이룬다'라는 의미다.

그런데 이 공부의 현실적 실천이 쉽지 않다! 나는 20대 때부터, 40년 가까이 이 학문에 종사해 왔다. 그러나 일상에서 성찰해 보면, '그것을 지식으로 인식하고 전수하며, 그 특징을 설명해 왔을 뿐이다!'라는 생각이 엄습(掩襲)한다. 요즘 교육학적 용어로 대비하면, '수기/내성/외왕'은 개인교육의 차원이다. 자기 자신을 수련하고 단련하며 주도적으로 학습하는 수양(修養)의 차원이다. 자기교육으로 자기완성을 꾀한다. '치인/외왕/성물'은 공동체교육의 차원이다. 타자나 타인을 수련시키고 단련시키며 더불어 탐구하는 관리(管理)의 차원이다. 타자교육으로 타자완성을 도모한다.

이 '개인교육-공동체교육'의 유기체적 연계가 유학의 전 체계를 지배한다. 그중에서도 자기교육은 타자교육의 선행요건이자 선결조건이다. 근본이자 바탕이다. 자기교육이 완성되면 타자교육은 자연스럽게 이루어진다. 자기교육을 정초(定礎)로 타자교육으로 나아간다. 실제 내용은 다를 수 있다. 형식논리로 그러하다는 말이다. 그래서 유학의 선현(先賢)들은 자기 수양인 수기(修己)에 목숨을 걸었다. 죽을 때까지 그런 정신으로 공부해 나갔을 뿐이다. 나도 그러했는가? 학기말 시험 주간인 월요일 아침에 문득 드는 생각이다.

중국 현대철학의 거장 웅십력(熊十力, 1885~1968)은 『원유(原儒)』에서 '내성외왕(內聖外王)'에 대해, 새로운 의미를 부여하며 깊이 있게 설명한다.

자신을 완성하는 일을 '내(內)'라고 하고, 사물을 완성하는 작업을 '외(外)'라고 한다. 그렇지만, 사실 자기 이외의 모든 존재인 사물을 완성하는 작업이야말로 자신을 완성하는 일이다. 본래 '내(內)'와 '외(外)'는 나눌 수 없다. 그런데 '내'와 '외'로 나누어 말한 것은 세상 사람들의 일반적 인식에 따라 임시로 설명하기 위한 것일 뿐이다.

'성(聖)'은 '지(智)·인(仁)·용(勇)'으로 상징되는 인간의 모든 덕을 전반적으로 갖춘 양상을 말한다. '왕(王)'이란 '간다[往]'라는 의미다. 세상의 모든 존재, 즉 사물은 모두 태평(太平)을 향해 나아가려고 한다. 그것을 소망(所望)하지 않은 적이 없다!

내성(內聖)을 향한, 성인(聖人)이 되기 위한 학문의 핵심 내용은 '궁리(窮理)·진성(盡性)·지명(至命)'이다. 궁리는 세상 이치를 캐묻는 탐구다. 진성은 본성을 모두 밝히는 연구다. 지명은 목숨을 다하는 공부다. 이 엄중한 세 마디로 자신의 완성을 추구한다. '세상은 무엇인가? 나는 어떠한가? 왜 사는가?' 정도로 풀이할 수 있겠으나, 질문이 너무 크다. 자문은 했으나 자답하기 힘들다.

외왕(外王)의 궁극처는 '대동(大同)'이다. 내성(內聖)을 통해 외왕(外王), 즉 바깥으로 향하는 나의 발걸음은 모든 생명과 함께 태평의 세계를 향한다. 그 공력(功力)은 끝이 없다. 무한 공부는 우주자연의 만물이 일체가 되는 지점에서, 자신의 목숨을 세우고 생명력을 발휘한다. 세상의 이치를 파악하여 장악하고, 모든 존재와 더불어 균형의 미학을 구가한다. 모든 존재가 제자리를 잡는 조화의 절정! 중용(中庸)이다.

이 '자기교육-타자교육', '개인교육－공동체교육'의 일체가 교육철학이 될 수는 없는가? 요즘도 많은 학자들이 '개인교육-공동체교육'의 조화(調和)를 꿈꾼다. 그런데 조화가 아니라 일체(一體)여야 한다. 교육은 분석을 넘어 종합을 지향해야 한다. 삶의 모든 것이 연결되어 있기 때문이다. 조화도 중요하다. 하지만, 그것은 언제나 개인으로서 분리를 강요하는 사태에 놓여있다. 대신, 일체가 된다는 상황은 조화에 근거하되, 그런 의식조차 갖지 않는 공력의 생명이다. 개인과 사회의 분리 상태를 먼저 논의할 것이 아니다. 그 유기체의 특성과 분리 불가의 근원적 특성을 우선적으로 고민해야 한다. 인간 가운데, '나는 너인가? 너는 나인가? 개인은 사회인가? 사회는 개인인가?' 이런 질문이 아니라, 존 듀이(John Dewey, 1859~1952)가 언급한 것처럼, 사회는 개인의 유기체적 결합이다. 이런 인식조차도 넘어서야 한다. 여기에서 조화의 이상이 싹트고, 현실의 본분이 강조된다. 그러고 보니 웅십력과 존 듀이가 거의 같은 시기에 생존했다. 우연의 일치인가?

16. 사과하는 분, 변명하는 놈

2021. 6. 16. 수. 9:51

어제, 이번 학기 공식 강의가 모두 끝났다. 잠시 숨도 돌릴 겸, 세상 돌아가는 모습을 보려고 이것저것 검색해 보았다. 정말 요지경(瑤池鏡: peep show)이다. 어찌 이렇게 예의(禮義)가 없지? 이 뭐여!

'예·의·염·치(禮·義·廉·恥)'라는 말이 있다. 『관자(管子)』에 나오는 개념이다. 이는 인간사회를 지속할 수 있는 네 가지 기본 덕목이다. 네 기둥 같은 덕목이 제대로 실천되지 않을 때, 인간은 성찰을 통해, 사회를 정화(淨化)하며, 보다 나은 세계를 예비한다. 그 기초에 해당하는 멋진 덕목이 '사과(謝過)'다. 그렇다고 사과(沙果: apple)를 많이 먹으라는 의미가 아니다!

사과(謝過)는 '자기의 잘못을 인정하고 용서를 빈다!'라는 의미다. 사전에 그렇게 정의되어 있다. 영어로는 '어팔러지(apology)'다. 이 말의 유래는 그리스어 '아팔로기아(apologia)'다. '떨어지다'라는 '아포(apo)'와 '말'을 뜻하는 '로고스(logos)'의 합성어다. 죄악으로 떨어진 삶에서 벗어나기 위한 진심을 전달하는 언표다. 잘못된 사안이 발생했을 때, 우리는 흔히 '미안하다 — 쏘리(sorry)!'라고 사과한다. 이는 개인적으로 자신을 진솔하게 드러내며 이해를 구하는 행위다. 가벼운 듯하지만, 일상의 예의염치가 담긴 정다운 말이다. 하지만 개인의 차원을 넘어선, 좀 묵직한 사과의 말도 있다. 어떤 사안에 대해 공식적으로 오류를 인정하고 용서를 구하는 경우, '사과한다(apologize)!'라는 표현을 많이 쓴다.

잘못이 있을 때 당당하게 사과하고, 미래를 보다 성실한 열정으로 채우려는 사람은, 『중용』에서 말하는 '지·인·용(知·仁·勇)'의 덕목을 탄탄하게 갖춘 분이다. '지(知)'는 학문을 좋아하는 배움의 이행이다. 호학(好學)의 실행이다. '인(仁)'은 실천에 힘쓰는 열린 마음의 구현이다. 역행(力行)의 구현이다. '용(勇)'은 수치를 깨우치고 다스리는 정진(精進)이다. 지치(知恥)의 실천이다. 현대적 의미로, 그렇게 비유하여 이해할 수 있다.

세상과 삶에 대한 인식과 실천, 그리고 그것을 추동해 나가는 힘! 그 용맹정진(勇猛精進)은 진정한 사과(謝過)의 토대다. 인생의 대사업에서 발생하는 오류와 실수를 최소화한다. 그 위에 행복을 더하려는 그림을 스케치하고, 삶의 균형 미학을 노래한다.

요즘은 참 씁쓸한 시간이 지속된다. 현란하게 발달한 미디어는 언어의 압축미(壓縮美)가 사라지고, 알맹이를 찾기 힘들다. 말은 많으나 '그것'이 없다! 여기에서 '그것'은 삶을 포괄하는 맛과 멋이다. 상당수의 사람들은 뉴스 정보를 갈구하다 무한 팽창하는 불용(不用) 쓰레기 더미 같은 사회를 헤매듯, 허우적거린다. 그래도 삶에 생동감을 불어넣을 수 있는, 가용(可用)·재생(再生)이라고 붙일 만한, 행동거지(行動擧止)는 어디에서 탐색해야 할까? 교육이 그것을 담보할 수 있을까? 담보할 수 있다면, 적극적으로 교육해야 한다. 불용 쓰레기가 없을 수는 없겠으나 그것을 최소화하는 교육!

이런 교육을 무색하게 만드는 자들 때문에 약간 괴롭다. 나쁜 놈들의 천국! 이른바 지도급 인사라는 놈들이 비겁한 변명만 늘어놓는 이 시공간이 지겹다. 남녀노소 가릴 것 없이, 오만(傲慢)과 편견(偏見)이 가득한, 구차하고 궁색한 변명만이 난무할 때, 어디에 서야 하는가? '옳고 그름에 대해 사리를 밝히다' 또는 '잘못이나 실수에 대해 그 이유를 말하다'라는 '변명(辨明)'의 본질에 충실하지 않고, 엉터리 사리나 억지 이유로 소리치는, 비명 들리는 저들의 변명은 반지성(反知性)과 거짓으로 무장한 강도 열차를 타고 있다. 당장은 보이지 않을지 모르겠으나, 이미 사망(死亡)의 늪으로 달려들며 발악(發惡)한다. 무지(無知)하고 불인(不仁)한, 용기(勇氣)라고는 전혀 찾아볼 수 없는, 정말 추악(醜惡)한 세계다!

그래도 눈을 돌려 자세히 관찰하니, 아름답고 착한 세계도 엿보인다. 그것만이 희망이다. 교육의 가능성은 그것에서 찾을 뿐이다.

17. 지식에서 지혜와 지성으로

2021. 6. 17. 목. 15:42

교육의 이념과 목적, 목표들이 수없이 논의되지만, 교육의 궁극적 지향점은 훌륭한 삶을 영위할 수 있는 힘의 부여가 아닐까? 학기말이 될 때마다, 각종 연구보고서, 논문심사, 기말 평가 등을 진행하면서, 교육의 궁극처가 고민된다. 점수나 등급으로만 보여지는 교육이나 연구 결과의 모습에 언제나 회의가 든다.

개인적이건 사회적이건 인간의 훌륭한 삶을 향한 열정, 그 토대에 교육이 자리하는 것은 분명하다. 정치적 권력(權力)이건, 경제적 금력(金力)이건, 그 이외의 어떤 힘이건, 세습(世襲)과 같은 특별한 상황을 제외하고, 정상적인 경우라면, 교육이 그것을 전환할 수 있는 핵심 역할을 한다. 민주주의(民主主義: democracy) 사회에서는 반드시 그래야 한다. 인간의 노력이 깃든 정상적 성취! 존 듀이(J. Dewey)가 교육을 통해 민주주의의 완성을 갈망한 이유도 이와 유사하다.

교육은 훌륭한 삶의 영위뿐만 아니라, 인생에서 벌어지는 다양한 사안에 대해 의미 있는 결정을 내릴 수 있도록, '판단력(判斷力)'을 길러줄 수 있다. 인생의 실제 생활에서 성공하고, 매사에 합리적 의사결정을 내리며, 실천에 필요한 '지식(知識)'을 습득하도록 돕는다. 이때 교육적 삶의 지식은 지나치게 전문적이거나 너무 추상적인 내용이어서는 안 된다. 지식이 단숨에 '지혜(智慧)'나 '지성(知性)'의 차원으로 도약할 수는 없다!

지혜나 지성의 바탕이 되는 지식은 행위의 과정에서 확신을 불러 일으킬 만한 힘이 있어야 한다. 특히, 사람과 사람 사이에 의견 충돌이나 갈등을 야기할 경우, 서로를 이해하고 설득하는, 의사소통을 할 수 있는, 인간적 신뢰(信賴)가 있어야 한다. 실제 삶의 상태를 분석하고, 특정한 사안을 보여주며, 인생의 성공을 거두기 위해, 사용하고 적용하고 운용할 수 있는 지혜가 담겨야 한다. 자신의 의견이 설득력을 얻을 수 있는 근거가 되는, 그런 원칙들을 내 놓아야 한다.

내가 늘 말하는 내용이지만, 네 가지 실제(實際), 즉 '사실(事實)—진실(眞實)—현실(現實)—확실(確實)'에 근거하여 삶을 드러내야 한다. '실(實)'은 열매다. 알맹이다. 가득 찼다. 그렇게 곡식은 익어서 고개를 숙인다. 사실(事實)은 '일삼음'의 열매다. 진실(眞實)은 '참다움'의 열매다. 현실(現實)은 '드러남'의 열매다. 확실(確實)은 '굳어짐'의 열매다. '일삼음—참다움—드러남—굳어짐'의 시공간은 인간사회의 역동적 실제를 대변한다. 이 역동성 가운데 공동체에서 옳다고 여겨졌던 기본 명제들을 재확인하고 구현하는 대화를 통해, 지식이 지혜와 지성으로 도약하는, 확장성을 모색해야 하는 것이다.

18. 나약함과 타락한 본성

2021. 6. 18. 금. 11:27

파스칼은 인간의 나약함과 타락한 본성에 대해 우울한 희망을 예시한다. 그것은 교육과 기독교의 인간이해를 돕는다. 나약함, 그리고 타락! 이 우울한 강물을 건너기 위해, 다시 생각해 보라. 인간이 정말 나약한 존재일까? 본성은 타락했는가?

인간이 행하는 모든 업무는 선(善)을 얻으려는 목적을 지닌다. 교육은 그런 선의 자리에서 핵심을 차지한다. 그렇게 의미 부여한다. 그러나 인간이 '선을 소유하는 것이 정당한가!' 이 지점을 증명해야 하는데, 그 이유를 제시할 줄 모른다. 왜냐? 인간은 변덕스러운 생각을 갖고 있기 때문이다. 선을 확실히 소유할 만한 힘은 지니고 있기는 하지만, 그렇다. 교육도 마찬가지다. 문제는 나약함을 불러일으키는 질병이다. 질병에 걸려 나약하게 되면, 교육이고, 세상 그 어떤 사업이고, 모두 달아나 버린다. 인간은 선(善)을 소유할 수 없다.

인간은 진리를 욕구한다. 그러나 인간은 자기 안에서 불확실성밖에 찾아내지 못한다. 인간은 행복을 욕구한다. 그러나 비참한 삶과 죽음 밖에 찾아내지 못한다. 인간은 진리와 행복을 욕구하지 않고는 견디지 못한다. 그러나 확실성도, 행복도, 얻지 못한다. 그럼에도 불구하고 인간에게 욕구는, 왜 남아 있는가? 그것은 인간을 징벌하기 위해서다. 또한 인간이 어디에서 추락했는지를 깨우쳐 주기 위해서다.

인간은 자신의 본성을 이루고 있는 이성(理性)으로 행동하지 않는다. 이성은 부패했다. 부패한 이성은 서로 다른 사회 풍속의 부조리

가운데 녹아 든다. 인간이 더 이상 제멋대로 살지 않기 위해, 공자나 부처, 예수나 무함마드, 소크라테스와 같은, 인간의 길과 진리를 인도하는 존재를 요청하지 않으면 안 되었다. 그렇게 인류의 성인(聖人)이라 불리는 존재는 교육의 알맹이로 등장한다.

자연은 인간의 내부와 외부를 막론하고, 곳곳에서 상실된 신(神)과 부패된 본성에 대해 지적한다. '참된 본성 — 참된 선 — 참된 미덕 — 참된 종교' 등, 이런 개념은 불가분의 관계에서 인식되어야 한다. 교육철학이 그런 임무를 담당한다.

19. 파스칼의 마지막 소망, 그리고 김유정

2021. 6. 19. 토. 12:41

1662년 8월 19일, 파스칼(Blaise Pascal)이 세상을 떠났다. 39세를 일기(一期)로 천국(天國)의 문을 두드렸다. 그는 천국에 갈 충분한 자격을 갖추었다! 나는 그렇게 표현하고 싶다. 그는 천국으로 가기 두 달 전, 자기가 살던 집을 어느 병든 아이에게 물려주었다. 그리고 자신은 누이의 집으로 갔다. 그때 이렇게 말했다. '이 병든 아이를 옮기기보다 나를 옮기는 것이 덜 위험하다!' 참 인상 깊은 말이다. '나를 옮겨라!' '위험을 줄이자!' 일반 사람은 자기를 챙기기 바빴을 테다. 파스칼은 아니었다.

파스칼은 임종(臨終)을 앞둔 병상에서 가난한 사람을 충분히 돌보지 못했음을 안타깝게 여기며 참회했다. 그리고 자기를 '폐질자구제원(廢疾者救濟院)'으로 옮겨 달라고 했다. 가난한 사람들과 벗하며 그곳에서 죽고 싶었다. 파스칼이 병상에서 마지막으로 기록한 것인지, 그 이전에 기록한 것인지는 모르겠으나, 지금 내가 보고 있는, 『팡세』의 마지막 세 단락은 다음과 같이 장식되어 있다. 다시 독해해 본다.

하나, 인간이 아끼는 사물을 비교해 봄으로써, '신(神)을 진지하게 탐구하는가? 그렇지 않는가?' 조사해 보라! 이 식육(食肉)이 내게 독(毒)이 되지 않은 것은 '확실한 듯하다.' 내가 청원(請願)을 하지 않아 내 소송(訴訟)이 지지 않는다는 것도 '확실한 듯하다.'

하나, 참회(懺悔)의 거룩한 예식[성례: 聖禮], 그 성스러운 의식에서 죄를 용서하는 일이 유일한 사죄(赦罪)는 아니다. 잘못을 뉘우치고 깨닫는 회오(悔悟)도 사죄가 된다. 성례를 구하지 않는 회오라면 진실한 게 아니다!

하나, 약속을 지키지 않는 사람, 신앙이 없는 사람, 명예를 귀중하게 여기지 않는 사람, 마음이 이중적인 사람, 말이 일관되지 않는 사람, 새와 물고기 사이에서 애매한 위치를 차지하고 우화에 나오는 양서동물(兩棲動物)이라 때때로 너희들에게 비난받는 사람들처럼. '겸허(謙虛)'하다는 칭찬을 받는 것은 왕이나 제후와 같은 지도급 인사에게 중요한 일이다. 때문에 그들은 사람들에게 고백(告白)할 필요가 있다.

오늘따라, 벽에 걸려 있는, 소설가 김유정(金裕貞1908~1937)의 '겸허(謙虛)'라는 글자가 더욱 돋보인다. 별도의 아호(雅號) 하나 없이 살다간 김유정, 그는 파스칼보다 10년이나 젊은 29세에 요절했다. 그들보다 20~30년을 오래 살고 있는 나는, 정말 행복하지 않은가! 내가 가장 의미를 부여하며 살아가는 개념인 '겸손(謙遜)'을, 파스칼과 김유정은, 그 젊은 시기에, 온몸을 던진 삶으로 가르쳐 주었다. 그 참회의 여유만큼 겸허한 의식이 전달되는 일, 그런 교육철학이 학문의 전선(戰線)에 들어서길 소망해 본다.

20. 상상력의 도야

2021. 6. 20. 일. 9:21

『문심조룡(文心雕龍)』은 '문(文)'에 관한 위대한 저술이다. '문(文)'은 '글'이고, 그것의 확장은 '문화(文化)'다. 때문에 『문심조룡』은 학문을 하고 글을 다루는 사람이라면 반드시 읽어야 하는 고전이다. 요즘 들어 문장이 잘 안 된다는 생각이 들어, 『문심조룡』을 찾았다. 서재 한쪽에 두 권이 나란히 꽂혀 있다. 하나는 아내가 즐겨 보던 1975년에 나온 초판이고, 다른 하나는 내가 보던 1990년에 나온 초판 6쇄다. 최신호 선생의 번역이다. 표지만 바뀌었고 내용은 페이지 수까지 동일하다. 예전에 읽었던 내용 곳곳에 밑줄이 선명하다.

26편의 「신사(神思)」에 재미난 기록이 보인다. 옛 사람이 이런 표현을 했다. '몸은 해변(海邊)을 거닐고 있으면서도 마음은 영화(榮華)를 꿈꾼다!' 상상력(想像力)의 작용이 어떤 것인지를 형용한 말이다. 글을 구상할 때 상상력의 작용은 정말 원대(遠大)하다. 조용하게 생각을 엮어 나가면 상상은 천년(千年)이란 먼 시간도 거슬러 올라갈 수 있다. 고요하게 마음을 움직이면 만리(萬里)의 공간도 꿰뚫어 볼 수 있다. 글 쓰는 사람이 음미(吟味)하는 사이 세계에서, 주옥(珠玉)의 오묘한 소리를 나타낼 수 있다. 눈앞에서 풍운(風雲)의 빛을 오므렸다 펼쳤다 할 수도 있다. 이것이 상상력이 작용하는 이치다.

그만큼 상상력의 작용은 오묘하다. 인간의 정신과 외부 현상과의 상호작용에서 만난다. 정신이 도사리고 있는 가슴 속 관건(關鍵)을 장악하는 것이 '의지'라면, 외부 현상이 이목(耳目)에 촉발(觸發)될 때 가장 긴요한 역할을 하는 것은 '언어(言語)'다. 언어가 그 기능을 다하면 외부 사상(事象)은 숨김없이 드러난다. 의지의 관건이 잠겨 버리면 정신은 가슴 속에 숨어 버린다. 그러므로 글을 쓰면서 상상력을 도야하는 데 필요한 것은 허정(虛靜)이다. 허정! 욕심 없이 비워두고, 고요하게 맑은.

'오장(五臟)을 씻고 정신을 맑게 하라. 학문을 쌓고 지성을 기르라. 이성과 지혜를 작용시켜 재능을 풍부히 하라. 견문(見聞)과 학식을 연마하여 관조(觀照)하는 힘을 기르라!' 이러한 경지에 도달하면, 다시 수사법(修辭法)을 수련하라. 이렇게 한 다음, 비로소 글 쓰는 사람으로서 숙련(熟練)을 더한다. 이제 음률(音律)을 고르듯이 붓을 휘두르고, 거장(巨匠)의 뜻과 생각에 따라 저술해 나간다. 이것이 글을 쓰는 양식의 기본이다. 창작의 시발 지점이다.

아! 창의적 의상(意想)이 소진(消盡)되었는가? 고갈(枯渴)되었는가? 뜻과 생각이 샘솟지 않는다. 외부 현상이 무의미하여 이목에 촉발되지 않는 건가? 나의 의지가 피폐하여 발동되지 않는 건가?

맑은 정신세계를 바탕으로, 학문과 지성을 기르라. 이성과 지혜로 재능을 풍부하게 만들라. 견문과 학식으로 관조하라. 수사법을 익혀라! 글을 다루어 나가는 수련의 기본 과정은 철저히 교육이 담당해야 한다. 이런 교육철학이 어디 있지? 교육은 정말 상상력의 도야를 촉발시킬 수 있을까?

21. 무미건조한 평가의 가치

2021. 6. 22. 화. 19:23

대학교육은 6월 중하순 무렵, 1학기를 마무리하는 최종 단계에서 평가를 시행한다. 학생들은 한 학기 동안 강의를 통해 탐구한 내용을 과제물이나 시험, 토론 결과물 등 다양한 방법으로 제출했다. 그 수강과 학습 결과에 대해 교수는 성적을 부여한다. 벌써 20여 년 넘게 매 학기 이 일을 반복하고 있으나 참 무미건조하다. 정말 학생들의 학습 행동을 정당하게 평가했을까? 제출한 과제와 시험, 평소 강의에 참여하여 탐구하고 연구하는 자세 등을 종합적으로 펼쳐 놓고, 공정하게 평가하려고 노력하지만, 학생들의 전반적인 연구 실태를 완벽하게 반영했을까? 참으로 어려운 문제다. 주어진 내용에 대해, 주어진 시간에, A학점에서 F학점에 이르기까지, 점수나 등급으로 부여하는 이런 평가가, 정말 고등교육의 평가 시스템으로 적합할까?

나는 오래전부터 고민해 왔다. 정말 고등교육에서 평가가 이렇게만 이루어져야 하는가? 물론, 한국의 대학이 지닌 독특한 평가문화는 충분히 인지하고 이해하고 있다. 그러나 그것이 정당한지에 대해서는 늘 회의에 싸여 고민한다. 대학에서 획일적인 '상대평가'를 실시하고, 반드시 '정해진 시간'에 수업을 하고, '출석'을 점검하고 등등.

나는 교수가 된 이후, 개인적으로 대학생들에게 성적반영을 위한 출석 점검을 해본 적이 없다. 출석 점검은 강의 초반에 수강등록이 되었는지, 강의 중반에 수강에 문제가 없는지, 학기말 무렵에 수강이 무난한지의 여부를 확인하기 위한 것일 뿐이다. 성인인 대학생이 학문을 하려고 대학에 진학했으면, 열심히 연구를 하는 것이 상식 아닌가? 그런데 왜 강제로, 교수자는 평가를 위해, 학습자는 평가를 잘 받기 위해, 출결석 사항을 확인해야 하지? 어떤 때는 화가 난다. 교육부 감사나 기관 평가를 대비하여 점검한 출석부를 보관해야 한단다. 이게 학문의 자유를 구가하는 대학 교육인가? 어쨌건, 나는 출결석 상황을 성적으로 매기거나 점수에 반영하지 않는다. 출결석 상황은 성실성과 연관되기도 하는데, 성인들의 성실도, 그 질적 정성평가를 한다고? 어떻게? 무엇을 기준으로? 쉽지 않다. 결석한 학생은 불성실한 사람이고, 출석한 학생은 성실한 사람인가? 출석을 했어도 강의 내용을 도외시 하는 학생이 있을 수 있고, 결석을 했지만 그것을 보충하기 위해 더욱 열심히 공부하는 학생도 있다!

다시, 강조하며 확인하지만, 대학생들은 학문을 하기 위해, 스스로 대학에 진학한 사람들이므로, 강의를 비롯한 다양한 학문 활동에 자발적으로 참여하기를 권장한다. 대신, 강의에 참여했다면 그 시간에는 강의에 몰입하여 적극적일 것을 강변한다. 강의 시간만 메꾸는, 또는 출석만을 위해 시간 떼우기 식의, 아주 소극적으로 강의를 들으려고 한다면, 차라리 그 시간에 자신이 하고 싶은 공부를 하라! 그것이 자기 성장을 인도하는 대학생, 고등교육인의 자세다! 그래서 평가도, 출결에 의한, 또는 시험 성적에 따른, 점수나 등급으로 매기기보다, 강의 교과목 전반에 대한 성공과 실패를 담은, '패스(P)/패일(F)'로 단순화하되, 해당 교과목의 연구에 관한 학생의 장단점을 기술해 주는 것이 정당하다고 생각한다. 그러나 한국의 교육문화와 평가제도, 교육시스템이 그러하지 못하니, 개인적으로 좀 안타까울 뿐이다.

참고하라! 교육평가(敎育評價: educational evaluation)는 대학생이 강의를

통해 학습하고 탐구하며 연구한 내용을 강의의 목적에 비추어 측정하고, 이에 대해 내리는 가치적 판정이다. 한 학기 동안 다루었던 강의의 목표가 달성되었는가? 강의를 통해 학문적 의사결정을 위한 정보를 제공받았는가? 강의계획서에서 제시한 평가기준에 의거하여 강의의 가치나 유용성, 효과나 중요성 등을 판단할 수 있었는가?

이렇게 또 한 학기가 지나간다. 코로나 바이러스 팬데믹 상황이, 다음 학기에는 어떤 양상을 보일까? 교육의 능선이 첩첩산중처럼 가려져 있다.

22. 기술의 역사와 교육의 기예

2021. 6. 23. 수. 20:25

마누엘 카스텔(Manuel Castells, 1942~)이 엮은 『네트워크 사회(The Network Society)』를 읽었다. 교육적으로 의미심장한 사안들이 곳곳에 보인다. 로절린드 윌리엄스의 맺음말—「네트워크 사회에 대한 역사가의 견해」—은 신중하면서도 진지하다. 다시 독해해 본다.

'정황(情況)이 중요하다!' 정황이 중요하다는 것을 깊이 이해하면, 사회관계가 '기술(技術: technology)' 관계에 묻혀 있고 그 반대의 경우도 실증할 수 있다. 기술은 하나의 '물건'이고 '개념'이고 '단어'다. '기술'이라는 단어는 100여 년 전까지만 해도 잘 알려져 있지 않았다. '물건'으로서 기술은 인간에게 언제나 중심과 같은, '필요한 활동'이었다. 인간의 삶에서 물질적 기초를 제공하기 위해 특정한 세계를 뜯어고치는 일이었다. 이런 개념의 근원은 그리스어 '테크네(techne)'로 거슬러 올라간다. 영어로는 '재료 기예(材料 技藝: material arts)' 또는 '산업 기예(産業 技藝: industrial arts)'다.

이런 표현들을 단일한 추상적 개념인 '기술'로 정돈한 것은 최근의 일이다. 100년쯤 전인 1920-1930년대에 이르러 '기술'은 흔하게 사용하는 용어가 되었다. '기술 격차'나 '기술 실업'과 같이, 당시 상황이나 추세를 묘사하기에 유용한 언표였기 때문이다. 특히, 2차 세계대전 이후, 기술은 인간 생활에 가장 큰 충격을 준, '힘'이었다. 인간의 역사적 기간을 정의하는 개념으로서 역사적·사회적 변화의 반(半) 자율적이고 지배적인 에이전트(agent)가 되었다.

기술은, 새로운 기술적 사물들이 역사에 어떻게 작동하는지 다시 생각할 필요가 있을 때, 역사적 개념으로 등장했다. 그것은 항상 전체로 보이는 것이 아니다. 각 부문이 조화를 이루며 기능하는 도구나 기계다. 상징적 표시이고 물질적 인프라다. 사회 시스템이자 인류의 추상적 조화로 이해된다. 때문에 '대규모의 기술 시스템'을 구축한다.

이 기술의 역사적 등장은, 현재에도 중요한 범주를 지닌 과거의 역사를, 태생적으로 현재에 적용하게 되어 있다. 그렇다면, 교육은 어떤 기술인가? 단순한 방법 수준에서 머문다면, 교육이나 학습을 위한 단순 기술에 그치고 만다. 그것은 단일한 도구나 수단을 넘어서는, 교육의 '기예(技藝)'로서 교육 '예술'의 차원이어야 한다.

23. 기술과 역사, 그 교육의 시공간

2021. 6. 24. 목. 9:25

앞에서 보았던 『네트워크 사회』의 마지막 단락은 다음과 같이 맺고 있다.

기술과 역사는 따로 떼어놓을 수 없다! 인간은 역사와 더불어 기술을 창조해야 한다. 그것이 운명이다. 결코, 역사를 뛰어넘거나 회피할 수 없다. 역사는 잠깐 쉬어가거나 침묵하거나 다시 단추를 끼울 수 없다. 역사는 완전히 사라져 버리거나 새롭게 시작할 수 있는 것이 아니다. 보다 신중한 방식으로 언제나 다시 시작하고 있다. 역사 속의 인간도 마찬가지다.

모든 사람은 죽는다. 아이로 태어나 어른으로 성장한다. 그와 동시에 모든 사물은 변화한다. 역사적으로 행동한다는 것은 이런 의미다. '항상 변화하고, 고도로 억제된 상황에서 결정을 내리고, 여러 환경의 덤불숲을 헤쳐 나가는 통로를 여는 일!' 역사적으로 사고한다는 것은 이런 뜻이다. '환경의 덤불숲에 대해 성찰하고, 통로를 헤쳐 나오면서, 담론을 펼쳐나가는 일!'

인간은 행동하고 사고함으로써 역사를 만들고 있다! 교육은 이런 역사의 시공간을 가로지른다. 아니, 가로 세로, 즉 종횡으로 엮어 나간다. 그래서 교육철학은 역사의식을 불어 넣고, 실천할 수 있는 자세를 다듬는 데 적극적이어야 한다.

24. 팬데믹 네트워크 시대의 강의

2021. 6. 26. 토. 6:31

코로나 바이러스 팬데믹 상황에서 세 번째 학기를 마쳤다. 다음 학기도, 상황을 파악하기 힘들어, 보다 안전한 비대면 온라인 실시간 강의를 신청해 놓은 상황이다. 대면 강의가 절대적으로 중요하지만, 팬데믹 상황이 지속되는 가운데, 단순한 지식만을 전달하는 강의실 강의는, 오히려 교육적이지 못할 수도 있다. 그냥 강의실에 앉아서 내용을 듣기만 하는, 질의응답도 제한되고, 토론도 할 수 없는 상황에서, 교수는 마스크를 쓰고 지식을 일방으로만 전달하고, 학생도 마스크를 쓰고 그 지식을 일방적으로 수용만 한다면, 교육활동은 비참해질 수밖에 없다. 특정한 경우를 제외하고, 교육은 쌍방향적 차원을 넘어 전방위적이고 동시다발적 활동이 진행되는, 상호작용이 자연스럽게 이루어지는 마당일수록, 의미심장하다.

교육부를 비롯하여 많은 사람들이 전면 대면 강의(교실 수업)로 전환하려는 움직임을 보이고 있다. 하지만, 지금과 동일한 상황에서, 단순하게 학생들이 강의실에 입장하여 강의를 듣기만 하는 교육은, 오히려 치명적 역효과를 낼 수 있다. 전 방위적 활동이 허용되지 않는 교육은 개인의 성장을 혼돈의 도가니로 몰아넣을 수도 있다. 방향도 지향도 목적도 목표도 모조리 무너져 버린, 무(無)교육이나 비(非)교육으로 전락하고, 심지어 반(反)교육으로 드러날 수도 있다. 코비드-19에 대한 안전성을 엄격하게 확보하면서, 삶의 진로를 고려하는 것이 훨씬 교육적이지 않을까?

3학기 정도 지나면서, 몇몇 학생들은 인생의 방향에 심각한 바이러스가 침투한 행동을 보인다. 삶의 갈피를 잡지 못하고, 그야말로 철저히 '방황'한다. 어떤 지도가 필요할까? 몇몇 학생들은 이미 상담 예약을 해 놓은 상태다. 그냥 전통적으로 '열심히 공부하라!'는 말로만 멘토링을 한다는 것은 예의가 아닐 것 같다. 의미가 없을 것 같다. 그렇다고 단순하게 위로와 격려로만 대체하는 것도 좀 싱거울 것 같다. 다시 응대 방식을 고민해 본다.

펜데믹 상황이 지속되고 네트워크 사회가 고도화될수록, 인터넷과 온라인 강의에 대한 고심이 더욱 깊어진다. 온라인 실시간 강의는 개별적으로 인터넷을 통해 수강되는 경우가 대부분이다. 이런 강의가 교육의 목적 가운데 하나인 공동체성, 즉 사회성을 가꾸는 데 어떻게 기여할 수 있을까?

키스 햄프턴은 네트워크 사회의 사회성에 대해 진지하게 논의했다. 인터넷과 홈컴퓨터의 성장은 공동체의 성격을 어떻게 바꾸어갈까? 매개 커뮤니케이션은 사회관계에 어떤 영향을 미칠까?

부정적으로 바라보는 비판론자들은 주장한다. '인간의 일과 여가, 사회 유대가 물리적 공간에 기초한 사회관계의 필요성을 완전히 거부할 것이다!' 왜냐하면 온라인으로 유지되는 관계는 전통적인 개인 사이의 사회 접촉에 비해 그 의미와 완전성이 떨어지기 때문이다.

긍정적으로 인식하는 옹호론자들은 주장한다. '새로운 형태의 가상 공동체를 창설하면서, 카페나 공동체 기관과 같은 전통적 공간을 대체하고 있다!' 인터넷 광장은 개인을 지리적 제약에서 벗어나게 하고, 장소 기반의 존재에서 벗어난, 새로운 이익공동체를 갈망하는 사람들을 통합시킨다. 나갈이 인터넷에 문외한인 존재도, 밴드나 블로그, 카

카오톡을 사용하면서 그렇게 인터넷 공간을 활용한 정도이니, 적극적인 사람은 어떻겠는가? 마약이나 게임에 중독된 것처럼, 혼란스러울 정도로, 개인용 컴퓨터나 스마트폰에 온몸을 던지고 있을지도 모른다.

전통적 의미의 공동체 상실과 온라인 가상공동체의 창조는 시대와 사회상황의 변화에 따른 당연한 결과다. 전면적 찬성은 아니지만, 나는 인터넷 사이버 세상을 적극적으로 대처하기 위해서라도, 그것을 긍정적으로 인식하고 옹호할 필요가 있다고 생각한다. 전통을 고수(固守)한다는 미명하에 인터넷 네트워크 사회를 거부하고, 수구보수(守舊保守)적 사고로만 나아가는 행태는 급변하는 시대를 헤쳐 나가는 데 상당히 위험하다. 사회변화의 흐름을 인지하지 못하고 그런 태도만 고집할 경우, 오히려 삶을 피폐하게 가져올 수도 있다. 변화의 물결을 적절하게 타면서 조절하는 것이 삶을 풍성하게 만드는 태도일 수 있다.

햄프턴은 말한다. '네트워크 사회에서 사람들은 물리적 위치에 기반을 둔 사회관계의 필요성을 거부할 것으로 보이지 않는다!' 나도 그렇게 생각한다. 온라인에서 비롯된 다양한 관계가 오프라인으로 이동하고 그 반대 현상도 나타난다. 네트워크와 연결 집단을 고려하여 사회 유대가 검토될 때, 인터넷이 여러 커뮤니케이션 가운데 하나의 형태로 고려될 때, 컴퓨터 매개 커뮤니케이션은 규모가 크고 다양한 사회 네트워크를 형성하고, 공동체 조직을 비롯한 공공 참여를 뒷받침한다.

온라인 공동체는 공공의 장소로 이미 우리 시대의 골목이 되었다. 그렇다고 기존의 물리적 공간을 제3의 장소로 만들어 그 중요성을 감소시키지는 않는다. 인터넷이 공간과 공간을 드나드는 생활을 축소시킨 것은 분명하다. 그렇다고 전통적인 삶의 공간이 불필요하거나 시대에 뒤진 장소가 되는 것은 아니다. 때로는 그 반대 현상도 파생된다.

나의 주요 활동 무대인 강의실도 마찬가지가 아닐까? 조심스럽게 추이(推移)를 관찰하며 웅크리고 있다! 네트워크 사회의 새로운 첨단우주 과학기술이 인간의 생활방식을 극적으로 변화시키는 것은 분명하다. 그렇더라도 과거와 전통에 익숙한 인간의 특성으로 볼 때, 기술의 진보가 인간 삶에 미치는 영향을, 현재의 삶에 비해 보다 미묘하고 상호작용과 조정을 촉진시키는, 동기부여의 측면에서 이해하고 싶다.

인터넷 네트워크는 참여의 장벽을 허물고, 공공 참여를 조정한다. 물리적 공간을 넘어 새로운 장소 기반의 상호작용에 기회를 제공한다. 다음 학기에는, 다시 이 기회를 어떻게 활용해 나갈지, 신중하게 고민해야겠다.

25. 스트레스, 불안, 그 내재적 학습

2021. 6. 28. 월. 23:10

로버트 새폴스키(Robert M. Sapolsky)의 『스트레스(STRESS)』라는 책을 보았다. 어떤 경우이건, 스트레스는 인간을 병들게 한다. 인간이 표출하는 여러 정신적 장애들과 성격 유형들을 통해 볼 때, 인간은 어떻게, 왜, 스트레스에 적절히 대처하지 못하는가? 불안(不安)도 그 한 부류에 속한다.

인간을 비롯한 포유동물에게는, '선천적으로 불안을 느끼는 대상'이 존재한다. 쥐의 경우, 밝은 빛이 그러하다. 육지에 발을 붙이고 사는 동물은 공중에 매달려 있게 될 때, 불안하다. 대부분의 동물은, 숨이 막히면 불안을 느낀다.

하지만 인간을 불안하게 만드는 사안의 대부분은 '학습에 의한 것'이다. 그러기에 교육이 문제다! 교육 또는 학습이 어떤 외상(外傷)과 연관이 있거나 어떤 외상과 연관된 사물과의 유사성에 근거하여 일반화하기 때문에 그러하다. 불안을 유발하고 조성하는 학습은 '내재적'이다. '내재적'이라는 학습의 의미는, 몸속에 특정한 '자율 신경반응이 조건화 되는 것'을 말한다.

어떤 사람으로부터 습격을 받아 외상을 입은 사람을 생각해 보라. 그 사람의 뇌는 습격한 사람과 비슷하게 생긴 사람을 볼 때마다, 심장을 뛰게 만들도록 조건화 되어 있다. 이른 바 '조건반사'다. 고전적 심리학에서 강조했던, 파블로프(Pavlov, Ivan Petrovich, 1849~1936)의 학습이다. 습격한 사람과 유사한, 특정 유형의 얼굴을 보면, 그 사람의 뇌는 교감신경계를 활성화하도록 학습되어 있다. 조건반사적 기억은, 자신이 이를 인식하지 못하더라도, 이끌려 나온다. 경미하고 일시적인 스트레스는 '명시적 학습(explicit learning)'을 강화한다. 반면, 오랫동안 지속되거나 심한 스트레스는 이를 방해한다. 무의식적이고 내재적이며 자율적인 학습의 경우, 어떤 유형의 스트레스를 통해서도 강화된다.

그렇다면, 학습은 무엇일까? 스트레스를 강화하는 악(惡)인가? 미래를 담보하는 선(善)인가? 학습을 핵심에 두는 교육은 무엇인가? 스트레스를 강화하는가? 해소하는 활동인가? 스트레스를 중심에 두고 보니, 참 교육이 두려운 시절이다.

26. 사마천의 학술활동 자료

2021. 6. 30. 수. 9:08

사마천(司馬遷)은 내가 존경하는 역사적 인물 가운데 한 사람이다. 불후의 명작 『사기(史記)』를 읽을 때마다 나의 가슴은 설렌다. 우주자연을 비롯하여 인간이 만든 유형의 건축물이건 무형의 작품이건, 위대한 존재들이 그러하듯, 제각기 다른 성분을 가지고 하나의 통일체를 만들었기 때문이다. 5년 전 2016년 3월, 강의 도중에 쓰러져 병실생활을 할 때, 나는 사마천의 『사기』와 그의 전기를 읽었다. 아무리 여러 번 보아도, 참으로 위대한 저술이었다. 학술 연구 응축의 결정판! 과학과 예술이 융합된 인생 담론의 완결판이었다. 또 다시 그렇게 느꼈다.

사마천이 『사기』를 창작하는 기본 방법은 '풍부한 자료의 장악'이었다. 그 자료는 두 부류다. 하나는 저술[책]이다. 책을 구하기 쉽지 않던 시대에, 그는 운이 좋았다. 당시 100여 년 동안 세상에 전해오던 문장과 이야기의 대부분이 태사공부(太史公府)에 모였다. 사마천은 아버지 때부터 연이어 태사공 관직을 맡으면서, 금궤석실(金櫃石室)의 장서(藏書)를 다루었다. 누구보다도 풍부한 자료의 섭렵! 그것은 일종의 독서량(讀書量)이다. 그는 참고한 자료를 간단한 개념으로 개괄했다. '육경이전(六經異傳) 백가잡어(百家雜語)!' 다시 말하면, '유가(儒家)의 여섯 가지 핵심 경전을 풀이한 다양한 저술'과 '여러 학자들[諸子百家]의 잡다한 학설'! 그는 그것을 독파(讀破)했다! 나는 생각한다. '참고자료의 방대함이 저술의 질을 결정한다!'

다른 하나는 구전(口傳) 자료다. 금궤석실에 소장된 저술은, 해묵은, 일종의 박제(剝製) 자료다. 하지만 구전은 이와 다르다. 광대한 지역과 광범위한 계층의 사람들에게서 구전된, 생활 가운데 생생히 살아 있는 자료다. 사마천은 실제 발로 뛰면서 직접 조사하며 보고 들었다. 그렇지 못할 경우에는 다른 사람의 경험을 간접적으로 듣기도 했다. 이 경험은 무엇과도 바꿀 수 없는 귀중한, 근원적 자료다. 나는 또 생각한다. '자료의 생생함이 저술의 질을 승화한다!'

어찌 보면, 사마천의 저술 근거는 이론과 실제의 온전한 결합이다. 이론적으로 다듬어 놓은 자료를 실제적으로 증명하며, 생생한 자료로 장악하여, 저술활동에 운용했다. 수많은 자료를 장악하고 신중하게 처리했다. 객관적 역사 사실에 충실하면서, 그 사실을 통해 사회 현실에 대한 자신의 이상을 표명했다. 그것은 온몸으로 학술을 펼쳤다는 의미다.

내가 늘 얘기하지만, 인생은 '온몸으로 살아야' 한다. 그런 만큼 인생에서 진행하는 모든 '공부(工夫)도 온몸으로 해야' 한다. 학술 행위에서 탐색(探索)도, 탐구(探究)도, 조사(調查)도, 연구(研究)도, '온몸으로 해야 한다!'

2016년 3월 20일 무렵, 나는 병실에서 눈물을 흘렸다. 아내와 두 딸의 성원(聲援)에 내가 다시 살아났다는 사실에 대한 감사의 눈물이기도 했지만, 『논어』와 『사기』를 다시 읽으며 느낀 감동 때문이었다. 아직도 선하다. 사마천의 저술 자세는 내 학술 활동의 부끄러움을 일깨웠다. '문헌연구(文獻研究)'에 치중하는 학자들의 활동이 반쪽짜리 학문 연구임을 절실하게 느끼게 만들었다.

이제, 시대는 완전히 달라졌다. 흔히 말하는 패러다임 전환이, 여러 번 이루어졌다. 그만큼 사마천의 학술과 동일한 연구 활동을 펼칠 수는 없다. 그럴 필요도 없다. 하지만, 육경(六經)이라는 역사 자료를 기준으로 자신이 실제로 획득한 생생한 자료에 의거하는 그의 학구적 자세는 충분히 음미하고 학술활동의 모델로 고려할 수 있다.

2021년 6월의 마지막 날이다. 『교육철학잡기』의 제2권이 끝났다. 지난 6개월간, 거의 매일 블로그에 쓴 글을 200자 원고로 계산해 보니, 1,000매를 훨씬 넘었다. 매일 5-6매 정도로 정돈했던 것 같다. 사정이 허락하는 한, 2030년 2월까지는 그럴 것이다. 내일 7월 1일부터, 『교육철학잡기』 세 번째 책이 시작된다. 지난 2월에 여행을 떠난 아내의 슬픔을 보다 깊이 가슴에 품는다. 약속한 대로 아내의 학문 몫도 내가 말아 세상에 내놓아야 한다. 그러기 위해 가능한 한 학문성에 집중하여 자료를 탐독(耽讀)할 예정이다. 사마천처럼, 육경은 아닐지라도, 내 교육철학의 기준이 되는 고전을 더듬어 보련다. 꼭 실제는 아닐지라도, 시대정신에 부합하는 교육철학의 잡다한 사연을 기록해 두려고 한다.

신창호

현) 고려대학교 교수
이메일 sudang@korea.ac.kr

교육철학잡기 2 [2021-1]

초판발행 2021년 10월 8일

지은이 신창호
펴낸이 노현

편 집 문선미
디자인 BEN STORY
제 작 고철민·조영환

펴낸곳 ㈜ 피와이메이트
서울특별시 금천구 가산디지털2로 53 한라시그마밸리 210호(가산동)
등록 2014. 2. 12. 제2018-000080호
전 화 02)733-6771
f a x 02)736-4818
e-mail pys@pybook.co.kr
homepage www.pybook.co.kr
ISBN 979-11-6519-212-9 03370

정 가 20,000원